机械工业职业技能鉴定考核试题库

# 机械基础技能鉴定
# 考核试题库

**第 2 版**

机械工业职业技能鉴定考核试题库编委会　组编
主　编　吴志清　夏奇兵
参　编　陈新昌　黄　忠　蔡慧萍
　　　　胡雅育　余建亮
主　审　姚兴发

机 械 工 业 出 版 社

本套试题库是为了满足相关培训机构进行技能鉴定培训的需要，提高广大机械工人的职业技能水平而编写的，按鉴定要求精选了职业技能鉴定试题，更有典型性、代表性、通用性和实用性。全书分为试题和答案两大部分，内容紧扣教材。试题的形式有：判断题、选择题、计算题、简答题、作图和读图题等类型。

本书可供工人参加职业技能培训时复习和自学使用，也适合工矿企业、技工学校和职业技能鉴定考核部门进行考核命题时使用。

**图书在版编目（CIP）数据**

机械基础技能鉴定考核试题库/吴志清，夏奇兵主编．—2版—北京：机械工业出版社，2012.8（2025.3重印）
（机械工业职业技能鉴定考核试题库）
ISBN 978-7-111-39242-2

Ⅰ.①机…　Ⅱ.①吴…　②夏…　Ⅲ.①机械学—职业技能—鉴定—习题集　Ⅳ.①TH11-44

中国版本图书馆CIP数据核字（2012）第170865号

机械工业出版社（北京市百万庄大街22号　邮政编码100037）
策划编辑：王晓洁　责任编辑：王晓洁
版式设计：纪　敬　责任校对：陈　越
封面设计：鞠　杨　责任印制：郜　敏
北京中科印刷有限公司印刷
2025年3月第2版第6次印刷
169mm×239mm · 11.5印张 · 231千字
标准书号：ISBN 978-7-111-39242-2
定价：39.90元

| 电话服务 | 网络服务 |
|---|---|
| 客服电话：010-88361066 | 机　工　官　网：www.cmpbook.com |
| 010-88379833 | 机　工　官　博：weibo.com/cmp1952 |
| 010-68326294 | 金　　书　　网：www.golden-book.com |
| 封底无防伪标均为盗版 | 机工教育服务网：www.cmpedu.com |

# 前　言

机械制造业对职工职业素质的要求比较高，在科学技术迅速发展的今天，更是这样。企业必须有一支高素质的技术工人队伍，有一批技术过硬、技艺精湛的能工巧匠，才能保证产品质量，提高生产效率，降低物质消耗，使企业获得经济效益；才能支持企业不断推出新产品去占领市场，在激烈的市场竞争中立于不败之地。

机械行业历来高度重视技术工人的职业技能培训，重视工人培训教材等基础建设工作，并在几十年的实践中积累了丰富的经验。在“七五”和“八五”期间，先后组织编写出版了几百种培训教材，以及配套的习题集、试题库和各种辅助性教材700多种，较好地满足了机械行业工人职业技能培训的需要。20世纪90年代，我们在组织修改、修订《机械工人技术理论培训教材》的同时，又组织编写了《技能鉴定考核试题库》（以下简称《试题库》）。《试题库》出版后，以职业工种覆盖面广，行业针对性、实用性强，适合企业培训考核需要而受到行业、企业工人培训、考核部门和广大工人的欢迎，出版十几年来，累计重印十几次，单本销量都在5万册以上。

随着我国社会经济的快速发展及科学技术的进步，原有的《试题库》部分内容已经陈旧，不能满足当前培训考核的需要。为适应新形势的要求，更好地满足行业和社会的需要，我们在继承了原书精华的基础上，组织相关行业专家重新编写了这套全新的《技能鉴定考核试题库》。本套《试题库》淘汰了不必要的理论知识和陈旧过时的内容，并按最新职业技能鉴定考试和企业培训考核要求，补充了新的试题。新版《试题库》按初、中、高三级“知识要求”和“技能要求”分三部分编写，试题选择力求体现新标准、新要求，贴近国家试题库的考点，更具典型性、代表性、通用性和实用性。继续保持了行业针对性强和注重实用性的特点，并引入最新的技术标准和名词术语，更能满足社会需求和读者需要。

本题库适合于不同等级工人职业培训、自学和参加鉴定考核使用，可作为各级职业技能鉴定培训机构、企业培训部门、职业技术院校、技工院校、各种短训班在鉴定命题时参考。

题库中难免存在不足之处，诚恳地希望专家和广大读者批评指正。

**技能鉴定考核试题库编委会**

# 目　　录

# 试 题 部 分

## 初级工知识要求试题

### 一、判断题（是画√，非画×）

1. 1m 等于 1000cm。 （ ）
2. （5/16）in 等于 7.94mm。 （ ）
3. 30°等于 0.59rad。 （ ）
4. 用带深度尺的游标卡尺测量孔深时，只要使深度尺的测量面紧贴孔底，就可得到精确数值。 （ ）
5. 因为大型游标卡尺在测量中对温度变化不敏感，所以一般不会引起测量误差。 （ ）
6. 为了方便，可以用游标卡尺的量爪当做划规等划线工具使用。 （ ）
7. 分度值为 0.1mm，0.05mm 和 0.02mm 的游标卡尺可分别用来进行不同精度的测量。 （ ）
8. 0 级精度的外径千分尺比 1 级精度的外径千分尺精度高。 （ ）
9. 用游标卡尺测量工件时，测力过大或过小均会影响测量的精度。 （ ）
10. 当游标卡尺尺身的零线与游标零线对准时，游标上的其他刻线都不与尺身刻线对准。 （ ）
11. 分度值为 0.05mm 的游标卡尺，其读数原理是尺身上 20mm 等于游标上 19 格的刻线宽度。 （ ）
12. 游标卡尺的读数方法分：读整数、读小数、求和三个步骤。 （ ）
13. 用游标卡尺测量内孔直径时，应轻轻摆动卡尺，以便找出最小值。（ ）
14. 带深度尺的游标卡尺当其测深部分磨损或测量杆弯曲时不会造成测量误差。 （ ）
15. 游标卡尺使用结束后，应将游标卡尺擦净上油，平放在专用盒内。（ ）
16. 游标高度卡尺可专门用来测量高度和划线等。 （ ）
17. 用千分尺测量时，只须将被测件的表面擦干净，即使是毛坯也可测量。（ ）
18. 千分尺不允许测量带有研磨剂的表面。 （ ）

19. 千分尺在测量中不一定要使用棘轮机构。（　）

20. 为保证千分尺不生锈，使用完毕后，应将其浸泡在机油或柴油里。（　）

21. 千分尺可以当卡规使用。（　）

22. 使用千分尺时，用等温方法将千分尺和被测件保持同温，这样可以减少温度对测量结果的影响。（　）

23. 不允许在千分尺的固定套管和微分筒之间加入酒精、煤油、柴油、凡士林和全损耗系统用油（机油）。（　）

24. 内径千分尺在测量时，要使用测力机构。（　）

25. 壁厚千分尺用来测量精密管形零件的壁厚尺寸。（　）

26. 指示表每次使用完毕后，必须将测量杆擦净，涂上油脂放入盒内保管。（　）

27. 指示表也可以用来测量表面粗糙度值过大的工件。（　）

28. 杠杆指示表的正确使用位置是杠杆测头轴线与测量线垂直。（　）

29. 使用杠杆指示表时，应避免震动撞击或用力过猛。（　）

30. 若杠杆指示表的测头球面已磨成平面时，则此表已不能继续使用。（　）

31. 内径指示表的杠杆有多种结构形式，但其杠杆比都是 1 比 1，所以没有放大作用。（　）

32. 内径指示表使用完毕后，要把指示表和可换测头取下擦净，并在测头上涂防锈油，放入盒内保管。（　）

33. 直角尺按结构分有整体式和装配式两种。（　）

34. Ⅰ型游标万能角度尺可以测量 0°～360°范围的任何角度。（　）

35. Ⅰ型和Ⅱ型游标万能角度尺的刻度原理不同，读数方法也不同。（　）

36. 零件装配时仅需稍做修配和调整便能够装配的性质称为互换性。（　）

37. 图样上用以表示长度值的数字称为尺寸。（　）

38. 设计给定的尺寸称为公称尺寸。（　）

39. 零件是否合格首先就看是否达到了公称尺寸，正好做到公称尺寸肯定是合格品。（　）

40. 公差分正公差、负公差。（　）

41. 公差带图中的零线通常表示公称尺寸。（　）

42. 相互结合的孔和轴称为配合。（　）

43. 间隙配合中，孔的实际尺寸总是大于轴的实际尺寸。（　）

44. 靠近零线的那个极限偏差一定是基本偏差。（　）

45. 轴的基本偏差代号用小写拉丁字母表示。（　）

46. 公差带代号由基本偏差代号与标准公差等级数字组成。（　）

47. 现行国家标准中共有 15 个标准公差等级。（　）

48. 基孔制就是基本偏差为一定的轴公差带与不同基本偏差的孔公差带形成的各种配合。 (  )

49. 各级 a~h 轴和 H 孔的配合必然是形成间隙配合。 (  )

50. 在选择基准制时，一般是优先采用基孔制。 (  )

51. 在标准公差等级高于 IT8 级的高精度配合中，孔与轴的标准公差等级必须相同。 (  )

52. 现行国家标准中共有 20 个标准公差等级，其中 IT0 级为最高。 (  )

53. 标准公差用来确定公差带的大小。 (  )

54. 基本偏差用来确定公差带的大小。 (  )

55. 各级 A~H 孔和 h 轴的配合必然是形成过盈配合。 (  )

56. 过盈配合中，孔的实际尺寸总是小于轴的实际尺寸。 (  )

57. 基本偏差为 j~zc 的轴与 H 孔可构成间隙配合。 (  )

58. 基本偏差为 J~ZC 的孔与 h 轴可构成过盈配合。 (  )

59. 几何公差就是限制零件的形状误差。 (  )

60. 单一要素是指对其他要素没有功能要求的要素。 (  )

61. 在几何公差中，关联要素是指与其他要素有功能关系的要素。 (  )

62. 几何公差的框格为二至五格。 (  )

63. 基准代号方框内的字母可采用任意拉丁字母。 (  )

64. 平面度公差即实际平面所允许的变动量。 (  )

65. 位置公差是单一要素所允许的变动全量。 (  )

66. 位置公差可分为定向、定位和跳动公差三大类。 (  )

67. 被测要素遵守独立原则时，需加注符号 E。 (  )

68. 孔的下极限尺寸即为最小实体尺寸。 (  )

69. 轴的上极限尺寸即为其最小实体尺寸。 (  )

70. 圆柱度公差属于位置公差。 (  )

71. 平面度公差属于形状公差。 (  )

72. 圆跳动属于位置公差。 (  )

73. 对称度属于跳动公差。 (  )

74. 圆柱体轴线的直线度公差带形状为一直线。 (  )

75. 圆柱度公差带形状为两同心圆。 (  )

76. 圆度公差带形状为两同心圆。 (  )

77. 几何公差框格在图样中一律水平放置。 (  )

78. 标注基准代号时，无论基准的方向如何，字母都应水平书写。 (  )

79. 对称度公差为 0.1，意思是被测要素与基准要素之间的允许变动量为 0.1。 (  )

80. 表面粗糙度属微观几何形状误差。 ( )

81. 表面粗糙度值越小，即表面光洁程度越高。 ( )

82. 任何零件都要求表面粗糙度值越小越好。 ( )

83. 取样长度就是评定长度。 ( )

84. 表面粗糙度的评定参数有两个。 ( )

85. 表面粗糙度只是一些极微小的加工痕迹，所以在间隙配合中，不会影响配合精度。 ( )

86. 粗糙表面由于凹谷深度大，腐蚀物质容易凝集，极易生锈。 ( )

87. 在表面粗糙度的基本符号上加一小圆，表示表面是用去除材料的加工方法获得的。 ( )

88. 用于判别具有表面粗糙度特征的一段基准线长度为取样长度。 ( )

89. 一般情况下，国家标准推荐一个评定长度内取 10 个取样长度。 ( )

90. 表面粗糙度高度参数的允许值的单位是微米。 ( )

91. 用 *Ra* 参数时除了标注数值外，还必须注明“*Ra*”。 ( )

92. 表面粗糙度的检验只需凭经验判断。 ( )

93. 表面粗糙度的标注方法是直接注出参数值。 ( )

94. 轮廓最大高度 *Rz* 表示在取样长度内轮廓峰顶和轮廓谷底线之间的距离。 ( )

95. *Ra* 和 *Rz* 常用范围为 0.1 ~ 25μm。 ( )

96. 在图样上标注表面粗糙度代号时，不应注在可见轮廓线、尺寸界线或其延长线上。 ( )

97. 在零件表面上，波距在 1 ~ 10mm 之间的属于表面粗糙度范围。 ( )

98. 表面粗糙度是指零件被加工表面上具有的较小间距和峰谷组成的微观几何形状误差。 ( )

99. 波距小于 1mm 的属于表面粗糙度范围。 ( )

100. 表面粗糙度对零件的耐磨性、配合性质和耐腐蚀等均有密切关系。 ( )

101. 表面粗糙度评定参数中，轮廓算术平均偏差代号用“*Rz*”表示。 ( )

102. 在工厂车间中，常用与表面粗糙度样板相比较的方法来检验零件的表面粗糙度。 ( )

103. 在表面粗糙度基本评定参数中，标准优先选用 *Rz*。 ( )

104. 国家标准推荐一个评定长度一般要取 8 个取样长度。 ( )

105. 在图样上标注表面粗糙度代号时，可按任意方向标注。 ( )

106. 机械传动只能传递物体的运动和动力，不能改变运动的速度和方向。 ( )

107. 同步带传动属于啮合型传动。 ( )

108. V带传动属于摩擦型传动。 (  )
109. V带传动具有过载保护作用。 (  )
110. 由于存在弹性滑动，V带传动的传动比是不准确的。 (  )
111. V带传动的弹性滑动是可以避免的。 (  )
112. 带传动具有缓冲吸振功能，所以传动平稳。 (  )
113. 带传动一般用于动力部分到工作部分的高速传动中。 (  )
114. 带传动适用于两传动轴中心距较大的场合。 (  )
115. 同步带传动不具有过载保护作用。 (  )
116. 链传动属于啮合传动，瞬时传动比准确。 (  )
117. 链条是柔性件，故能缓冲吸振，传动平稳。 (  )
118. 链传动没有弹性滑动和打滑现象，所以瞬时传动比准确。 (  )
119. 链传动安装时，两轮轴线有较高的平行度要求。 (  )
120. 链传动易脱链是因为链条磨损后链节距增大的缘故。 (  )
121. 齿形链比滚子链传动性能要差，但价格便宜。 (  )
122. 链传动特别适合用于工作环境恶劣的场合。 (  )
123. 齿轮传动的瞬时传动比准确是因为采用了合理的齿形曲线。 (  )
124. 齿轮传动效率高，平稳性好，且具有过载保护作用。 (  )
125. 齿轮传动的两轴线必须平行。 (  )
126. 齿轮传动的两轴线可以是任意位置布置。 (  )
127. 重要的齿轮传动都采用闭式传动。 (  )
128. 斜齿圆柱齿轮传动相比直齿圆柱齿轮传动，传动的平稳性更好，但承载能力较差。 (  )
129. 齿轮传动不能传递直线运动。 (  )
130. 普通螺旋传动只能将回转运动转变为直线运动。 (  )
131. 普通螺旋传动的运动是可逆的。 (  )
132. 普通螺旋传动的缺点是磨损大，效率低。 (  )
133. 普通螺旋传动结构简单、工作平稳、传动精度高、承载能力强。 (  )
134. 滚动螺旋传动的运动是可逆的。 (  )
135. 数控机床的进给传动机构都采用滚动螺旋传动。 (  )
136. 切屑在形成过程中往往塑性和韧性提高，脆性降低，为断屑形成了内在的有利条件。 (  )
137. 切屑类型随着切削条件（刀具前角、进给量、切削速度）的改变而发生变化。 (  )
138. 中温切削时，最易产生积屑瘤。 (  )
139. 积屑瘤“冷焊”在前面上容易脱落，会造成切削过程的不稳定。 (  )

140. 形成积屑瘤的条件主要取决于切削温度。（　）

141. 常用刀具主要材料有合金工具钢、碳素工具钢、高速工具钢和硬质合金。（　）

142. 高速工具钢淬火后，具有较高的强度、韧度和耐磨性，因此适用于制造各种结构复杂的刀具。（　）

143. 刀具材料的硬度应越高越好，不需考虑工艺性。（　）

144. 硬质合金中含钴量越多，韧性越好。（　）

145. P 类（钨钛钴类）硬质合金主要用于加工塑性材料。（　）

146. 刀具材料在高温下，仍能保持良好的切削性能叫热硬性。（　）

147. 刀具耐热性是指金属切削过程中产生剧烈摩擦的性能。（　）

148. 高速钢由于强度高，且磨削性能又好，所以它是制造复杂刀具的主要材料，也是制造精加工刀具的好材料。（　）

149. 硬质合金是一种耐磨性好，耐热性高，抗弯强度和冲击韧度都较高的刀具材料。（　）

150. K 类（钨钴类）硬质合金因其韧性、磨削性能和导热性能好，主要用于加工脆性材料、有色金属及非金属。（　）

151. 在正交平面内，前面与主切削平面之间的夹角为前角 $\gamma_o$。（　）

152. 主偏角和副偏角越小，则刀尖角越大，刀头的强度越大。（　）

153. 主偏角和副偏角减小，能使加工表面残留面积高度降低，可以得到较小表面粗糙度值，其中副偏角的减小更明显。（　）

154. 选用正的刃倾角，增大了刀头体积，提高了刀具寿命。（　）

155. 精加工或半精加工时，希望选取正的刃倾角，使切屑流向待加工表面而不划伤已加工表面。（　）

156. 切削加工中进给运动可以是一个、两个或多个，甚至没有。（　）

157. 在刀具的切削部分，切屑流过的表面称为后面。（　）

158. 通过切削刃上选定点，并垂直于该点切削速度方向的刀具静止角度参考平面为基面。（　）

159. 切削用量包括切削速度、进给量和背吃刀量。（　）

160. 切削用量包括切削速度、进给量和切削温度三要素。（　）

161. 在计算切削速度的公式中，车外圆时直径是指待加工表面的直径。（　）

162. 粗加工时，为保证切削刃有足够的强度，应取较小的前角。（　）

163. 在切削加工时，如果出现振动现象，可以减小主偏角。（　）

164. 粗加工、断续切削和承受冲击载荷时，为了保证切削刃的强度，应取较小的前角，甚至负前角。（　）

165. 刀具切削刃带负倒棱，主要用于提高切削表面加工质量。（　）

166. 平体成形车刀与棱体和圆体成形车刀相比，结构简单、使用方便，且重磨次数最多。 ( )

167. 切向成形车刀工作时，切削刃是逐渐切入和切离工件的，因此切削力较小，加工质量较高。 ( )

168. 铣削属于断续切削，切削刃受冲击，刀具寿命较低。 ( )

169. 铲齿铣刀的齿背是用铲齿的方法制成的，刃磨后面，可保持切削刃的形状不变。 ( )

170. 标准麻花钻主切削刃上任意点的半径虽然不同，但螺旋角是相同的。 ( )

171. 麻花钻在主切削刃上的前角是变化的，靠外缘处前角最大，从外缘到钻心由大逐渐变小。接近横刃处的前角 $\gamma_o = -30°$。 ( )

172. 铰孔后，一般情况工件直径会比铰刀直径稍大一些，该值称为铰孔扩张量。 ( )

173. 铰削不通孔时，采用右螺旋槽铰刀，可使切屑向柄部排出。 ( )

174. 铰刀使用前需经研磨才能满足工件的铰孔精度。 ( )

175. 挤压丝锥是利用塑性变形原理加工螺纹的，其特点是加工螺纹标准公差等级高，表面粗糙度小，生产率高，可适用于加工各种材料。 ( )

176. 若用已加工平面定位，一般可采用多个平头支承钉或支承板。 ( )

177. 在工件的定位中，支承板用于工件以粗基准定位的场合。 ( )

178. V 形块两工作面的夹角越小，工件放得越稳。 ( )

179. V 形块两工作面的夹角越小，定位误差越小。 ( )

180. 利用工件的外圆柱面定位时，常采用 V 形块定位。 ( )

181. 利用工件的内圆柱面定位时，一般采用定位销和圆柱定位心轴来定位。 ( )

182. 工件以一面两孔定位时，一般采用两个圆柱销作为孔的定位。 ( )

183. 定位基准需经加工，才能采用 V 形块定位。 ( )

184. 可调支承通常用于对毛坯工件的定位。 ( )

185. 网纹支承钉，有利于增大摩擦力，常用于水平面定位。 ( )

186. 当毛坯表面的尺寸误差较大时，采用辅助支承可满足工件位置的要求。 ( )

187. 在用螺栓、压板夹紧工件时，螺栓的位置应尽量处于垫块和工件的中间。 ( )

188. 压板在工件上的夹紧点应尽量远离加工点，以免损坏刀具和压板。 ( )

189. 自调式压板能适应工件高度在一定范围内的变化，使用方便。 ( )

190. 使用机用虎钳装夹工件，切削过程中应使切削力指向活动钳口。 ( )

191. 使用机用虎钳装夹工件，切削过程中应使切削力指向固定钳口。（　）

192. 在定位支承板上的支承表面开槽，可增加支承点的数目，以增大工件加工时的刚度。（　）

193. 多件联动夹紧是一个作用力，通过一定的机构实现对几个工件同时进行夹紧。（　）

194. 偏心夹紧装置的优点是夹紧动作特别迅速，同时能做较大距离的调节。（　）

195. 高精度机用虎钳几何精度较高，适用于坐标镗床、平面磨床和工具磨床等。（　）

196. 可倾机用虎钳只能在垂直方向回转，适用于万能工具铣床、工具磨床等。（　）

197. 顶尖的作用是定中心和承受工件的重量以及刀具作用在工件上的切削力。（　）

198. 轻型回转顶尖适用于低转速、轻负荷的精加工。（　）

199. 自定心卡盘的卡爪是单动的，可分别调整，以夹持不规则的工件。（　）

200. 万能回转工作台除能绕立轴回转外，还可使被加工面在90°范围内任意调整。（　）

201. 万能分度头能将圆周分成任意等份，但不能将装夹在顶尖间或卡盘上的工件作任意角度转动。（　）

202. 等分分度头适用于对圆形、正多边形等对称工件作等分分度工作。（　）

203. 应用自紧式钻夹头可以在机床不停机的情况下快速更换刀具。（　）

204. 强力电磁吸盘不需整流设备，没有因突然断电而引起事故的危险。（　）

205. 自定心卡盘能自定中心，夹紧迅速，但夹紧力小，适用于装夹中小型、形状规则的工件。（　）

206. 金属在外力作用下，变形量越大，其塑性越好。（　）

207. 甲、乙两零件，甲的硬度为250HBW，乙的硬度为52HRC，则甲比乙硬。（　）

208. 硬度是指金属材料抵抗硬物压入其表面的能力。（　）

209. 金属在强大的冲击力作用下，会产生疲劳现象。（　）

210. $\alpha_K$ 值越大，表示金属材料的脆性越小。（　）

211. ZG200－400 是工程用铸钢，200－400 表示碳的质量分数为 0.20% ~ 0.40%。（　）

212. 45 钢是中碳类的优质碳素结构钢，其碳的质量分数为 0.45%。（　）

213. 易切削钢由于硬度高，易于制作切削用的刀具。（　）

214. 形状复杂、力学性能要求较高、且难以用压力加工方法成形的机架、箱体等到零件，应采用工程用铸钢制造。（ ）

215. 为了消除部分碳素工具钢组织中存在的网状渗碳体，应采用球化退火。（ ）

216. 去应力退火的目的是消除铸件、焊接件和切削加工件的内应力。（ ）

217. 正火与退火的目的大致相同，它们的主要区别是保温时间的长短。（ ）

218. 在实际生产中，凡碳的质量分数低于 0.45% 的碳钢，都用正火替代退火。（ ）

219. 任何钢经淬火后，其性能总是变得硬而脆。（ ）

220. 淬透性好的钢，淬火后硬度一定很高。（ ）

221. 回火马氏体是中温回火后的组织。（ ）

222. 表面淬火用钢一般是中碳或中碳合金钢。（ ）

223. 38CrMoAlA 常用作需进行渗氮处理的零件。（ ）

224. 零件经渗碳后，表面即可得到很高的硬度及良好的耐磨性。（ ）

225. 金属材料中，60Si2Mn 是常用的合金弹簧钢。（ ）

226. 滚动轴承钢是制造滚动轴承套圈、滚动体的专用钢，不宜制作其他零件或工具。（ ）

227. 冲压模具工作时受冲击和摩擦，所以应用低碳合金钢来制造。（ ）

228. 合金工具钢的硬度、耐磨性高，则耐热性也一定好。（ ）

229. 可锻铸铁是由灰铸铁经可锻化退火后获得的。（ ）

230. 铁素体可锻铸铁具有较好的塑性及韧性，因此，它是可以锻造的。（ ）

231. 球墨铸铁中石墨形状呈团絮状。（ ）

232. 球墨铸铁是常用铸铁中力学性能最好的一种铸铁。（ ）

233. 铸造铝合金的铸造性好，但一般塑性较差，不宜进行压力加工。（ ）

234. 锡青铜是铜锡合金，而铝青铜是铜铝合金。（ ）

235. 黄铜是铜铝合金。（ ）

## 二、选择题

1. 允许尺寸变化的两个界限值称为（ ）。

A. 公称尺寸 B. 实际尺寸 C. 极限尺寸 D. 限制尺寸

2. 尺寸偏差是（ ）。

A. 算术值 B. 绝对值 C. 代数差 D. 代数和

3. 下极限尺寸减其公称尺寸所得的代数差叫（ ）。

A. 上极限偏差 B. 下极限偏差 C. 实际偏差 D. 基本偏差

4. 尺寸公差是（ ）。

A. 绝对值 B. 正值 C. 负值 D. 正负值

5. 可能具有间隙或过盈的配合称为（　　）配合。

A. 间隙　　B. 过渡　　C. 过盈　　D. 过渡或过盈

6. 基本偏差为 a～h 的轴与 H 孔可构成（　）配合。

A. 间隙　　B. 过渡　　C. 过盈　　D. 过渡或过盈

7. 基本偏差为 j～zc 的轴与 H 孔可构成（　　）配合。

A. 间隙　　B. 过渡　　C. 过渡或过盈　　D. 过盈

8. 与标准件相配合时应选用（　）。

A. 基孔制　　B. 基轴制　　C. 以标准件为准的基准制

9. 在标准公差等级高于 IT8 级的配合中，孔与轴的标准公差等级应（　　）。

A. 相同　　B. 孔比轴高一个标准公差等级

C. 孔比轴低一个标准公差等级

10. 以特定单位表示线性尺寸的数值称为（　　）。

A. 公称尺寸　　B. 实际尺寸　　C. 极限尺寸　　D. 尺寸

11. 通过它应用上、下极限偏差可算出极限尺寸的尺寸称为（　　）。

A. 公称尺寸　　B. 实际尺寸　　C. 实体尺寸　　D. 理想尺寸

12. 公称尺寸一般指（　　）。

A. 设计尺寸　　B. 实际尺寸　　C. 实体尺寸　　D. 理想尺寸

13. 通过测量后获得的某一孔、轴的尺寸称为（　　）。

A. 设计尺寸　　B. 实际尺寸　　C. 实体尺寸　　D. 理想尺寸

14. 一个孔或轴允许的尺寸的两个极端称为（　　）。

A. 设计尺寸　　B. 极限尺寸　　C. 实体尺寸　　D. 理想尺寸

15. 上极限尺寸减其公称尺寸所得的代数差叫（　）。

A. 上极限偏差　　B. 下极限偏差　　C. 实际偏差　　D. 基本偏差

16. （　）是上极限尺寸减下极限尺寸之差。

A. 上极限偏差　　B. 下极限偏差　　C. 实际偏差　　D. 尺寸公差

17. 在国家标准中用表格列出的，用以确定公差带大小的任一公差称为(　　)。

A. 标准公差　　B. 等级公差　　C. 实际公差　　D. 尺寸公差

18. 标准公差代号用（　　）表示。

A. IT　　B. ES　　C. EI　　D. GB

19. 国家标准将标准公差等级分为 20 级，其中（　　）级最高。

A. IT00　　B. IT01　　C. IT0　　D. IT1

20. 国家标准规定的基本偏差用（　　）表示。

A. 拉丁字母　　B. 英文字母　　C. 希腊字母　　D. 汉语拼音

21. 基本偏差用来确定公差带相对零线的（　　）。

A. 位置　　B. 大小　　C. 方向　　D. 偏离程度

22. 现行国家标准中共有（ ）个标准公差等级。

A. 15　　B. 18　　C. 20　　D. 25

23. 在基本偏差中，（ ）为完全对称偏差。

A. H 和 h　　B. JS 和 js　　C. G 和 g　　D. K 和 k

24. 位置度公差属于（ ）。

A. 形状公差　　B. 位置公差　　C. 方向公差　　D. 跳动公差

25. 全跳动公差属于（ ）。

A. 形状公差　　B. 位置公差　　C. 方向公差　　D. 跳动公差

26. 垂直度公差属于（ ）。

A. 形状公差　　B. 位置公差　　C. 方向公差　　D. 跳动公差

27. 直线度公差：实际被测要素对理想直线的（ ）。

A. 允许变动量　　B. 符合程度　　C. 偏离程度　　D. 拟合程度

28. 同要素的圆度公差比尺寸公差（ ）。

A. 小　　B. 大　　C. 相等　　D. 都可以

29. 当几何公差带为圆形或圆柱形时，公差值前面加（ ）。

A. “$\phi$”　　B. “$S$”　　C. “$R$”　　D. “$S\phi$”

30. 当几何公差带为球形时，公差值前面加（ ）。

A. “$\phi$”　　B. “$S$”　　C. “$R$”　　D. “$S\phi$”

31. 平面度公差带形状为（ ）。

A. 两平行直线　　B. 两平行平面　　C. 两平行曲面　　D. 两同轴圆柱体

32. 圆柱度公差带形状为（ ）。

A. 两同心圆　　B. 一个圆　　C. 一个圆柱　　D. 两同轴圆柱体

33. 线对线垂直度公差带形状为（ ）。

A. 两平行直线　　B. 两平行平面　　C. 两平行曲面　　D. 两同轴圆柱体

34. 构成零件几何特征的点、线和面统称为（ ）。

A. 要素　　B. 要素值　　C. 图形　　D. 图样

35. 几何公差共有（ ）个项目。

A. 12　　B. 14　　C. 16　　D. 19

36. 圆柱度公差属于（ ）。

A. 形状公差　　B. 位置公差　　C. 方向公差　　D. 跳动公差

37. 直线度公差属于位置（ ）。

A. 形状公差　　B. 位置公差　　C. 方向公差　　D. 跳动公差

38. 延伸公差带的符号为（ ）。

A. L　　B. P　　C. M　　D. E

39. 给出了形状或位置公差的点、线、面称为（ ）要素。

A. 理想　B. 被测　C. 基准　D. 实际

40. 方向公差包括（　）个项目。

A. 3　B. 5　C. 8　D. 10

41. 同轴度公差属于（　）。

A. 形状公差　B. 位置公差　C. 定向公差　D. 跳动公差

42. 在图样上几何公差框格应该（　）放置。

A. 垂直　B. 倾斜　C. 水平　D. 垂直或水平

43. 基准符号不管处于什么方向，方框内字母应（　）书写。

A. 垂直　B. 倾斜　C. 水平　D. 任意

44. 圆柱体轴线的直线度公差带形状为（　）。

A. 两平行直线　B. 一个圆柱　C. 两平行平面　D. 两同轴圆柱体

45. 对称度公差带形状为（　）。

A. 两平行平面　B. 两同心圆　C. 两同轴圆柱体　D. 两平行直线

46. 平行度公差属于（　）。

A. 形状公差　B. 位置公差　C. 方向公差　D. 跳动公差

47. 平面度公差属于（　）。

A. 形状公差　B. 位置公差　C. 定向公差　D. 跳动公差

48. 几何公差带形状有（　）种。

A. 6　B. 8　C. 9　D. 10

49. 圆度公差带形状为（　）。

A. 两同心圆　B. 一个圆　C. 圆柱　D. 两同轴圆柱体

50. 球心的位置度公差带的形状为（　）。

A. 两同心球　B. 一个球　C. 圆柱　D. 一个圆

51. 表面形状波距（　）1mm 的属于表面粗糙度范围。

A. 大于　B. 等于　C. 小于

52. 在过盈配合中，表面粗糙，实际过盈量（　）。

A. 减小　B. 不变　C. 稍增大　D. 增大很多

53. 国家标准推荐一个评定长度一般要取（　）个取样长度。

A. 4　B. 5　C. 6　D. 8

54. 在表面粗糙度基本评定参数中，标准优先选用（　）。

A. *Ry*　B. *Rz*　C. *Rl*　D. *Ra*

55. 表面粗糙度评定参数中，轮廓算术平均偏差代号用（　）表示。

A. *Ry*　B. *Rz*　C. *Rl*　D. *Ra*

56. 表面粗糙度代号标注中，用（　）参数时可不标明参数代号。

A. *Ry*　B. *Ra*　C. *Rl*　D. *Rz*

57. 加工表面上具有的较小的间距和峰谷所组成的（　　）几何形状误差称为表面粗糙度。

A. 微观　　B. 宏观　　C. 粗糙度　　D. 中观

58. 工厂车间中，常用与（　　）相比较的方法来检验零件的表面粗糙度。

A. 国家标准　　B. 量块

C. 表面粗糙度样板　　D. 光学干涉仪

59. 表面粗糙度评定参数中，轮廓最大高度代号用（　　）表示。

A. *Ry*　　B. *Rz*　　C. *Rl*　　D. *Ra*

60. 轮廓最大高度 *Rz* 表示在取样长度内轮廓峰顶线和（　　）之间的距离。

A. 轮廓谷底线　　B. 基准线　　C. 峰底线　　D. 谷顶线

61. 在零件表面上，波距（　　）的属于表面粗糙度范围。

A. 小于1mm　　B. 1～10mm　　C. 10～20mm　　D. 大于20mm

62. 表面形状波距小于1mm的属于（　　）范围。

A. 表面波纹度　　B. 形状误差　　C. 表面粗糙度

63. 表面粗糙度高度参数值单位是（　　）。

A. mm　　B. sm　　C. μm　　D. nm

64. 关于表面粗糙度基本符号的解释，下列说法正确的是（　　）。

A. 表面可用任何方法获得　　B. 表面是用去除材料的方法获得

C. 表面是用不去除材料的方法获得　　D. 表面是用车削材料的方法获得

65. 关于表面粗糙度基本符号加一短划的解释，下列说法正确的是（　　）。

A. 表面可用任何方法获得　　B. 表面是用去除材料的方法获得

C. 表面是用不去除材料的方法获得　　D. 表面是用车削材料的方法获得

66. 表面是用去除材料的方法获得，其表面粗糙度标注方法应为（　　）。

A. 在基本符号加一短划　　B. 在基本符号加二短划

C. 在基本符号加一小圆　　D. 在基本符号加二小圆

67. 表面是可用任何方法获得，其表面粗糙度标注方法应为（　　）。

A. 在基本符号加一短划　　B. 在基本符号加二短划

C. 在基本符号加一小圆　　D. 基本符号

68. 在零件表面上，波距（　　）的属于表面波纹度范围。

A. 小于1mm　　B. 1～10mm　　C. 10～20mm　　D. 大于20mm

69. 表面形状波距在1～10mm的属于（　　）范围。

A. 表面波纹度　　B. 形状误差　　C. 表面粗糙度　　D. 公差

70. 表面形状波距大于10mm的属于（　　）范围。

A. 表面波纹度　　B. 形状误差　　C. 表面粗糙度　　D. 公差

71. 齿轮传动属于（　　）传动。

A. 机械　B. 液压　C. 电气　D. 混合

72. 传载能力最强的是（　　）传动。

A. V带　B. 平带　C. 圆带　D. 齿带

73. 摩擦型带传动应用最广泛的传动类型是（　　）传动。

A. 开口　B. 交叉　C. 半交叉　D. 平口

74. V带传动的工作面是（　　）。

A. 顶面　B. 底面　C. 侧面　D. 平口

75. 不具有过载保护作用的带传动是（　　）传动。

A. V带　B. 同步带　C. 平带　D. 圆带

76. 没有弹性滑动的带传动是（　　）传动。

A. V带　B. 圆带　C. 同步带　D. 平带

77. 传动比比较准确的带传动是（　　）传动。

A. 同步带　B. 平带　C. V带　D. 圆带

78. 不会打滑的带传动是（　　）传动。

A. 圆带　B. 同步带　C. V带　D. 平带

79. 不能用于交叉传动的带传动是（　　）传动。

A. V带　B. 圆带　C. 同步带　D. 平带

80. 机械传动中应用最广的带传动是（　　）传动。

A. V带　B. 圆带　C. 同步带　D. 平带

81. 链传动的两轴线必须是（　　）。

A. 平行的　B. 交叉的　C. 半交叉的　D. 垂直

82. 适用于较远中心距传动的传动类型是（　　）传动。

A. 齿轮　B. 螺旋　C. 链　D. 带

83. 传动比最为准确的传动类型是（　　）传动。

A. 带　B. 链　C. 齿轮　D. 螺旋

84. 传动平稳性较差的传动类型是（　　）传动。

A. 链　B. 带　C. 螺旋　D. 齿轮

85. 链节距越大，则传动的平稳性就（　　）。

A. 越好　B. 越差　C. 没有影响　D. 不确定

86. 链节距越小，则传动的承载能力就（　　）。

A. 越大　B. 越小　C. 没有影响　D. 不确定

87. 与滚子链相比，齿形链的优点是（　　）。

A. 结构简单　B. 价格便宜　C. 传动比较平稳　D. 可靠

88. 传动效率最高的是（　　）传动。

A. 带　B. 链　C. 齿轮　D. 螺旋

89. 机械传动中应用最广的是（　　）传动。

A. 链　　B. 螺旋　　C. 齿轮　　D. 带

90. 不适合用于远距离传动的是（　　）传动。

A. 带　　B. 链　　C. 齿轮　　D. 混合

91. 常用于两轴相交的齿轮传动是（　　）传动。

A. 直齿圆柱齿轮　　B. 锥齿轮　　C. 斜齿圆柱齿轮　　D. 斜齿齿条

92. 可将回转运动转变为直线运动的齿轮传动是（　　）传动。

A. 圆柱齿轮　　B. 锥齿轮　　C. 齿轮齿条　　D. 斜齿齿条

93. 重要的齿轮传动可采用（　　）传动。

A. 开式　　B. 闭式　　C. 半开式　　D. 半闭

94. 建筑搅拌机上的齿轮传动一般采用（　　）传动。

A. 开式　　B. 半开式　　C. 闭式　　D. 半闭

95. 机床工作台进给传动机构使用的螺旋传动类型是（　　）。

A. 传力螺旋　　B. 传动螺旋　　C. 调整螺旋　　D. 混合螺旋

96. 螺旋千斤顶属于（　　）螺旋。

A. 传力　　B. 传动　　C. 调整　　D. 混合

97. 滚动螺旋的特点是（　　）。

A. 结构简单　　B. 传动效率高　　C. 运动不可逆　　D. 运动可逆

98. 滑动螺旋的特点是（　　）。

A. 自锁性好　　B. 可以变直线运动为回转运动

C. 结构复杂　　D. 结构简单

99. 数控机床的进给机构一般采用（　　）螺旋。

A. 滚动　　B. 滑动　　C. 滚动或滑动　　D. 其他

100. 传动平稳、传动精度高、承载能力强的机械传动是（　　）传动。

A. 链传动　　B. 带传动　　C. 螺旋传动　　D. 齿轮传动

101. 切削脆性金属材料时，形成（　　）切屑。

A. 带状　　B. 节状　　C. 粒状　　D. 崩碎

102. 切削塑性较大的金属材料时，形成（　　）切屑。

A. 带状　　B. 节状　　C. 粒状　　D. 崩碎

103. 切削金属过程中，切屑变形的收缩率 = 切削长度/(　　)。

A. 切屑长度　　B. 切屑厚度　　C. 切屑宽度　　D. 背吃刀量

104. 切削金属过程中，切屑变形的收缩率 = 切屑厚度/(　　)。

A. 切屑长度　　B. 切削长度　　C. 切屑宽度　　D. 背吃刀量

105. 当积屑瘤增大到突出于切削刃之外时，就改变了原来的（　　）。

A. 切削速度　　B. 背吃刀量

C. 进给量　　D. 刀具后面的几何形状

106. 关于积屑瘤对切削加工的影响，下列说法不正确的是（　　）。

A. 容易引起振动　　B. 会使切削刃形状发生改变

C. 表面粗糙度值减小　　D. 可以增大刀具前角

107. 在切削过程中，金属冷硬层的（　）显著提高。

A. 强度　　B. 硬度　　C. 疲劳强度　　D. 塑性

108. 在切削过程中，（　　）能使金属冷硬层深度减小。

A. 增大背吃刀量　　B. 增大刀尖圆弧半径

C. 钝的切刀　　D. 增大切削速度

109. 在切削高温的作用下，刀具切削刃的（　　）就会降低，甚至失去它的切削性能。

A. 强度　　B. 硬度　　C. 韧性　　D. 耐热性

110. 关于切削热对刀具的影响，下列说法不正确的是（　　）。

A. 提高刀具的耐热性　　B. 降低刀具的切削效率

C. 影响刀具的寿命　　D. 加快刀具的磨损

111. 在高温下能够保持刀具材料切削性能的特性称为（　　）。

A. 硬度　　B. 耐热性　　C. 耐磨性　　D. 强度

112. 金属切削刀具切削部分的材料应具备（　　）要求。

A. 高硬度、高耐磨性、高耐热性　　B. 足够的强度与韧性

C. 良好的工艺性　　D. A、B、C 都是

113. 刀具切削部分的常用材料中，耐热性最好的是（　　）。

A. 碳素工具钢　　B. 合金工具钢　　C. 高速钢　　D. 硬质合金

114. 一般硬质合金刀具能保持良好的切削性能的温度范围是（　　）。

A. 300 ~ 460℃　　B. 550 ~ 620℃

C. 800 ~ 1000℃　　D. 1000 ~ 1200℃

115. 在切削过程中，工件与刀具的相对运动称为（　　）。

A. 进给运动　　B. 主运动　　C. 合成运动　　D. 切削运动

116. 切削加工中，（　）主运动，它可由工件完成，也可以由刀具完成。

A. 只有一个　　B. 可以有两个　　C. 可以有三个　　D. 可以有多个

117. 在刀具的切削部分，切屑流过的表面称为（　　）。

A. 前面　　B. 后面　　C. 副前面　　D. 副后面

118. 在刀具的切削部分，（　　）担负主要的切削工作。

A. 主切削刃　　B. 副切削刃　　C. 刀尖　　D. 前面

119. 主切削刃在基面上的投影与进给运动方向之间的夹角称为（　　）。

A. 前角　　B. 后角　　C. 主偏角　　D. 刃倾角

120. 在正交平面内，（ ）之和等于90°。

A. 前角、后角、刀尖角 B. 前角、后角、楔角

C. 主偏角、副偏角、刀尖角 D. 主偏角、副偏角、楔角

121. 在计算切削速度的公式中，车外圆时直径是指（ ）的直径。

A. 待加工表面 B. 过渡表面 C. 已加工表面 D. 过渡表面中点处

122. 背吃刀量一般指工件上（ ）间的垂直距离。

A. 待加工表面和过渡表面 B. 过渡表面和已加工表面

C. 已加工表面和待加工表面 D. 过渡表面中点和已加工表面

123. （ ）主要用来加工工件的外圆柱、外圆锥等。

A. 外圆车刀 B. 端面车刀 C. 切断车刀 D. 内孔车刀

124. 当车刀的主偏角等于（ ）时，可加工端面和倒角。

A. 45° B. 60° C. 75° D. 90°

125. 键槽铣刀外形似（ ）。

A. 立铣刀 B. 模具铣刀 C. 面铣刀 D. 鼓形铣刀

126. 在立铣床上加工较大平面时，一般选用（ ）。

A. 圆柱形铣刀 B. 面铣刀 C. 立铣刀 D. 三面刃铣刀

127. 整体圆柱铰刀引导部分，在工作部分前端，呈（ ）倒角，其作用是便于铰刀开始铰削时放入孔中，并保护切削刃。

A. 10° B. 20° C. 30° D. 45°

128. P10（YT15）是表示其中含（ ）为15%，牌号中数字越大，其硬度越高，更适用于精加工。

A. 碳化钛 B. 碳化钨 C. 金属钴

129. 一般高速钢刀具能保持良好的切削性能的温度范围是（ ）。

A. 300～460℃ B. 550～620℃ C. 850～990℃ D. 1000～1200℃

130. 制造形状较复杂，标准公差等级较高的刀具应该选用的材料是（ ）。

A. 高速钢 B. 合金工具 C. 硬质合金 D. 碳素工具钢

131. 钨钴类硬质合金常用来切削铸铁，当切削条件不平稳，冲击振动较大时，应选用含（ ）的牌号。

A. Co 较多 B. Co 较少 C. TiC 较多 D. WC 较多

132. 在正交平面中，前面与基面之间的夹角称为（ ）。

A. 前角 B. 后角 C. 主偏角 D. 刃倾角

133. 在切削平面中，主切削刃与基面之间的夹角称为（ ）。

A. 前角 B. 后角 C. 主偏角 D. 刃倾角

134. 当过渡刃与进给方向平行，此时偏角 $\kappa'_{\gamma}=0°$，该过渡刃称为（ ）。

A. 修光刃 B. 后角消振棱刃 C. 锋刃

135. 切断刀、车槽刀和锯片铣刀等，由于受刀头强度的限制，副后角 $\alpha'_o$ 应取(　　)。

A. 较大　B. 一般　C. 较小

136. 标准麻花钻的顶角 $2\phi$ =(　　)。

A. 90°　B. 160°　C. 118°　D. 120°

137. 钻头的横刃太长时，钻削时的进给力增大，所以一般横刃斜角取（　　）。

A. 65°　B. 55°　C. 45°

138. （　　）成形车刀重磨次数最多，寿命长，可加工内外成形表面。

A. 平体　B. 棱体　C. 圆形

139. 铰削薄壁韧性材料或用硬质合金铰刀铰孔时，铰孔后的孔径与铰刀直径相比，会产生（　　）。

A. 收缩量　B. 扩张量　C. 尺寸不变

140. 丝锥加工通孔右旋螺纹，为避免切屑挤塞，保证加工质量，采用（　　）。

A. 左旋槽　B. 右旋槽　C. 直槽

141. 工件采用（　　）定位，有利于增大摩擦力。

A. 球头钉　B. 尖头钉　C. 网纹钉　D. 平头钉

142. 若用已加工平面定位，一般可采用多个（　　）或支承板。

A. 球头钉　B. 尖头钉　C. 网纹钉　D. 平头钉

143. 若用已加工平面定位，一般可采用多个平头钉或（　　）。

A. 支承板　B. V 形块　C. 定位销　D. 定位套

144. 工件以平面定位时，适用于已加工平面定位的支承钉元件是（　　）。

A. 球头钉　B. 尖头钉　C. 网纹钉　D. 平头钉

145. 工件以毛坯平面定位，当毛坯表面的尺寸误差较大时，应选（　　）以满足工件不同位置的要求。

A. 球头钉　B. 尖头钉　C. 网纹钉　D. 可调支承钉

146. V 形块两工作面的夹角，以（　　）应用最广。

A. 60°　B. 90°　C. 100°　D. 120°

147. V 形块两工作面的夹角，一般采用（　　）。

A. 60°　B. 90°　C. 120°　D. 100°

148. 当工件以“一面两孔”作定位基准，所用的定位元件应是（　　）和一个支承板。

A. 两个短圆柱销　B. 两短圆锥销

C. 一个短圆柱销和一个削边销　D. 一个短圆锥销和一个削边销

149. 用“一面两销”定位，两销指的是（　　）。

A. 两个短圆柱销　B. 短圆柱销和短圆锥销

C. 短圆柱销和削边销　　D. 短圆锥销和削边销

150. 当毛坯表面的尺寸误差较大时，采用（　　）可满足工件位置的要求。

A. 可调支承　　B. 平头支承钉　　C. 支承板　　D. 辅助支承

151. 工件采用心轴定位时，定位基准面是（　　）。

A. 心轴外圆柱面　　B. 工件内圆柱面　　C. 心轴中心线　　D. 工件孔中心线

152. 套类零件以心轴定位车削外圆时，其定位基准面是（　　）。

A. 心轴外圆柱面　　B. 工件内圆柱面　　C. 心轴中心线　　D. 工件孔中心线

153. 轴类零件以V形块定位时，其定位基准面是（　　）。

A. V形块两斜面　　B. 工件外圆柱面

C. V形块对称中心线　　D. 工件轴中心线

154. 工件以平面为定位基准，可采用（　　）定位元件定位。

A. 支承板　　B. V形块　　C. 定位销　　D. 定位套

155. 工件以外圆柱面为定位基准，可采用（　　）定位元件定位。

A. 支承板　　B. V形块　　C. 定位销　　D. 定位套

156. 工件以内圆柱面为定位基准，可采用（　　）定位元件定位。

A. 支承板　　B. V形块　　C. 定位销　　D. 定位套

157. 用压板夹紧工件时，为增大夹紧力，可将螺栓（　　）。

A. 远离工件　　B. 靠近工件　　C. 处于压板中间　　D. 处于任意位置

158. 用压板夹紧工件时，垫块的高度应（　　）工件。

A. 稍低于　　B. 稍高于　　C. 等于　　D. 尽量多高于

159. 用机用虎钳装夹工件铣削平行面，基准面应与（　　）贴合或平行。

A. 固定钳口　　B. 虎钳导轨顶面　　C. 活动钳口　　D. 虎钳导轨侧面

160. 用机用虎钳装夹工件粗铣平面，应使切削分力指向（　　）。

A. 底座　　B. 活动钳口

C. 固定钳口　　D. 与钳口平行方向

161. （　　）适用于大中型卧式车床、外圆磨床等。

A. 自定心卡盘　　B. 单动卡盘

C. 电动自定心卡盘　　D. 动力卡盘

162. （　　）适用于各种车床、铣床和普通精度的磨床等。

A. 自定心卡盘　　B. 单动卡盘

C. 电动自定心卡盘　　D. 动力卡盘

163. 常用的夹紧机构中，自锁性能最可靠的是（　　）。

A. 斜楔　　B. 螺旋　　C. 偏心　　D. 铰链

164. （　　）夹紧速度快、省力，适用于成批和单件生产。

A. 普通机用虎钳　　B. 精密机用虎钳

C. 可倾机用虎钳　　D. 快速夹紧机用虎钳

165. (　) 是采用偏心结构夹紧工件。

A. 普通机用虎钳　　B. 精密机用虎钳

C. 可倾机用虎钳　　D. 快速夹紧机用虎钳

166. (　) 是采用偏心结构夹紧工件。

A. 精密机用虎钳　　B. 快速夹紧机用虎钳

C. 可倾机用虎钳

167. (　　) 主要用于加工管套类零件，可承受较高的负荷。

A. 轻型回转顶尖　　B. 中型回转顶尖

C. 伞形回转顶尖　　D. 插入式回转顶尖

168. 插入式回转顶尖带有（　　）形状不同的顶尖插头，可供不同形状的工件来做选择。

A. 3 个　　B. 5 个　　C. 7 个　　D. 8 个

169. (　) 不需使用扳手夹紧，夹紧力随切削力的增加而增加，刀具不致打滑。

A. 快速钻夹头　　B. 自紧式钻夹头　　C. 扳手夹紧式三爪钻夹头

170. XD250A 强力电磁吸盘的吸力（　）。

A. ≥1.8MPa　　B. ≥0.6MPa　　C. ≥1MPa

171. 抗拉强度的符号为（　　）。

A. $\sigma_b$　　B. $\sigma_s$　　C. $\sigma_{-1}$　　D. $\sigma$

172. 用锥顶角为 120°的金刚石作压头的硬度试验，属于洛氏硬度试验。目前广泛使用的是 C 标尺，其标记代号为（　）。

A. HRA　　B. HRB　　C. HRC　　D. HBW

173. 布氏硬度与洛氏硬度是可以换算的。在常用范围内，布氏硬度近似等于洛氏硬度值的（　）。

A. 5 倍　　B. 10 倍　　C. 20 倍　　D. 50 倍

174. 使金属引起疲劳的是（　）载荷。

A. 静　　B. 动　　C. 冲击　　D. 交变

175. 疲劳强度的符号为（　）。

A. $\sigma_b$　　B. $\sigma_s$　　C. $\sigma_{-1}$　　D. $\sigma$

176. 优质碳素结构钢的钢号由两位数字构成，数字表示钢的平均碳的质量分数的(　　)。

A. 十分之几　　B. 百分之几　　C. 千分之几　　D. 万分之几

177. 小弹簧选用（　）钢较合适。

A. 08F　　B. 65Mn　　C. 45　　D. T8

178. 锉刀应选择（　　）较合适。

A. T8　B. T10　C. T12A　D. T14

179. 为了改善50钢的车轮毛坯的切削加工性能，以及消除内应力，应选用（　　）较合适。

A. 完全退火　B. 球化退火　C. 去应力退火　D. 正火

180. 滚动轴承钢可采用（　　）作为预备热处理。

A. 完全退火　B. 球化退火　C. 去应力退火　D. 正火

181. 在实际生产中，对使用性能要求不高的工件，常用（　　）代替调质。

A. 完全退火　B. 球化退火　C. 去应力退火　D. 正火

182. 在实际生产中，过共析钢常用（　　）来消除网状渗碳体，给球化退火作组织上的准备。

A. 回火　B. 淬火　C. 去应力退火　D. 正火

183. T10A钢刮刀，要求硬度为60HRC，应采用（　　）方法。

A. 淬火+低温回火　B. 淬火+中温回火

C. 淬火+高温回火　D. 调质+高温回火

184. 调质钢的热处理工艺常采用（　　）。

A. 淬火+低温回火　B. 淬火+中温回火

C. 淬火+高温回火　D. 调质+高温回火

185. 为了使淬火工件的表面耐磨，表面淬火用钢，其碳的质量分数应大于（　　）。

A. 0.3%　B. 0.5%　C. 0.8%　D. 1.2%

186. 表面淬火后，工件的表层获得硬而耐磨的（　　）组织，而心部仍保持原来的韧性较好的组织。

A. 索氏体　B. 马氏体　C. 屈氏体　D. 托氏体

187. 目前使用最广泛的氮化钢为（　　）。

A. 45　B. 65Mn　C. 38CrMoAlA　D. T8

188. 汽车变速器齿轮应选用（　　）制造。

A. 合金渗碳钢　B. 合金调质钢　C. 合金弹簧钢　D. 滚动轴承钢

189. 金属材料中，GCr15是常用的（　　）。

A. 合金渗碳钢　B. 合金调质钢　C. 合金弹簧钢　D. 滚动轴承钢

190. 9SiCr是合金（　　）钢，其中碳的质量分数约为0.9%。

A. 结构　B. 工具　C. 渗碳　D. 弹簧

191. 对于形状复杂，要求高精度、高耐磨性的模具则选用（　　）和Cr12MoV等来制造。

A. Cr12　B. 9SiCr　C. GCr15　D. 60Si2Mn

192. HT200是灰铸铁的牌号，牌号中数字200表示（　　）不低于200N/mm$^2$。

A. 屈服强度　B. 抗拉强度　C. 疲劳强度　D. 抗弯强度

193. 制造机床的床身时，其材料应选用（　　）。

A. 可锻铸铁　B. 灰铸铁　C. 球墨铸铁　D. 白口铸铁

194. 可锻铸铁是由（　　）的零件毛坯，经可锻化退火处理后获得的。

A. 灰铸铁　B. 球墨铸铁　C. 白口铸铁　D. 蠕墨铸铁

195. 铁素体可锻铸铁的牌号用（　　）及其后面两组数字表示。

A. HT　B. KTH　C. KTZ　D. QT

196. QT400－15是球墨铸铁的牌号，其中400表示抗拉强度不低于400N/mm$^2$，15表示（　　）不小于是15%。

A. 断后伸长率　B. 断面收缩率　C. 疲劳强度　D. 抗弯强度

197. 变形铝合金中，不能由热处理强化的是（　　）。

A. 硬铝　B. 锻铝　C. 防锈铝　D. 超硬铝

198. 制造飞机起落架和大梁等承载零件，可选用（　　）。

A. 防锈铝合金　B. 硬铝合金　C. 超硬铝合金　D. 锻造铝合金

199. H62是（　　）牌号，它表示内部铜的质量分数为62%。

A. 普通黄铜　B. 铍青铜　C. 锡青铜　D. 铝青铜

200. 黄铜是（　　）合金。

A. 铜锡　B. 铜铝　C. 铜锌　D 铜铍

## 三、简答题

1. 公差带的位置是由什么决定的？
2. 国家标准将标准公差等级分为多少级？它们是怎样排列的？
3. 配合有几种基准制，它们各有什么不同？
4. 理想要素与实际要素有什么区别？
5. 线轮廓度公差与面轮廓度公差有何不同？
6. 产品零件在加工中为什么在满足尺寸公差的同时还必须满足几何公差？
7. 表面粗糙度与形状误差有何区别？
8. 为什么设计零件时要提出表面粗糙度的要求？
9. 表面粗糙度对机械零件的使用性能有何影响？
10. 在零件的同一表面上，通常有几种误差？
11. 传动装置的作用是什么？现代工业中主要应用哪些传动方式？
12. 简述带传动的特点和适用的场合。
13. 链传动有哪些特点？适合用在什么地方？
14. 在各类机械传动中，为什么齿轮传动应用最为广泛？
15. 比较滑动螺旋和滚动螺旋在工作性能上的主要区别。

16. 刀具切削部分的材料必须具备哪些性能要求?

17. 简述刃倾角对切削性能的影响。

18. 试述车刀的种类。

19. 标准麻花钻在刃磨后角时，将主切削刃上各点的后角磨成外缘处小，接近中心处大，有什么好处?

20. 简述铰刀的齿数对切削加工的影响，与刀齿分布的形式。

21. 简述丝锥的种类。

22. 常用的夹紧装置有哪些?

23. 试述万能分度头的应用场合。

24. 试述回转工作台的种类。

25. 试述卡盘的种类及其应用场合。

26. 什么叫强度? 常用的强度指标有哪些? 写出它们的计算公式?

27. 金属的工艺性能包括哪些内容?

28. 普通、优质、高级优质碳素钢是如何划分的?

29. 什么是钢的热处理? 热处理的基本方法有哪几种?

30. 常用的淬火方法有哪些? 并说明单液淬火方法的优缺点。

31. 高速工具钢的主要特点是什么?

32. 化学成分和冷却速度对铸件石墨化和基体组织有何影响?

33. 为什么一般机器的支架、机床的床身常用灰铸铁制造?

## 四、应用题

1. 已知公称尺寸为 $\phi20$mm 的孔，其上极限尺寸为 $\phi20.011$mm，下极限尺寸为 $\phi20$mm，试求其上、下极限偏差和公差各为多少?

2. 已知公称尺寸为 $\phi80$mm 的轴，其上极限偏差为 +0.016mm，下极限偏差为 -0.027mm，试求其上极限尺寸，下极限尺寸和公差各为多少?

3. 已知公称尺寸为 $\phi50$mm 的孔，其上极限尺寸为 $\phi50.025$mm，下极限尺寸为 $\phi50$mm，现测得孔的实际尺寸为 $\phi50.010$mm，试求孔的极限偏差、实际偏差及公差。

4. 已知公称尺寸为 $\phi50$mm 的孔，其上极限尺寸为 $\phi49.950$mm，下极限尺寸为 $\phi49.934$mm，现测得孔的实际尺寸为 $\phi49.946$mm，试求轴的极限偏差、实际偏差及公差。

5. 计算孔 $\phi50^{+0.025}_{0}$ mm 与轴 $\phi50^{-0.025}_{-0.041}$mm 配合的极限间隙及配合公差。

6. 计算孔 $\phi50^{+0.025}_{0}$ mm 与轴 $\phi50^{+0.059}_{+0.043}$mm 配合的极限过盈及配合公差。

7. 计算孔 $\phi50^{+0.025}_{0}$ mm 与轴 $\phi50^{+0.018}_{+0.002}$mm 配合的最大间隙和最大过盈及配合公差。

8. 用标准公差数值表和轴的基本偏差数值表，确定 $\phi$40t6 的极限偏差。

9. 试用查表法确定 $\phi$45H7/r6 的孔和轴的极限偏差。

10. 试用查表法确定 $\phi$45R7/h6 的孔和轴的极限偏差。

11. 已知一对外啮合正常标准直齿圆柱齿轮，其模数 $m=3$mm，齿数 $z_1=19$，$z_2=41$。试求这对齿轮的分度圆直径、齿顶圆直径、齿根圆直径、齿厚、齿槽宽和中心距。

12. 已知一对外啮合标准直齿圆柱齿轮的标准中心距 $a=120$mm，传动比 $i_{12}=3$，小齿轮齿数 $z_1=20$。试确定这对齿轮的模数和分度圆直径、齿顶圆直径和齿根圆直径。

13. 普通 V 带传动，已知小带轮直径 $d_1=80$mm，转速 $n_1=900$rpm，大带轮直径 $d_2=200$mm。若不考虑弹性滑动，试求大带轮的转速和大小带轮之间的传动比。

14. 有一丝杆和螺母组成的螺旋传动，丝杆作回转运动，转速 $n=550$rpm；螺母作直线移动，导程 $Ph=2.5$mm。试求螺母直线移动的速度和一分钟时间内螺母移动的距离。

15. 标注图 1-1 所示车刀的角度。

16. 如图 1-2 所示，作出车刀车孔时的主运动方向、进给运动方向和主偏角、副偏角的位置。

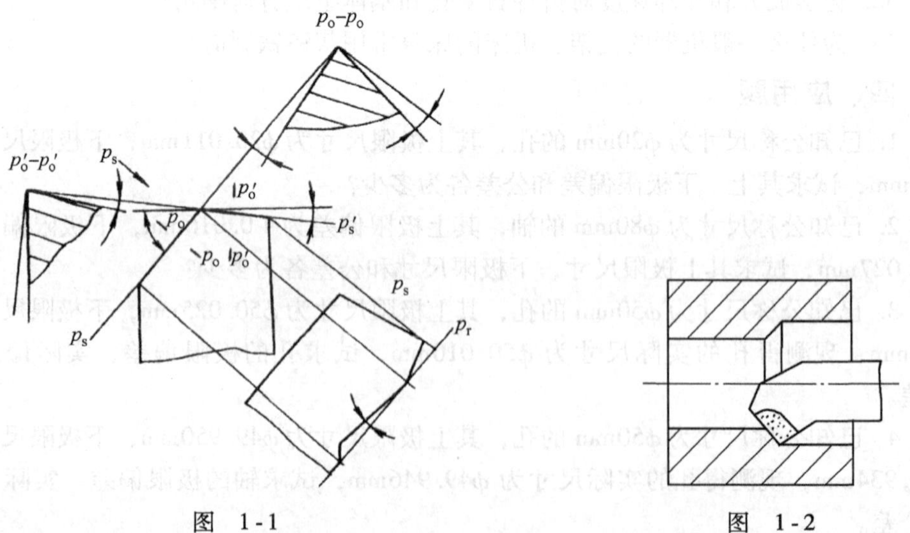


图 1-1　　图 1-2

17. 车外圆时，工件加工前直径为 $\phi$62mm，加工后直径为 $\phi$56mm，工件转速为 4r/s，刀具每秒钟沿工件轴向移动 2mm，工件加工长度为 110mm，切入长度为 3mm，求 $v_c$、$f$、$\alpha_p$ 和切削工时 $t$。

18. 车外圆时，工件加工前直径为 $\phi$50mm，加工后直径为 $\phi$45mm，工件转速为 780r/min，进给量为 0.15mm/r，工件加工长度为 60mm，切入长度为 3mm，求 $v_c v_f$、$\alpha_p$ 和切削工时 $t$。

19. 写出图 1-3 所示标准麻花钻的各部分名称。

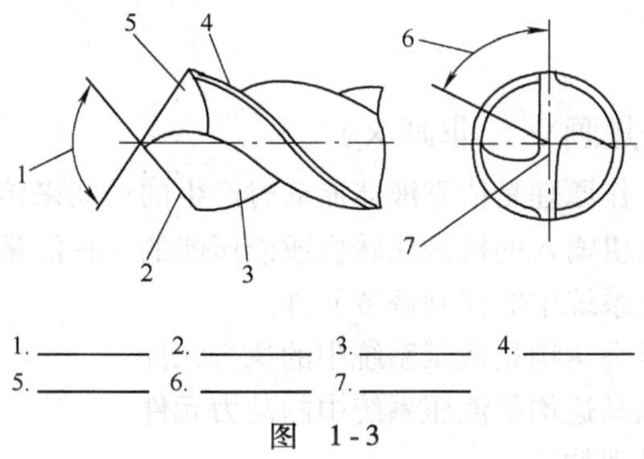


1. ________ 2. ________ 3. ________ 4. ________

5. ________ 6. ________ 7. ________

图 1-3

20. 工厂买回一批材料（要求：$\sigma_s \geqslant 230$MPa；$\sigma_b \geqslant 410$MPa；$\sigma_5 \geqslant 22\%$；$\psi \geqslant 50\%$），做短试样（$L_0 = 5D_0$；$D_0 = 10$mm）拉伸试验，结果如下：$F_s = 20$kN，$F_b = 34.5$kN；$L_1 = 63.1$mm，$D_1 = 6.2$mm。问买回的材料合格吗？

21. 甲、乙两厂生产同一种零件，均选 45 钢，硬度要求 220～250HBW，甲厂采用正火，乙厂采用调质处理，均能达到硬度要求，试分析甲、乙两厂产品的组织和性能差别。

22. 拟用 T10A 钢制造铣刀，其工艺过程如下：下料→锻造→热处理 1→机加工→热处理 2→精加工。请写出各热处理工序的名称和作用。

23. 有 20CrMnTi、38CrMoAl、T12、45 等四种钢材，请选择一种钢材制作汽车变速器齿轮（高速、中等载荷、受冲击），并写出工艺路线，说明各热处理工序的作用。

24. 出现下列不正常现象时，应采取什么有效措施予以防止或改善？

（1）灰铸铁磨床床身铸造以后就进行切削，在切削加工后出现不允许的变形。

（2）灰铸铁薄壁处出现白口组织，造成切削加工困难。

# 中级工知识要求试题

## 一、判断题（是画√，非画×）

1. 液压传动的工作原理是依靠液体流动时产生的动能来传递运动的。（　）
2. 液压泵是将电机输入的机械能转换成液压能的一种能量转换装置。（　）
3. 蓄能器是液压系统中的控制调节元件。（　）
4. 液压泵、液压马达均是液压系统中的执行元件。（　）
5. 液压泵、液压马达均是液压系统中的动力元件。（　）
6. 静止液体不呈现粘性。（　）
7. 液体在单位体积上的质量称为密度，一般矿物油的密度为900kg/$m^3$。（　）
8. L－AN32号液压油，指这种油在40℃时的运动粘度平均值为32st。（　）
9. L－AN46号液压油，指这种油在50℃时的运动粘度平均值为46cst。（　）
10. 液压系统中油温越高则液压油的粘度就越大。（　）
11. 液压系统中压力越高则液压油的粘度就越大。（　）
12. 液压系统中如工作压力高时，应选用粘度较高的液压油。（　）
13. 液压系统中如工作机构的运动速度较高时，应选用粘度较高的液压油。（　）
14. 当环境温度较高时，应选用粘度较高的液压油。（　）
15. 液体的可压缩性比钢的可压缩性大100～140倍。（　）
16. 液压油具有可压缩性，由于压缩量很小，所以一般可忽略不计。（　）
17. 1工程大气压等于$9.8\times10^5$Pa。（　）
18. 绝对压力是指以大气压为基准测出的压力。（　）
19. 当绝对压力低于大气压时说明产生真空，此绝对压力即为真空度。（　）
20. 液压千斤顶之所以能用很小的力顶起很重的物体，是利用帕斯卡原理。（　）
21. 单位时间内流过某过流截面的液体的体积称为流速，单位为m/min。（　）
22. 液体在管道内作稳定流动时，流过各通流截面的流量是相等的。（　）
23. 液体在管中流动时，其管道截面越小，则流速越高，而压力越小。（　）
24. 液压系统中的功率是流量和压力的乘积。（　）
25. 空穴现象是由于液压系统中压力升高所引起的。（　）

26. 刀具寿命的长短、切削效率的高低与刀具材料切削性能的优劣有关。 ( )

27. 安装在刀架上的外圆车刀切削刃高于工件中心时，使切削时的前角增大，后角减小。 ( )

28. 刀具几何参数、刀具材料和刀具结构是研究金属切削刀具的三项基本内容。 ( )

29. 由于硬质合金的抗弯强度较低，冲击韧度差，所取前角应小于高速钢刀具的合理前角。 ( )

30. 当粗加工、强力切削或承受冲击载荷时，要使刀具寿命延长，必须减少刀具摩擦，所以后角应取大些。 ( )

31. 切屑形成过程是金属切削层在刀具作用力的挤压下，沿着与待加工面近似成45°夹角滑移的过程。 ( )

32. 在精加工时要设法避免产生积屑瘤，但积屑瘤对粗加工有一定的好处。 ( )

33. 切屑在形成过程中往往塑性和韧性提高，脆性降低，使断屑形成了内在的有利条件。 ( )

34. 一般在切削脆性金属材料和切削厚度较小的塑性金属材料时，所发生的磨损往往在刀具的主后刀面上。 ( )

35. 刀具主切削刃上磨出分屑槽的目的是改善切削条件，提高刀具寿命，可以增加切削用量，提高生产效率。 ( )

36. 进给力 $F_f$ 是纵向进给方向的力，又称轴向力。 ( )

37. 刀具的磨钝出现在切削过程中，是刀具在高温高压下与工件及切屑产生强烈摩擦，失去正常切削能力的现象。 ( )

38. 所谓前刀面磨损就是形成月牙洼的磨损，一般在切削速度较高，切削厚度较大情况下，加工塑性金属材料时引起的。 ( )

39. 刀具材料的硬度越高，强度和韧性越低。 ( )

40. 粗加工磨钝标准是按正常磨损阶段终了时的磨损值来制订的。 ( )

41. 切削铸铁等脆性材料时，切削层首先产生塑性变形，然后产生崩裂的不规则粒状切屑，称为崩碎切屑。 ( )

42. 立方氮化硼是一种超硬材料，其硬度略低于人造金刚石，但不能以正常的切削速度切削淬火钢等硬度较高的材料。 ( )

43. 刀具因存在细微裂纹而产生的破损和因切削高温而产生的卷刃都是正常磨损现象。 ( )

44. 在中等速度切削加工时，热效应使硬质合金刀具产生磨损，其主要形式包括：相变磨损、扩散磨损和氧化磨损。 ( )

45. 精加工磨钝标准是按正常磨损阶段终了时的磨损值来制订的。 ( )

46. 刀具磨损越慢，切削加工时间就越长，也就是刀具寿命越长。 ( )

47. 刀具寿命仅反映刀具几何参数和切屑用量选择的合理与否。 ( )

48. 刀具寿命的确定有两个原则，即经济寿命和最大生产率寿命。 ( )

49. 刃磨成形车刀，必须严格控制前角的大小和原有几何参数，才能保证切削刃形状不产生畸变。 ( )

50. 若沿铰刀切削部分的前面进行刃磨，则校准部分棱边会逐渐变窄，甚至消失。 ( )

51. 修磨钻头横刃时，其长度磨得越短越好。 ( )

52. 磨削过程中同时参加切削的磨粒数极多。 ( )

53. 磨削加工可获得高精度和较小的表面粗糙度值。 ( )

54. 砂轮由磨料和结合剂构成。 ( )

55. 绿碳化硅砂轮适宜于磨削韧性好的钢材，如高速钢、不锈钢等。 ( )

56. 砂轮的粒度是指磨料颗粒的大小。粒度号越大，表示颗粒尺寸越大。 ( )

57. 砂轮的强度、耐冲击性、耐腐蚀性、耐热性主要决定于结合剂的性能。 ( )

58. 磨料的硬度越高表示砂轮的硬度也越高。 ( )

59. 原材料等的运输、保管均属于工艺过程。 ( )

60. 工件的安装次数越多，引起的误差就越大，所以在同一道工序中，应尽量减少工件的安装次数。 ( )

61. 轴类零件上的外圆表面、内孔表面、端面、螺纹表面等都能在车床上加工，这些加工内容都应划在同一车削工序内。 ( )

62. 在机械加工中，一个工件在同一时刻只能占据一个工位。 ( )

63. 机械加工工艺过程是由一系列的工序组成的。 ( )

64. 采用多工位，可以减少安装次数，提高生产率。 ( )

65. 在一道工序中只能有一次安装。 ( )

66. 成批生产的特点是工件的数量较多，成批地进行加工，并会周期性的重复生产。 ( )

67. 在同一工作地长期地重复进行某一工件、某一工序的加工，为大量生产。 ( )

68. 单件生产时，应尽量利用现有的专用设备和工具。 ( )

69. 毛坯的精度越高，加工时余量就越少，但毛坯的制造费用很高，一般只用于单件小批量生产类型的零件。 ( )

70. 成批生产轴类零件时，机械加工第一道工序一般安排为铣两端面、钻中心

孔。 （ ）

71. 工艺卡是以工序为单位，说明一个工件的全部加工过程的工艺文件。 （ ）

72. 拟定工件的工艺路线，就是选择各表面的加工方法，划分工序及确定各表面的加工顺序等。 （ ）

73. 经济加工精度是指同一设备最低加工成本所能达到的加工精度。（ ）

74. 要避免采用低精度加工方法去加工高精度的零件，但可以采用高精度加工方法去加工低精度的零件。 （ ）

75. 把机械加工工艺过程划分为几个阶段，不便于安排热处理工序。 （ ）

76. 在半精加工阶段，除为重要表面的精加工做准备外，可以完成次要表面的最终加工。 （ ）

77. 为了提高机床的使用率，尽量在一台机床上连续完成工件的粗、精加工。 （ ）

78. 采用工序集中法加工时，容易达到较高的相对位置精度。 （ ）

79. 当工人的平均操作技能水平较低时，宜采用工序集中法进行加工。（ ）

80. 工序集中的加工方法，有利于提高生产率，是现代化生产发展的趋势。 （ ）

81. 在安排工件表面的加工顺序时，应先加工出后续工序的精基准面。（ ）

82. 在机械加工工艺过程中，安排热处理工序的目的是改变材料的力学性能和消除内应力。 （ ）

83. 预备热处理包括退火、正火、时效和调质。 （ ）

84. 退火和正火，可以消除毛坯制造时的内应力，但不能改善切削性能。 （ ）

85. 高碳钢采用退火处理，有降低硬度的作用。 （ ）

86. 时效热处理的主要作用是消除内应力。 （ ）

87. 工件经淬火后，表面硬度很高，一般不再用金属切削刀具进行切削加工。 （ ）

88. 工件渗氮处理有提高抗腐蚀性的作用。 （ ）

89. 工件在渗氮处理之前，常安排一道时效热处理工序。 （ ）

90. 采用时效处理方法可以改善钢材的切削性能。 （ ）

91. 一个表面的加工总余量等于该表面的所有加工余量之和。 （ ）

92. 某工序的最大加工余量与该工序尺寸公差无关。 （ ）

93. 某一组成环的尺寸增大，引起封闭环尺寸也随之增大，该组成环为减环。 （ ）

94. 加工时直接获得的基本尺寸称为增环，间接获得的派生尺寸称为减环。 ( )

95. 在尺寸链中只有一个封闭环。 ( )

96. 在尺寸链中必须有增环。 ( )

97. 制订时间定额时，准备与终了时间应与零件的批量成正比。 ( )

98. 在机床上使工件始终保持不动并使其在加工过程中占有正确加工位置的工艺装备称为机床夹具。 ( )

99. 夹具按其作用和功能，可由导向元件、夹紧装置、夹具体基本部分组成。 ( )

100. 床夹具中，定位元件是用来确定工件在夹具中的位置。 ( )

101. 在机床夹具中，对刀或导向元件是用来保证工件与刀具之间的正确位置的。 ( )

102. 使用机床夹具可改变和扩大原机床的功能。 ( )

103. 在机床夹具中，成组夹具是针对通用夹具和组合夹具的缺陷而发展起来的。 ( )

104. 用六个支承点就可使工件在空间的位置完全被确定下来。 ( )

105. 只有完全定位的工件，才能保证加工质量。 ( )

106. 工件定位，并不是任何情况下都要限制六个自由度。 ( )

107. 工件定位时，若夹具上的定位点不足六个，则肯定不会出现过定位。 ( )

108. 欠定位在机械加工过程中不允许存在。 ( )

109. 在夹具的具体结构中，工件以支承板元件定位时，可限制工件的三个自由度。 ( )

110. 定位心轴作工件孔定位元件，孔轴的接触长度与直径之比大于 1 时，可以消除工件的两个自由度。 ( )

111. 工件的定位基准面需经加工，才能采用 V 形块定位。 ( )

112. 长定位套作工件外圆柱面定位元件，孔轴的接触长度与直径之比大于 1 时，可以消除工件的四个自由度。 ( )

113. 在车削中，以两顶尖装夹工件，其中移动顶尖限制工件的一个自由度。 ( )

114. 工件以一面两孔定位时，一般采用两个圆柱销作为孔的定位。 ( )

115. 具有独立的定位作用且能限制工件的自由度的支承，称为辅助支承。 ( )

116. 只有采用调整法加工一批工件时，才可能产生定位误差。 ( )

117. 工件以平面定位时，不需考虑基准位移误差。 ( )

118. 工件在夹紧后不能动了，就表示工件定位正确。 ( )

119. 为减少工件变形，薄壁工件应尽可能不用径向夹紧的方法，而采用轴向夹紧的方法。 ( )

120. 夹紧力的作用点应与支承件相对，否则工件容易变形和不稳固。 ( )

121. 在斜楔机构中，当斜楔升角小时，则产生的夹紧力大。 ( )

122. 自动定心夹紧机构能使工件同时得到定心和夹紧。 ( )

123. 多件联动夹紧是一个作用力，通过一定的机构实现对几个工件同时进行夹紧。 ( )

124. 螺旋、偏心、凸轮等机构是斜楔夹紧的变化应用。 ( )

125. 专用夹具是专为某一种工件的某道工序的加工而设计制造的夹具。 ( )

126. CNC 是计算机数字控制的英文缩写。 ( )

127. 数控机床能与计算机实现串行通信，但还不能与计算机实现宽带网络连接。 ( )

128. 世界上第一台数控机床是数控铣床。 ( )

129. 伺服系统是数控机床最重要的组成部分。 ( )

130. 两轴半联动是指 $X$、$Y$ 轴能实现联动，$Z$ 轴只能做周期性进给。 ( )

131. 目前，大多数数控机床的控制方式是闭环控制。 ( )

132. 手工编程适用零件不太复杂、计算较简单、程序较短的场合，经济性较好。 ( )

133. 数控程序最早的控制介质是磁盘。 ( )

134. 不同的数控机床可能选用不同的数控系统，但数控加工程序指令都是相同的。 ( )

135. 程序段号根据数控系统的不同，在某些系统中可以省略。 ( )

136. 数控车床的进给方式有每分钟进给和每转进给两种，一般可用 M 指令指定。 ( )

137. 如果在同一程序段中指定了两个或两个以上属于同一组的 G 代码时，只有最后的 G 代码有效。 ( )

138. G 代码可以分为模态 G 代码和非模态 G 代码。 ( )

139. 数控机床输入程序时，不论何种系统，坐标值不论是整数还是小数，都不必加入小数点。 ( )

140. 数控系统的脉冲当量越小，数控轨迹插补越精细。 ( )

141. 右手直角坐标系中的拇指表示 $Z$ 轴。 ( )

142. 通常在命名或编程时，不论何种数控机床都一律假定工件静止，刀具运动。 ( )

143. 在直角坐标系中与主轴轴线平行或重合的轴一定是 $Z$ 轴。 ( )

144. 绕 $Z$ 轴旋转的回转运动坐标轴是 $K$ 轴。 (  )

145. 机床参考点是由程序设定的一个基准点。 (  )

146. 数控机床编程有绝对值和增量值编程之分，具体用法由图样给定而不能互相转换。 (  )

147. 辅助指令（即 M 功能）与数控装置的插补运算无关。 (  )

148. M07 属于切削液开关指令。 (  )

149. M02 表示程序段结束，光标和屏幕显示自动返回程序的开头处。 (  )

150. F150 表示控制主轴转速，使主轴转速保持在 150r/min。 (  )

151. G97 S150 表示控制主轴转速，使切削点的速度始终保持在 150r/min。 (  )

152. 数控车床恒线速度控制时工件切削点直径越大，进给速度就越慢。 (  )

153. 数控车床用恒线速度控制加工端面、锥度和圆弧时，必须限制主轴的最高转速。 (  )

154. 在执行 M00 后，不仅准备功能（G 功能）停止运动，连辅助功能（M 功能）也停止运动。 (  )

155. 编制数控加工程序时一般以机床坐标系作为编程的坐标系。 (  )

156. G53 ~ G59 指令是工件坐标系选择指令。 (  )

157. 程序段 G50 X100. 0 Z50. 0 的作用是刀具快速移动到程序段指定的位置，而达到设定工件坐标系的目的。 (  )

158. 直线插补程序段中或直线插补程序段前必须指定进给速度。 (  )

159. 判别圆弧插补 G02 和 G03 方向的顺逆是：沿着垂直插补平面的坐标轴的负方向向正方向看去，顺时针方向为 G02，逆时针方向为 G03。 (  )

160. 圆弧插补时 $Z$ 坐标的圆心坐标符号用 J 表示。 (  )

161. 在某一程序段中，圆弧插补整圆其终点重合于起点，用 R 无法定义，所以用圆心坐标编程。 (  )

162. G04 执行期间主轴在指定的短时间内停止转动。 (  )

163. 数控铣削刀具补偿功能包含刀具半径补偿和刀具长度补偿。 (  )

164. 取消刀具半径补偿用 G40 代码，如：G40 G02 X20. 0 Y0 R5. 0；该程序段执行后刀补被取消。 (  )

165. 刀具补偿寄存器内存入的是负值表示实际补偿方向取反。 (  )

166. 刀具补偿有三个过程是指 G41、G42 和 G40 三个过程。 (  )

167. B 功能刀具补偿，可以自动完成轮廓之间的转接。 (  )

168. 设 H01 = -2mm，执行 N10 G90 G00 Z5. 0；N20 G43 G01 Z -20. 0 H01；其中 N20 实际插补移动量为 22mm。 (  )

169. 数控铣一内轮廓圆弧形零件，如铣刀直径改小 1mm（假设刀补不变），则圆弧内轮廓直径也减小 1mm。 (  )

170. 圆弧插补采用半径编程时，一个程序段不能加工整圆。（　）
171. G00 的运动轨迹肯定是直线。（　）
172. FANUC 车床数控系统中，规定圆心坐标 I 是半径值编程。（　）
173. FANUC 0T 系统中 G90 表示绝对坐标编程。（　）
174. 所有机床开机后，必须先回零建立机床坐标系。（　）
175. 数控铣床的默认加工平面为 *XY* 平面。（　）

## 二、选择题

1. 液压传动是利用液体的（　）来进行能量的传递。
A. 动能　B. 势能　C. 压力能　D. 热能
2. 液压系统中的压力继电器属于（　）。
A. 动力元件　B. 执行元件　C. 控制元件　D. 辅助元件
3. 液压马达是属于液压系统中的（　）。
A. 动力元件　B. 执行元件　C. 控制元件　D. 辅助元件
4. 液压系统中的蓄能器属于（　）。
A. 动力元件　B. 执行元件　C. 辅助元件　D. 控制元件
5. 1 工程大气压（$kgf/cm^2$）单位的压力等于（　）巴（$10^5Pa$）。
A. 1　B. 1.02　C. 0.98　D. 9.8
6. 1 工程大气压（$kgf/cm^2$）单位的压力等于（　）帕斯卡（$N/m^2$）。
A. $9.8\times10^3$　B. $9.8\times10^4$　C. $9.8\times10^5$　D. 9.8
7. 1 巴（$10^5Pa$）单位的压力等于（　）。
A. $1kgf/cm^2$　B. $1.02kgf/cm^2$　C. $0.98kgf/cm^2$　D. $9.8kgf/cm^2$
8. 液压油的粘度与温度成（　）。
A. 正比　B. 反比　C. 无关　D. 指数关系
9. 液压油的粘度与压力成（　）。
A. 正比　B. 反比　C. 无关　D. 指数关系
10. 液压油的牌号是采用（　）的值来标号的。
A. 动力粘度　B. 运动粘度　C. 相对粘度　D. 恩氏粘度
11. 由于测量的仪器不同，各国相对粘度的表示也不同，我国采用的是（　）。
A. 恩氏粘度　B. 赛氏粘度　C. 雷氏粘度　D. 赛氏通用粘度
12. L－AN32 号液压油是指油温在 40 度时的（　）平均值为 32cst 左右。
A. 动力粘度　B. 相对粘度　C. 运动粘度　D. 恩氏粘度
13. L－AN46 号液压油是指运动粘度的平均值约 46cst，测量时的油温为（　）。
A. 40℃　B. 45℃　C. 50℃　D. 30℃
14. 用来测量液压系统中液体压力的压力表一般所指示的压力为（　）。
A. 绝对压力　B. 相对压力　C. 真空度　D. 大气压

15. 液体在直径不变的直管中流动时，其压力损失与流速成（ ）。

A. 正比　B. 反比　C. 无关　D. 指数关系

16. 通过管内不同截面的液流速度与其横截面的大小成（ ）。

A. 正比　B. 反比　C. 无关　D. 指数关系

17. 液压系统中的压力取决于（ ）。

A. 外负载　B. 流量　C. 流速　D. 截面积

18. 液压系统中由泄漏引起的损失为（ ）。

A. 压力效率　B. 机械效率　C. 容积效率　D. 损失效率

19. 液体在直径不变的管道内流动时，各点的压力是（ ）。

A. 前大后小　B. 处处相等　C. 前小后大　D. 不确定

20. 液体在直径不同的管道内流动时，各个截面上的（ ）与管道的截面成反比。

A. 流量　B. 流速　C. 压力　D. 作用力

21. 当液压缸的截面积一定时，液压缸（或活塞）的运动速度取决于进入液压缸的液体的（ ）。

A. 流量　B. 流速　C. 压力　D. 不确定

22. 当液压缸的截面积一定时，作用于液压缸（或活塞）上的外力越大时，缸内的压力也就（ ）。

A. 越大　B. 越小　C. 不变　D. 波动

23. 液压系统中的功率是（ ）的乘积。

A. 速度和作用力　B. 作用力和流量　C. 流量和压力　D. 速度和流量

24. 液体在管道内流动，其流量是（ ）的乘积。

A. 流速和截面积　B. 截面积和压力　C. 压力和作用力　D. 压力和流速

25. 液压系统中的空穴现象是由于系统中压力（ ）至某一值所引起的。

A. 升高　B. 降低　C. 波动　D. 稳定

26. 金属切削刀具切削部分的材料应具备（ ）要求。

A. 高硬度、高耐磨性、高耐热性　B. 足够的强度与韧性

C. 良好的工艺性　D. A、B、C都是

27. 抗弯强度最好的刀具材料是（ ）。

A. 硬质合金　B. 合金工具钢　C. 高速钢　D. 人造金刚石

28. 制造较高精度、切削刃形状复杂并用于切削钢材的刀具，其材料应选用（ ）。

A. 碳素工具钢　B. 硬质合金　C. 高速工具钢　D. 立方氮化硼

29. 常用硬质合金的牌号（ ）主要适用于铸铁、非铁金属及其合金的粗加工，也可用于断续切削。

A. K01　　B. K10　　C. K20　　D. K30

30. 常用硬质合金的牌号（　　）主要适用于碳钢、合金钢的精加工。

A. P01　　B. P10　　C. P20　　D. P30

31. 切削相同工件材料，（　　）刀具材料可取较大的前角。

A. 高速钢　　B. 硬质合金　　C. 陶瓷　　D. 立方氮化硼

32. 增大刀具的前角能（　　）。

A. 增大切削变形　　B. 增大切削力

C. 抑制积屑瘤　　D. 增大切削刃强度

33. 定尺寸刀具（如圆孔拉刀、铰刀等）应选择较小（　　），以增加重磨次数，延长刀具使用寿命。

A. 前角　　B. 后角　　C. 刃倾角　　D. 主偏角

34. 增大刀具的后角能（　　）。

A. 减少刀具磨损　B. 增大切削刃强度 C. 增加散热条件　D. 增大切削变形

35. 在车削细长轴时，为了减小工件的变形和振动，故采用较大（　　）的车刀进行切削，以减小径向切削分力。

A. 前角　　B. 后角　　C. 刃倾角　　D. 主偏角

36. 在刀具的几何角度中，（　　）越小，刀尖强度越大，工件加工后的表面粗糙度值越小。

A. 前角　　B. 后角　　C. 刃倾角　　D. 主偏角

37. 在断续切削时，能起控制切削刃在切入与切出平稳性的刀具几何角度是（　　）。

A. 前角　　B. 后角　　C. 刃倾角　　D. 主偏角

38. 在刀具的几何角度中，（　　）增大，背向力减小，进给力增大。

A. 前角　　B. 后角　　C. 刃倾角　　D. 副偏角

39. 切削塑性较大的金属材料时，形成（　　）切屑。

A. 带状　　B. 挤裂　　C. 粒状　　D. 崩碎

40. 切削塑性金属时，形成带状切屑时切削过程最平稳，切削波动最小，形成（　　）时切削波动最大。

A. 带状切屑　　B. 节状切屑　　C. 粒状切屑　　D. 崩碎切屑

41. 关于积屑瘤对切削加工的影响，下列说法不正确的是（　　）。

A. 容易引起振动　　B. 会使切削刃形状发生改变

C. 表面粗糙度值减小　　D. 可以增大刀具前角

42. 切削低碳钢时，避免产生积屑瘤的有效措施是对材料进行（　　）。

A. 正火　　B. 退火　　C. 淬火　　D. 调质

43. 减小或避免积屑瘤的有效措施之一是：采用大（　　）刀具切削，以减少刀具与切屑接触的压力。

A. 前角　B. 后角　C. 刃倾角　D. 主偏角

44. 外圆车削时，$\alpha_p$ 增加 1 倍，则总切削力（　）。

A. 增大约不到 2 倍　B. 增大约 1 倍

C. 减小约 1 倍　D. 不变化

45. 在切削金属材料时，属于正常磨损中最常见的情况是（　）磨损。

A. 前刀面　B. 后刀面

C. 前、后刀面同时　D. 副刀面

46. 刀具磨损过程的三个阶段中，作为切削加工应用的是（　）阶段。

A. 初期磨损　B. 正常磨损　C. 急剧磨损　D. A、B

47. 在切削加工中，切削速度对切削温度的影响（　）。

A. 很大　B. 不变　C. 较小　D. 很小

48. 在切削过程中，切削液主要起（　）作用。

A. 冷却　B. 润滑　C. 清洗　D. 防锈

49. 切削液中，水溶液主要用于（　）。

A. 车削　B. 铣削　C. 钻削　D. 磨削

50. 一般在切削速度较高，切削厚度较大的情况下，加工塑性金属材料时，所发生的磨损往往在刀具的（　）上。

A. 前面　B. 后面　C. 副后面　D. 刀尖

51. 当刀具超过一定温度时，刀具材料的金相组织发生变化，硬度显著下降，从而使刀具迅速磨损，这种现象称为（　）磨损。

A. 磨粒　B. 粘接　C. 扩散　D. 相变

52. （　）是指工件或切屑上的硬质点将刀具表面上的微粒擦掉而造成的磨损。

A. 磨粒　B. 粘接　C. 扩散　D. 氧化

53. （　）磨钝标准是以加工精度和表面粗糙度为前提制订的。

A. 超精加工　B. 粗加工　C. 半精加工　D. 精加工

54. （　）磨钝标准是按正常磨损阶段终了时的磨损值来制订的。

A. 超精加工　B. 粗加工　C. 半精加工　D. 精加工

55. 当磨钝标准相同时，刀具寿命越大表示刀具磨损（　）。

A. 越快　B. 越慢　C. 不变　D. 不定

56. 在不产生振动和工件形状允许的前提下，（　）的主偏角，能使切削刃强度提高，散热条件改善，可提高刀具寿命。

A. 0°　B. 较小　C. 较大　D. 较小负值

57. 切削用量对刀具寿命的影响中，（　）。

A. $v_c$ 最大，$f$ 其次，$\alpha_p$ 最小　B. $f$ 最大，$\alpha_p$ 其次，$v_c$ 最小

C. $\alpha_p$ 最大，$v_c$ 其次，$f$ 最小　　D. $\alpha_p$ 最大，$f$ 其次，$v_c$ 最小

58. 刃磨钻头的砂轮，其硬度为（　　）。

A. 中软级　B. 中级　C. 中硬级　D. 硬级

59. 关于磨削加工的特点，下列说法不正确的是（　　）。

A. 磨粒呈负前角　　B. 磨削比能大

C. 磨粒的切削速度高　　D. 磨削时产生的热量

60. 磨削淬硬的高碳钢、高速钢材料时，宜选用（　　）磨料的砂轮。

A. 绿碳化硅　B. 棕刚玉　C. 黑碳化硅　D. 白刚玉

61. 磨削铸铁和黄铜时，宜选用（　　）磨料的砂轮。

A. 绿碳化硅　B. 棕刚玉　C. 黑碳化硅　D. 白刚玉

62. 关于砂轮粒度的选用，下列说法不正确的是（　　）。

A. 精磨时，选粒度号较大的

B. 磨削硬金属，选粒度号较大的

C. 成形磨削时，选粒度号较小的

D. 砂轮与工件接触面积大时，选粒度号较小的

63. 用（　　）结合剂制成的砂轮，目前应用范围最广。

A. 陶瓷　B. 树脂　C. 橡胶　D. 金属

64. 关于砂轮硬度的选用，下列说法不正确的是（　　）。

A. 磨削导热性差工件时，选较软砂轮

B. 磨削硬材料，选较软砂轮

C. 成形磨削时，选较软砂轮

D. 砂轮与工件接触面积大时，选较软砂轮

65. 机械加工工艺过程能使（原）材料或毛坯改变（　　）和表面质量。

A. 形状、尺寸　B. 热处理　C. 表面硬度　D. 性能

66. 一个工序的定义，强调的是（　　）。

A. 工作地点固定与工作连续　　B. 只能加工一个工件

C. 只能是一个工人完成　　D. 只能在一台机床上完成

67. 阶梯轴的加工过程中“掉头继续车削”属于一个（　　）。

A. 工序　B. 工步　C. 安装　D. 进给

68. 在机械加工过程中，工件（或装配单元）经一次装夹后所完成的那部分工序称为（　　）。

A. 工位　B. 工步　C. 安装　D. 进给

69. 阶梯轴的加工过程中“掉头继续车削”属于变换了一个（　　）。

A. 工序　B. 工步　C. 安装　D. 进给

70. 在镗床上镗箱体孔，先镗孔的一端，然后，工作台回转180°，再镗孔的另

一端，该加工过程属于（　　）。

A. 两道工序　　B. 两个工步　　C. 两个工位　　D. 两次安装

71. 将一个法兰工件装在分度头上钻 6 个等分孔，钻好一个孔要分度一次，钻第二个孔，钻削该工件 6 个孔，就有（　　）。

A. 6 个工位　　B. 6 道工序　　C. 6 次安装　　D. 6 次进给

72. 在机械加工中，在加工表面和加工工具不变的情况下，所连续完成的那一部分工序称为（　）。

A. 工位　　B. 工步　　C. 安装　　D. 进给

73. 在摇臂钻床上加工一个工件上 6 个相同孔，钻好一个孔钻第二个孔，钻削该工件 6 个孔，就有（　　）。

A. 1 个工步　　B. 6 个工步　　C. 1 次进给　　D. 6 次进给

74. 在机械加工中，批量是指（　　）。

A. 每批投入制造的零件数　　B. 每年投入制造的零件数

C. 一个工人一年加工的零件数　　D. 在一个产品中的零件数

75.（　　）的特点是工件的数量较多，成批地进行加工，并会周期性的重复生产。

A. 单件生产　　B. 成批生产　　C. 单件小批生产　　D. 大批大量生产

76. 单件小批生产的特征之一是（　　）。

A. 毛坯粗糙，工人技术水平要求低　　B. 毛坯粗糙，工人技术水平要求高

C. 毛坯精化，工人技术水平要求低　　D. 毛坯精化，工人技术水平要求高

77. 关于成批生产的工艺特征，下列说法不正确的是（　　）。

A. 需要一定熟练程度的工人　　B. 采用通用机床 + 高生产率机床

C. 毛坯加工余量中等　　D. 简单的工艺路线卡

78. 机械加工中，基准是（　）。

A. 用来确定生产对象上几何要素关系的点、线、面

B. 在工件上特意设计的测量点

C. 工件上与机床接触的点

D. 工件的运动中心

79. 零件在加工过程中使用的基准称为（　　）。

A. 设计基准　　B. 装配基准　　C. 定位基准　　D. 测量基准

80. 套类零件以心轴定位车削外圆时，其定位基准面是（　　）。

A. 心轴外圆柱面　　B. 工件内圆柱面　　C. 心轴中心线　　D. 工件孔中心线

81. 轴类零件以 V 形块定位时，其定位基准面是（　　）。

A. V 形块两斜面　　B. 工件外圆柱面

C. V 形块对称中心线　　D. 工件轴中心线

82. 对粗基准的选择的说法不正确的一项是（　　）。

A. 粗基准可以在第一道工序中使用多次

B. 选取重要的表面作为粗基准

C. 对于所有表面都要加工的零件，就选择余量和公差最小的表面作粗基准

D. 当零件上有好几个不加工的表面，应选择与加工表面精度要求高的表面作为粗基准

83. 关于粗基准的选择，下述说法中正确的是（　　）。

A. 粗基准选得合适，可重复使用

B. 为保证其重要加工表面的加工余量小而均匀，应以该重要表面作粗基准

C. 选加工余量最大的表面作粗基准

D. 粗基准的选择，应尽可能使加工表面的金属切除量总和最大

84. 直接选用加工表面的（　　）作为定位基准称为基准重合原则。

A. 精基准　　B. 粗基准　　C. 工艺基准　　D. 设计基准

85. 轴类零件常用两中心孔作为定位基准，下列说法不正确的是（　　）。

A. 符合基准统一原则　　B. 符合基准重合原则

C. 属于辅助基准　　D. 符合自为基准

86. 在尺寸链中，当其他尺寸确定后，最后产生的一个环是（　　）。

A. 增环　　B. 减环　　C. 封闭环　　D. 尺寸环

87. 构成尺寸链的每一尺寸称为“环”，一般由封闭环、增环和（　　）组成。

A. 开环　　B. 乘环　　C. 闭环　　D. 减环

88. $\Sigma T_i$ 为所有增环公差之和，$\Sigma T_j$ 为所有减环公差之和，那么，封闭环公差为(　　)。

A. $\Sigma T_i$　　B. $\Sigma T_j$　　C. $\Sigma T_i + \Sigma T_j$　　D. $\Sigma T_i - \Sigma T_j$

89. $\Sigma ES_i$ 表示所有增环的上极限偏差之和，$\Sigma EI_i$ 表示所有增环的下极限偏差之和，$\Sigma ES_j$ 表示所有减环的上极限偏差之和，$\Sigma EI_j$ 表示所有减环的下极限偏差之和，那么，封闭环的下极限偏差为（　　）。

A. $\Sigma EI_i + \Sigma ES_j$　　B. $\Sigma EI_i - \Sigma ES_j$　　C. $\Sigma EI_i + \Sigma EI_j$　　D. $\Sigma EI_i - \Sigma EI_j$

90. 在机床上加工工件时，加工前需要使工件在机床上占有正确的位置，称（　　）。

A. 定位　　B. 夹紧　　C. 夹具　　D. 夹具体

91. 夹具按其作用和功能，可由定位元件、夹紧装置、（　　）、夹具体等元件组成。

A. 钻套　　B. 定位销　　C. 刀具　　D. 对刀元件

92. 在机床夹具中，（　　）是用来确定工件在夹具中的位置。

A. 定位装置　　B. 夹紧装置　　C. 导向元件　　D. 夹具体

93. 在机床夹具中，（　　）是用来保证夹具与刀具之间的正确位置。

A. 定位装置　　B. 夹紧装置　　C. 导向元件　　D. 夹具体

94. 关于机床夹具的作用，下列说法不正确的是（　　）。

A. 易保证工件的加工精度　　B. 操作者技术等级可降低

C. 适用于单件生产中　　D. 生产成本降低

95. 在机床夹具中，（　　）是一种由一套标准元件组装而成的夹具。

A. 通用夹具　　B. 专用夹具　　C. 成组夹具　　D. 组合夹具

96. 在机械加工中，经常使用的自定心卡盘、机用虎钳、分度头等机床附件属于（　）。

A. 通用夹具　　B. 随行夹具　　C. 成组夹具　　D. 组合夹具

97. 工件在夹具中定位时，按照定位原则最多限制（　　）自由度。

A. 五个　　B. 六个　　C. 七个　　D. 八个

98. 不在一条直线上的三个支承点，可以限制工件的（　　）自由度。

A. 二个　　B. 三个　　C. 四个　　D. 五个

99. 在定位方式中，工件的（　　）自由度全部被限制，因而工件在夹具中处于完全确定的位置，称为完全定位。

A. 五个　　B. 六个　　C. 七个　　D. 八个

100. 在定位方式中，工件的六个自由度没有全部被限制，就不能称为（　　）。

A. 欠定位　　B. 不完全定位　　C. 完全定位　　D. 过定位

101. 只有在（　　）精度很高时，过定位才允许采用。

A. 刀具　　B. 定位基准和定位元件

C. 工件　　D. 机床

102. 只有在（　　）精度很高时，过定位才允许采用，且有利于增加工件的刚度。

A. 导向元件　　B. 定位基准和定位元件

C. 夹紧机构　　D. 分度装置

103. 工件在安装定位时，根据加工技术要求实际限制的自由度数少于六个，且不能满足加工要求，这种情况称为（　　）。

A. 欠定位　　B. 不完全定位　　C. 完全定位　　D. 过定位

104. 机械加工中，（　　）是绝对不允许出现的。

A. 欠定位　　B. 不完全定位　　C. 完全定位　　D. 过定位

105. 在夹具的具体结构中，常以一块矩形支承板元件代替理论上的（　　）支承点。

A. 两个　　B. 三个　　C. 四个　　D. 五个

106. 在夹具的具体结构中，常以两块等高的条形支承板元件代替理论上的（　　）支承点。

A. 两个　　B. 三个　　C. 四个　　D. 五个

107. 在夹具中，短定位销作工件上圆柱孔的定位元件，可以限制工件的（　）自由度。

A. 两个　　B. 三个　　C. 四个　　D. 五个

108. 在夹具中，长圆柱心轴作工件上圆柱孔的定位元件，可以限制工件的（　　）自由度。

A. 两个　　B. 三个　　C. 四个　　D. 五个

109 在夹具中，较长的 V 形块作工件上圆柱表面的定位元件，可以限制工件的（　　）自由度。

A. 两个　　B. 三个　　C. 四个　　D. 五个

110. 在夹具中，短的 V 形块作工件上圆柱表面的定位元件，可以限制工件的（　　）自由度。

A. 两个　　B. 三个　　C. 四个　　D. 五个

111. 在夹具中，短的定位套作工件上外圆柱表面的定位元件，可以限制工件的（　）自由度。

A. 两个　　B. 三个　　C. 四个　　D. 五个

112. 在车削中，以两顶尖装夹工件，可以限制工件的（　　）自由度。

A. 两个　　B. 三个　　C. 四个　　D. 五个

113. 在车削中，以两顶尖装夹工件，其中固定顶尖可以限制工件的（　　）自由度。

A. 三个转动　　B. 三个移动

C. 一个转动两个移动　　D. 两个移动一个转动

114. 采用“两面一销”定位，销指的是（　　）。

A. 短圆柱销　　B. 圆锥销　　C. 削边销　　D. 长圆柱销

115. 用“一面两销”定位，两销指的是（　）。

A. 两个短圆柱销　　B. 短圆柱销和短圆锥销

C. 短圆柱销和削边销　　D. 短圆锥销和削边销

116. 辅助支承是每加工（　　）工件要调整一次。

A. 一个　　B. 十个　　C. 一批　　D. 十批

117. 基准位移误差的大小与（　　）有关。

A. 本道工序要保证的尺寸大小和技术要求

B. 本道工序的设计基准与定位基准之间的位置误差

C. 定位元件和定位基准面本身的制造误差

D. 工件夹紧形式

118. 在工件定位过程中，下列项（　　）不是产生定位误差的原因。

A. 工件定位基面的制造误差　　B. 定位元件工作表面的制造误差

C. 工序基准与测量基准不重合误差　　D. 工序基准与定位基准不重合误差

119. 保证已确定的工件位置在加工过程中不发生变更的装置，称为（　）装置。

A. 定位　　B. 夹紧　　C. 导向　　D. 连接

120. 夹紧力方向应朝向工件（　）的方向。

A. 刚度较好　　B. 刚度较差　　C. 面积大　　D. 面积小

121. 为保证工件在夹具中加工时不会引起振动，夹紧力的作用点应选择在（）的表面。

A. 工件未加工　　B. 靠近加工　　C. 工件已加工　　D. 刚度不足的

122. 夹紧力作用点应落在（　）或几个定位元件所形成的支承区域内。

A. 定位元件　　B. V形块　　C. 支承钉　　D. 支承板

123. 在基本的夹紧机构中，（　）夹紧机构夹紧行程小、自锁性差，适合于加工负荷小振动不大的场合。

A. 斜楔　　B. 螺旋　　C. 偏心　　D. 铰链

124. 在基本的夹紧机构中，对工件尺寸公差要求高的是（　）夹紧机构。

A. 斜楔　　B. 螺旋　　C. 偏心　　D. 铰链

125. （　）紧机构是指能同时使工件得到定心和夹紧的装置。

A. 斜楔　　B. 螺旋　　C. 偏心　　D. 自动定心

126. 英文缩写 NC 的含义是（　）。

A. 数字控制　　B. 计算机数字控制

C. 数控机床　　D. 计算机数控机床

127. 英文缩写 CNC 的含义是（　）。

A. 数字控制　　B. 计算机数字控制

C. 数控机床　　D. 计算机数控机床

128. 数字控制的英文缩写是（　）。

A. MC　　B. FMC　　C. NC　　D. CNC

129. 柔性制造单元的英文缩写是（　）。

A. FMS　　B. FMC　　C. MC　　D. CIMS

130. 英文缩写 FMS 的含义是（　）。

A. 计算机集成制造　　B. 柔性制造单元

C. 柔性制造系统　　D. 加工中心

131. 普通数控机床的脉冲当量一般采用（　）。

A. 0.1mm　　B. 0.01mm　　C. 0.001mm　　D. 0.0001mm

132. 世界上第一台数控机床诞生时间是（　）。

A. 20 世纪 70 年代　　B. 20 世纪 60 年代

C. 20 世纪 50 年代　　D. 20 世纪 40 年代

133. 世界上第一台数控机床是（　　）。

A. 加工中心　　B. 数控冲床　　C. 数控车床　　D. 数控铣床

134. 对数控程序进行译码、存储、运算处理的组成部分是（　　）。

A. 伺服系统　　B. 检测装置　　C. 控制介质　　D. 数控装置

135. 对数控机床的工作性能、加工精度和效率影响最大的部分是（　　）。

A. 伺服系统　　B. 检测装置　　C. 控制介质　　D. 数控装置

136. 数控机床中把脉冲信号转换成机床移动部件运动的组成部分称为（　　）。

A. 检测装置　　B. 伺服系统　　C. 控制介质　　D. 数控装置

137. 数控铣床增加一个数控回转工作台后，可控制轴数是（　　）。

A. 2 轴　　B. 3 轴　　C. 4 轴　　D. 5 轴

138. 一般五轴联动控制的数控机床包含了（　　）。

A. 5 个移动轴　　B. 4 个移动轴和 1 个旋转轴

C. 2 个移动轴和 3 个旋转轴　　D. 3 个移动轴和 2 个旋转轴

139. 目前，数控车床、数控铣床的运动方式通常是（　　）。

A. 点位控制　　B. 点位直线控制　　C. 轮廓控制　　D. 直线控制

140. 开环控制系统机床的伺服驱动执行元件通常使用（　　）。

A. 直线电机　　B. 交流电机　　C. 直流电机　　D. 步进电机

141. 闭环进给伺服系统与半闭环进给伺服系统主要区别在于（　）。

A. 检测单元　　B. 伺服单元　　C. 位置控制器　　D. 控制对象

142. 数控程序目前用得最多的控制介质是（　　）。

A. 穿孔纸带　　B. 磁盘

C. 光盘　　D. 数控机床读写存储器

143. 零件加工程序是由一个个程序段组成的，而一个程序段则是由若干（　　）组成的。

A. 地址　　B. 地址符　　C. 指令　　D. 指令字

144. 零件加工程序的程序段由若干个（　　）组成的。

A. 功能字　　B. 字母　　C. 参数　　D. 地址

145. 程序段格式目前常用的是（　　）。

A. 固定格式　　B. 字符地址格式　　C. 标准格式　　D. 规定顺序格式

146. 关于程序段号作用的叙述，下列正确是（　　）。

A. 有些系统可以省略，所以没有作用

B. 判定程序段的先后顺序

C. 为了修改程序时排序插入程序段

D. 是转移、调用时的地址入口

147. 下列正确的功能字是（　　）。

A. N8.5　　B. N#1　　C. N-3　　D. N0005

148. 下列不正确的功能字是（　　）。

A. N8.0　　B. N100　　C. N03　　D. N0005

149. FANUC-0T 系统程序段 G98 F50 表示（　　）。

A. 进给速度为 50mm/min　　B. 主轴线速度为 50m/min

C. 进给速度为 50mm/r　　D. 主轴线速度为 50mm/s

150. FANUC-0T 系统中，G99 F10 表示（　　）。

A. 进给速度 10m/min　　B. 进给速度 10mm/min

C. 进给速度 10mm/r　　D. 进给速度 10m/r

151. 数控机床的 F 功能常用（　　）单位。

A. m/min　　B. mm/min 或 mm/r

C. m/r　　D. r/min

152. 数控机床的 S 功能可用（　　）单位。

A. m/s　　B. mm/min 或 mm/r

C. m/min　　D. r/s

153. G02 指令与下列的（　　）指令不是同一组的。

A. G00　　B. G01　　C. G03　　D. G04

154. 在同一个程序段中可以指定几个不同组的 G 代码，如果在同一个程序段中指定了两个以上的同组 G 代码时，只有（　　）G 代码有效。

A. 最前一个　　B. 最后一个　　C. 任何一个　　D. 程序段错误

155. G57 指令与下列的（　　）指令不是同一组的。

A. G56　　B. G55　　C. G54　　D. G53

156. 下列 G 指令中（　　）是非模态指令。

A. G00　　B. G40　　C. G04　　D. G54

157. 只在本程序段有效，以下程序段需要时必须重写的 G 代码称为（　　）。

A. 模态代码　　B. 续效代码　　C. 非模态代码　　D. 单步执行代码

158. 在 FANUC 系统中，下列程序段中不正确的是（　　）。

A. G04 P1.5　　B. G04 X2　　C. G04 X0.500　　D. G04 U1.5

159. 数控机床的脉冲当量是指数控机床移动部件的（　　）。

A. 每分钟移动量　　B. 每分钟进给量

C. 每秒钟移动量　　D. 每个脉冲信号所产生的移动量

160. 数控系统所规定的最小设定单位就是数控机床的（　　）。

A. 运动精度　　B. 加工精度　　C. 脉冲当量　　D. 传动精度

161. 数控机床的脉冲当量就是（　　）。

A. 脉冲频率　　B. 每分钟脉冲的数量
C. 移动部件最小理论移动量　　D. 每个脉冲的时间周期

162. 数控车床的基本控制轴数是（　　）。
A. 一轴　　B. 二轴　　C. 三轴　　D. 四轴

163. 数控机床的标准坐标系是以（　　）确定的。
A. 右手笛卡儿直角坐标系　　B. 绝对坐标系
C. 相对坐标系　　D. 极坐标系

164. 右手直角坐标系中（　　）表示为 $Z$ 轴。
A. 拇指　　B. 食指　　C. 中指　　D. 无名指

165. 不同结构布局、不同运动方式的数控机床，编程时都假定刀具相对于工件运动，该运动是指（　　）。
A. 切削主运动　　B. 进给运动　　C. 辅助运动　　D. 成形运动

166. 下列关于数控编程时假定机床运动的叙述，正确的是（　　）。
A. 数控机床实际进给运动是工件为假设依据
B. 数控机床实际主运动是刀具为假设依据
C. 统一假定数控切削主运动是刀具，工件静止
D. 统一假定数控进给运动是刀具，工件静止

167. 确定数控机床坐标轴时，一般应先确定（　　）。
A. $X$ 轴　　B. $Y$ 轴　　C. $Z$ 轴　　D. $C$ 轴

168. 数控机床 $Z$ 轴（　　）。
A. 与工件装夹平面垂直　　B. 与工件装夹平面平行
C. 与主轴轴线平行　　D. 是水平安置

169. 数控机床坐标系中平行机床主轴的直线运动的轴为（　　）。
A. $X$ 轴　　B. $Y$ 轴　　C. $Z$ 轴　　D. $U$ 轴

170. 旋转的轴心线与机床主轴重合或平行的旋转坐标轴是（　　）。
A. $A$ 轴　　B. $I$ 轴　　C. $C$ 轴　　D. $W$ 轴

171. 绕 $X$ 轴旋转的回转运动坐标轴是（　　）。
A. $A$ 轴　　B. $B$ 轴　　C. $U$ 轴　　D. $I$ 轴

172. 在直角坐标系中 $A$、$B$、$C$ 轴与 $X$、$Y$、$Z$ 的坐标轴线的关系是前者分别（　　）。
A. 绕 $X$、$Y$、$Z$ 的轴线转动
B. 与 $X$、$Y$、$Z$ 的轴线平行
C. 与 $X$、$Y$、$Z$ 的轴线垂直
D. 与 $X$、$Y$、$Z$ 是同一轴，只是增量表示

173. 数控机床上有一个机械原点，该点到机床坐标零点在进给坐标轴方向上

的距离可以在机床出厂时设定，该点称（　　）。

A. 换刀点　　B. 工件坐标原点

C. 机床坐标原点　　D. 机床参考点

174. 数控刀具的刀位点就是在数控加工中的（　　）。

A. 对刀点　　B. 刀架中心点

C. 代表刀具在坐标系中位置的理论点　D. 换刀位置的点

175. ISO 标准规定绝对尺寸方式的指令为（　　）。

A. G90　　B. G91　　C. G92　　D. G98

176. 某一程序 N70 G00 X80.0 Z80.0；N80 X50.0 Z30.0；执行完之后，说明 N80 中（　）。

A. $X$ 轴移动 50mm，$Z$ 轴移动 30mm　　B. $X$ 轴移动 80mm，$Z$ 轴移动 80mm

C. $X$ 轴移动 30mm，$Z$ 轴移动 50mm　　D. $X$ 轴移动 130mm，$Z$ 轴移动 110mm

177. 在同一程序段中同时使用 X、W 的编程方式为（　　）。

A. 绝对值方式　　B. 增量值方式　　C. 混合方式　　D. 相对值方式

178. G00 X30 Z6.0；G01 W15.0 F0.5；执行后实际插补移动量为（　　）。

A. 6mm　　B. 9mm　　C. 15mm　　D. 21mm

179. G01 U24.0 W－16.0 F0.4；执行后，刀具移动了（　　）。

A. 8mm　　B. 20mm　　C. 28mm　　D. 40mm

180. 用于机床开关指令的辅助功能的指令代码是（　　）。

A. K 代码　　B. F 代码　　C. S 代码　　D. M 代码

181. 表示切削液关闭的指令是（　　）。

A. M06　　B. M07　　C. M08　　D. M09

182. 表示第一切削液打开的指令是（　　）。

A. M06　　B. M07　　C. M08　　D. M09

183. 表示第二切削液打开的指令是（　　）。

A. M06　　B. M07　　C. M08　　D. M09

184. 表示程序结束运行，光标和屏幕显示自动返回程序的开头处，该指令是（　　）。

A. M00　　B. M01　　C. M02　　D. M30

185. 表示程序结束运行的指令是（　　）。

A. M00　　B. M01　　C. M02　　D. M09

186. 表示主程序结束运行的指令是（　　）。

A. M00　　B. M02　　C. M05　　D. M99

187. 辅助功能中与主轴有关的指令是（　　）。

A. M06　　B. M09　　C. M01　　D. M05

188. G97S_ ；中 S 后面的数值表示（　　）。

A. 转数　B. 切削速度　C. 进给速度　D. 移动速度

189. 数控车床中，转速功能字 S 可指定（　　）。

A. m/r　B. mm/r　C. r/min　D. mm/min

190. 数控机床主轴以 800r/min 的转速正转时，其指令应是（　　）。

A. G97 M03 S800　B. G96 M04 S800　C. M05 S800　D. G97 M04 S800

191. G96 S120；中的 120 是指（　　）。

A. 转数值　B. 切削速度值　C. 进给速度　D. 背吃刀量

192. 数控机床用恒线速度控制加工端面、锥度和圆弧时，当刀具接近工件中心时，主轴转速会（　　）。

A. 越来越高　B. 越来越低　C. 接近零速　D. 恒定不变

193. 辅助功能中表示程序计划停止的指令是（　　）

A. M00　B. M01　C. M02　D. G04

194. 辅助功能中表示无条件程序暂停的指令是（　　）。

A. M00　B. M01　C. M02　D. M30

195. 执行指令（　　）程序停止运行，若要继续执行下面程序，需按循环起动按钮。

A. M00　B. M05　C. M09　D. M99

196. 指令 G53 是（　　）。

A. 选择机床坐标系　B. 模态指令

C. 设置机床坐标系　D. 设置工件坐标系

197. 程序段 G50 X100.0 Z50.0 的作用是（　　）。

A. 刀具快速移动到机床坐标系的点（100，50）

B. 刀具快速移动到工件坐标系的点（100，50）

C. 将刀具当前点作为机床坐标系的点（100，50）

D. 将刀具当前点作为工件坐标系的点（100，50）

198. 用 G50 指令对刀时，必须把刀具移动到（　　）。

A. 工件坐标原点　B. 机床坐标原点

C. 已知坐标值的对刀点　D. 任何一点

199. G00 指令的移动速度值是由（　　）。

A. 数控程序指定　B. 操作面板指定

C. 机床参数指定　D. 机床出厂时固定不能改变

200. G01 指令的移动速度值是由（　　）。

A. 数控程序指定　B. 操作面板指定

C. 机床参数指定　D. 机床出厂时固定不能改变

201. 直线插补指令使用（　　）功能字。

A. G00　　B. G01　　C. G02　　D. G03

202. 用 G02/G03 指令圆弧编程时，圆心坐标 I、J、K 为圆心相对于（　　）分别在 $X$、$Y$、$Z$ 坐标轴上的增量。

A. 圆弧起点　　B. 圆弧终点　　C. 圆弧中点　　D. 圆弧半径

203. 下列关于圆弧插补中半径的叙述，不正确的是（　　）。

A. 零件加工中对整圆轮廓，编程只能用圆心参数法

B. 一个程序段内无法用半径参数插补整圆

C. 已知圆弧的起点、终点和半径，理论上通常有两个圆弧

D. 当圆心角大于 180°时半径取负值

204. 下列关于数控加工圆弧插补用半径编程的叙述，正确的是（　　）。

A. 当圆弧所对应的圆心角大于 180°时半径取大于零

B. 当圆弧插补程序段中出现半径参数小于零，则表示圆心角大于 180°

C. 不管圆弧所对应的圆心角多大，圆弧插补的半径统一取大于零

D. 当圆弧插补程序段中半径参数的正负符号用错，则会产生报警

205. 在 G04 暂停功能指令中，（　　）参数的单位为 ms。

A. X　　B. U　　C. P　　D. Q

206. 执行下列若干段程序段后，累计暂停进给时间是（　　）。

N2 G01 Z－10 F100；N4 G04 P10；N6 G01 Z－20；N8 G04 X10

A. 20 秒　　B. 100 秒　　C. 11 秒　　D. 10.01 秒

207. 数控铣削刀具补偿有刀具半径补偿和（　　）。

A. 刀具长度补偿　　B. 刀具形状补偿

C. 刀具几何位置补偿　　D. 刀具方向补偿

208. 程序中指定了（　　）时，刀具半径补偿被取消。

A. G40　　B. G41　　C. G42　　D. G49

209. 在使用 G41 或 G42 指令刀补的建立过程中只能用（　　）指令。

A. G00　　B. G00 或 G01　　C. G01 或 G02　　D. G02 或 G03

210. H02＝2mm，执行 N10 G90 G00 G44 X30.0 Z5.0 H02；N20 G91 G01 Z－20.0 F100；其中 N20 实际插补移动的深度为（　　）。

A. 18mm　　B. 20mm　　C. 22mm　　D. 25mm

211. 在 G43 G01 Z15.0 H10；其中 H10 表示（　　）。

A. $Z$ 轴的位置增加量是 10mm

B. 刀具长度补偿值存放位置的序号是 10 号

C. 长度补偿值是 10mm

D. 半径补偿值是 10mm

212. 执行 G90 G01 G43 Z－50 H02 F100；（设 H02＝－2mm）后，钻孔深度是（　　）。

A. 48mm　　B. 52mm　　C. 50mm　　D. 100mm

213. 用 $\phi$12 刀具进行周边外轮廓粗精加工，精加工量为 0.4mm，则粗加工刀补偏移量为（　　）。

A. 12.4mm　　B. 5.6mm　　C. 11.6mm　　D. 6.4mm

214. 在数控铣床上用 $\phi$20 铣刀（刀具半径补偿偏置值是 10.3），执行 G02 X60.0 Y60.0 R40.0 F120；粗加工 $\phi$80 内圆弧，测量直径尺寸是 $\phi$79.28，现精加工则修改刀具半径补偿偏置值为（　　）。

A. 9.64　　B. 9.94　　C. 10.0　　D. 10.36

215. 粗加工时刀具半径补偿值的设定是（　　）。

A. 刀具半径　　B. 加工余量

C. 刀具半径＋加工余量　　D. 刀具半径－加工余量

## 三、简答题

1. 液压传动系统由哪几部分组成？各组成部分的作用是什么？
2. 什么是液体的粘性？
3. 什么是液体的粘度？常用的粘度有哪几种？
4. 什么是液体的可压缩性？
5. 液压油选用时应考虑哪些因素？
6. 液压传动中的压力是什么？单位是什么？
7. 什么是帕斯卡定律？
8. 什么是液体的连续性原理？
9. 什么叫液压冲击？减小液压冲击的措施有哪些？
10. 什么叫空穴现象？防止空穴现象的措施有哪些？
11. 钨钴类和钨钛钴类硬质合金的使用性能如何？
12. 什么是工作角度？
13. 前角对切削性能有什么影响？
14. 后角对切削性能有什么影响？
15. 主偏角和副偏角对切削性能有什么影响？
16. 刃倾角对切削性能有什么影响？
17. 什么是积屑瘤？
18. 什么是工序、安装、装夹、工位、工步和行程？
19. 生产类型是根据什么划分的？目前生产类型有哪几种？
20. 什么叫装夹？常用的装夹方法有哪些？
21. 定位基准如何分类？它们各自的含义是什么？

22. 简述粗基准的选择原则。
23. 简述精基准的选择原则。
24. 按照基准统一原则选用精基准有何优点?
25. 什么叫定位?
26. 什么是过定位?以过定位方式进行定位将出现什么不良后果?
27. 确定夹紧力方向应遵循哪些原则?
28. 什么叫不完全定位?
29. 什么叫欠定位?
30. 组合夹具有哪些特点?
31. 简述数控机床的工作过程。
32. 简述数控机床的组成。
33. 简述数控机床的特点。
34. 按工艺用途分,数控机床有哪几类?
35. 简述数控机床的发展趋势。
36. 简述数控机床坐标系的命名原则。
37. 简述数控加工程序的检验方法。
38. 简述圆弧半径左、右补偿的判别方法。
39. 简述数控编程的主要内容。
40. 简述圆弧顺、逆方向的判别方法。

## 四、应用题

1. 图2-1所示为车轴端面示意图,请标出①主运动方向、进给运动方向、背吃刀量;②过渡表面、待加工表面和已加工表面;③主偏角、副偏角、前角和后角的位置。

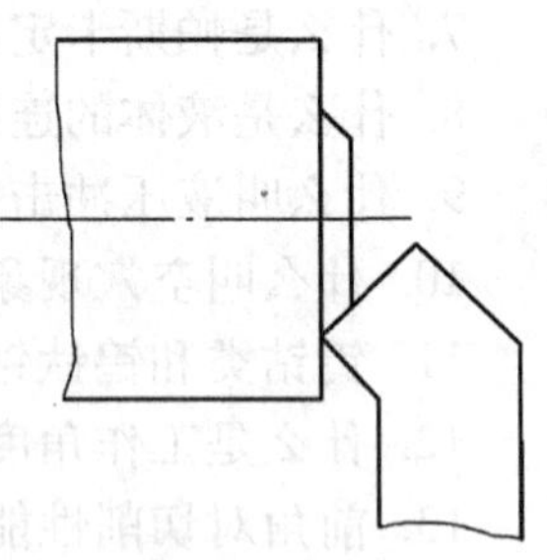

图 2-1

2. 有一小轴,毛坯为热轧棒料,大量生产的工艺路线为:粗车—半精车—淬火—粗磨—精磨,外圆设计尺寸为 $\phi30_{-0.013}^{\ 0}$ mm,已知各工序的加工余量和经济精度,试确定各工序尺寸及其极限偏差、毛坯尺寸及粗车余量,并填入下表(余量为双边余量):

(单位:mm)

| 工序名称 | 工序余量 | 经济精度 | 工序尺寸及其极限偏差 |
|---|---|---|---|
| 毛坯尺寸 | 4(总余量) | ±1 | |
| 粗车 | | 0.21(IT12) | |
| 半精车 | 1.1 | 0.084(IT10) | |
| 粗磨 | 0.4 | 0.033(IT8) | |
| 精磨 | 0.1 | 0.013(IT6) | |

3. 某主轴箱体主轴孔的设计要求为 $\phi 100H7$，$Ra0.8\mu m$。其加工工艺路线为：毛坯—粗镗—半精镗—精镗—浮动镗。已知各工序的加工余量和经济精度，试确定各工序尺寸及其极限偏差、毛坯尺寸及粗车余量，并填入下表（余量为双边余量）：

（单位：mm）

| 工序名称 | 工序余量 | 经济精度 | 工序尺寸及其极限偏差 |
|---|---|---|---|
| 毛坯尺寸 | 8（总余量） | ±1.2 | |
| 粗镗 | | 0.54（IT13） | |
| 半精镗 | 2.4 | 0.14（IT10） | |
| 精镗 | 0.5 | 0.054（IT8） | |
| 浮动镗 | 0.1 | 0.035（IT7） | |

4. 试判别图 2-2 中各尺寸链中哪些是增环？哪些是减环？

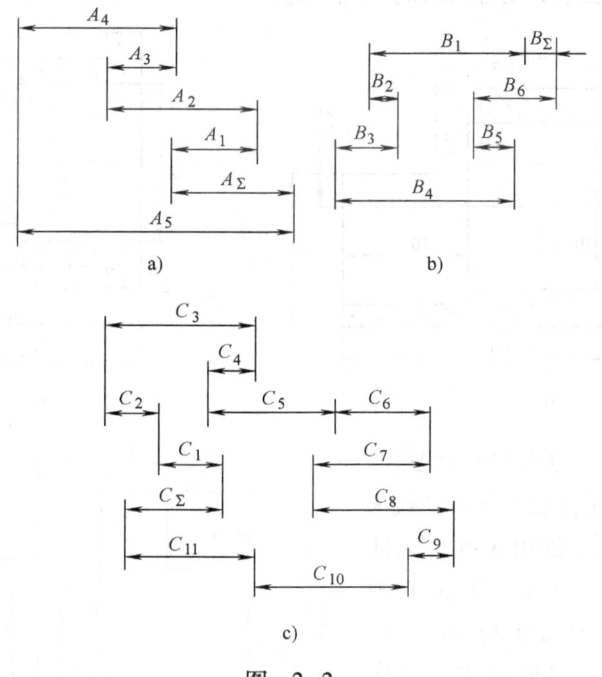


图 2-2

5. 如图 2-3a 所示轴套零件图，当内孔、各外圆及端面均已按图加工完毕，图 2-3b 为钻孔时的三种定位方案的加工简图，钻孔时为保证设计尺寸 12±0.1mm，试计算三种定位方案的工序尺寸及上、下极限偏差。

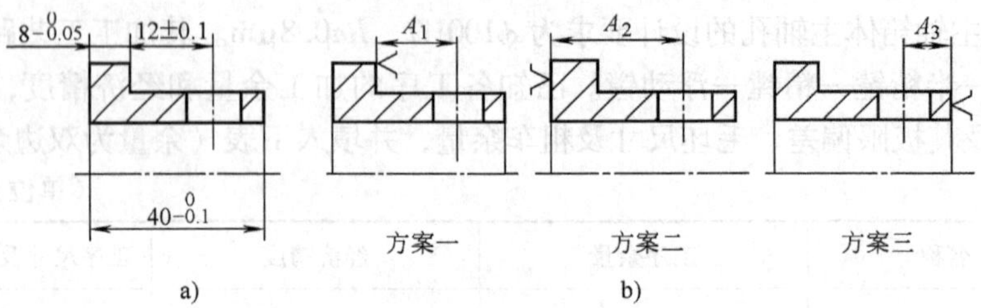


图　2-3
a）零件简图　b）钻孔的三种定位方案

6. 图2-4所示零件已在车床上加工完外圆、内孔及各端面，现需在铣床上铣出右端台阶，求试切和调整刀具时的测量尺寸 $H$、$A$ 及其上、下极限偏差。

7. 图2-5所示插座零件，由于设计尺寸 $0.66^{\ 0}_{-0.15}$mm 不便直接测量，加工时采用：钻、车孔 $\phi6.3^{+0.05}_{\ 0}$ mm；调头车端面2，保证总长 $11.4^{\ 0}_{-0.08}$mm；车孔 $\phi7^{+0.1}_{\ 0}$ mm，保证深度 $A_3$。试分析计算：①校核按上述尺寸加工能否保证设计尺寸的要求？②合理分配各组成环公差，并求出工序尺寸 $A_3$。

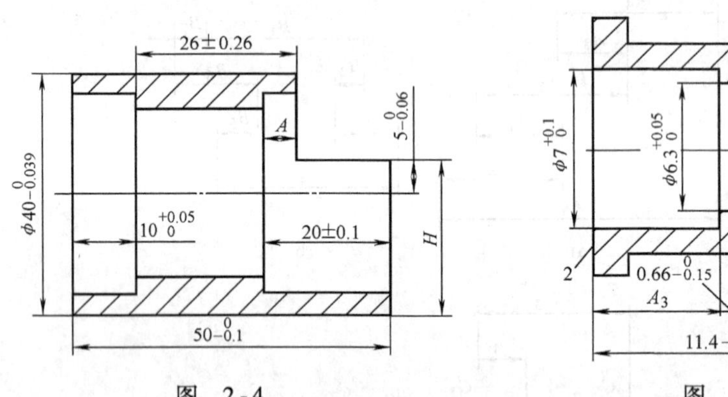


图　2-4　　　　图　2-5

8. 图2-6所示零件的尺寸要求，其加工过程为：①铣底平面；②铣 $K$ 面；③钻、扩、铰 $\phi$20H8 孔，保证尺寸（125 ± 0.1）mm；④加工 $M$ 面，保证尺寸（165 ± 0.3）mm；试求以 $K$ 面定位加工 $\phi$16H7 孔的工序尺寸。

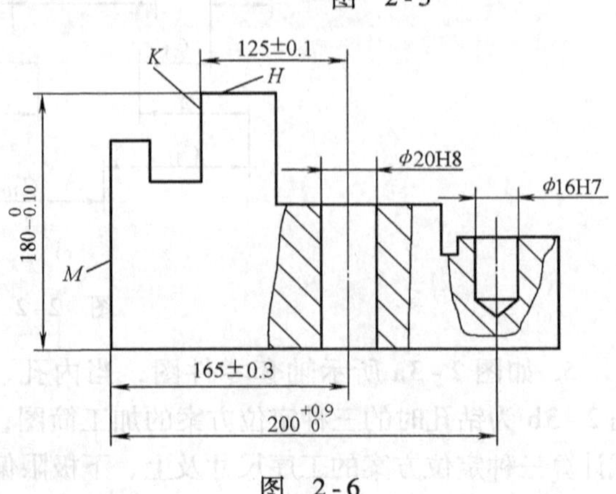


图　2-6

9. 图2-7所示零件的尺寸要求，已知条件：$M$、$N$ 面及 $\phi$25H8 孔已加工。当加工 $K$ 面时，找出便于测量的尺寸，试求：是否符合精度要求，若不符合，合理分配各组成环公差。

10. 图 2-8 所示零件除 $\phi25H7$ 孔外，其他各面均已加工。试求以 $A$ 面定位加工 $\phi25H7$ 孔的工序尺寸。

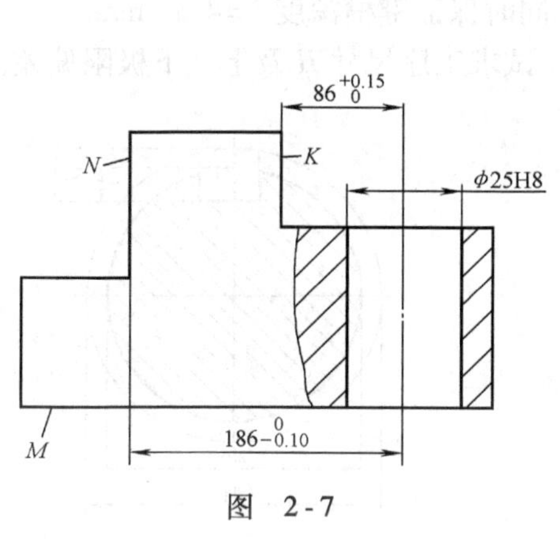


图 2-7

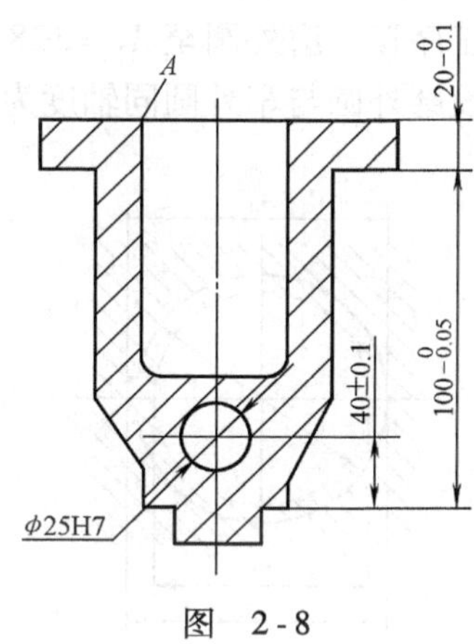


图 2-8

11. 根据图 2-9 所示要求保证所加工的凹槽距轴心线为 $5^{+0.05}_{0}$ mm。试分析，加工时的定位基面及工序尺寸。

12. 在卧式车床上按调整法加工一批如图 2-10 所示工件，若以加工好的大端面 1 为定位基准，加工小端面及台肩面 2，试求相关工序尺寸及上、下极限偏差。

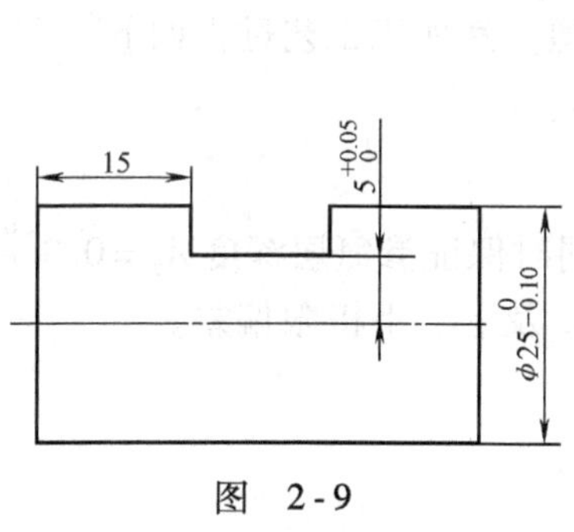


图 2-9

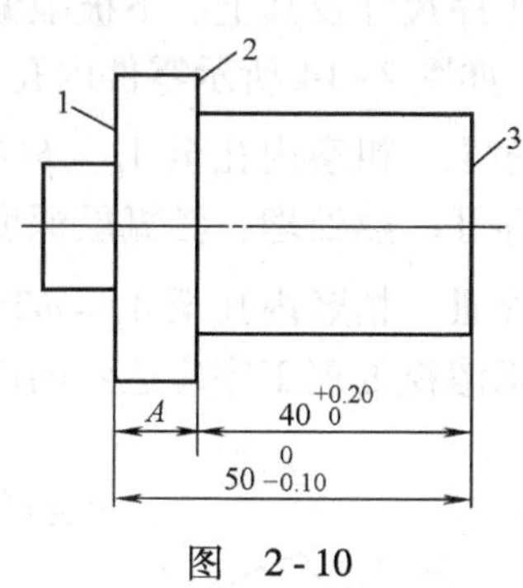


图 2-10

13. 图 2-11 为齿轮内孔简图，其加工工艺过程如下：

工序Ⅰ　车内孔至 $A_1=\phi39.6^{+0.10}_{0}$ mm。

工序Ⅱ　插键槽至 $A_2$。

工序Ⅲ　热处理。

工序Ⅳ　磨内孔至 $A_3=\phi40^{+0.025}_{0}$ mm，同时保证键槽深度 $A_1=46^{+0.30}_{0}$ mm。

求：$A_2$ 的尺寸是多少？

14. 如图 2-12 所示主轴零件，其加工工艺过程如下：

工序Ⅰ　车外圆至 $A_1 = \phi 28.5_{-0.10}^{0}$mm。

工序Ⅱ　铣键槽至 $H$。

工序Ⅲ　热处理。

工序Ⅳ　磨外圆至 $A_3 = \phi 28_{+0.008}^{+0.024}$mm，同时保证键槽深度 $t = 4_{0}^{+0.16}$mm。

设磨外圆与车外圆同轴度为 0.04mm，试求工序尺寸 $H$ 及上、下极限偏差。

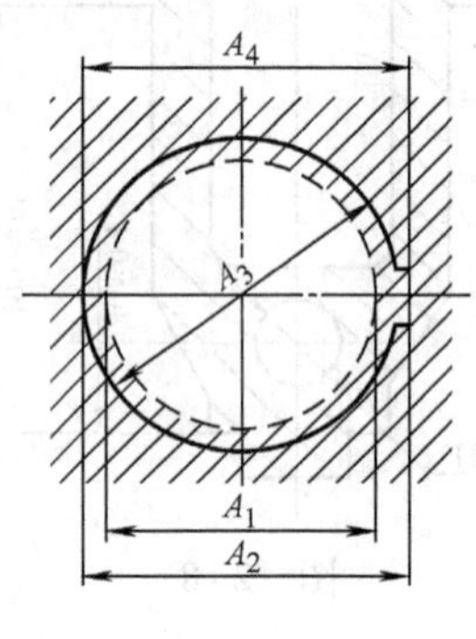


图　2-11

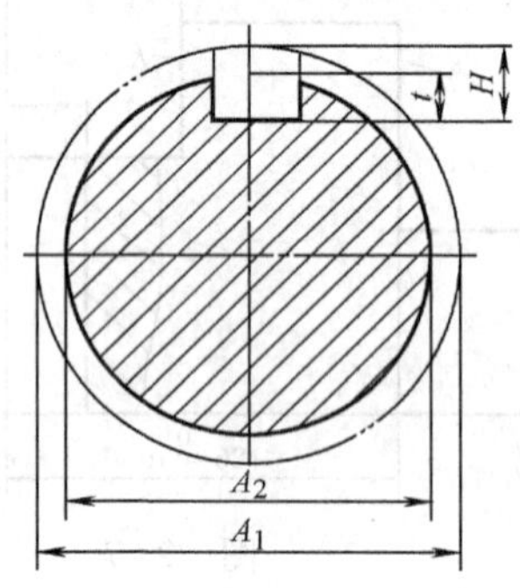


图　2-12

15. 如图 2-13 所示为在圆盘零件上加工三个圆弧槽，已知槽的半径 $R = 5_{0}^{+0.3}$mm，槽的中心落在外圆 $\phi 50_{-0.1}^{0}$mm 以外的 0.30～0.80mm 处，试选取合理的测量方法并计算其工序尺寸及其上、下极限偏差。

16. 如图 2-14 所示零件内孔需要渗氮处理，其加工工艺过程如下：

工序Ⅰ　粗磨内孔至 $A_1 = \phi 144.76_{0}^{+0.04}$mm。

工序Ⅱ　热处理：渗氮层深度 $A_4$。

工序Ⅲ　精磨内孔至 $A_3 = \phi 28_{+0.008}^{+0.024}$mm，同时保证渗氮层深度 $A_2 = 0.3_{0}^{+0.20}$mm。

试求渗氮处理工序应达到的渗氮层深度 $A_4$ 及上、下极限偏差。

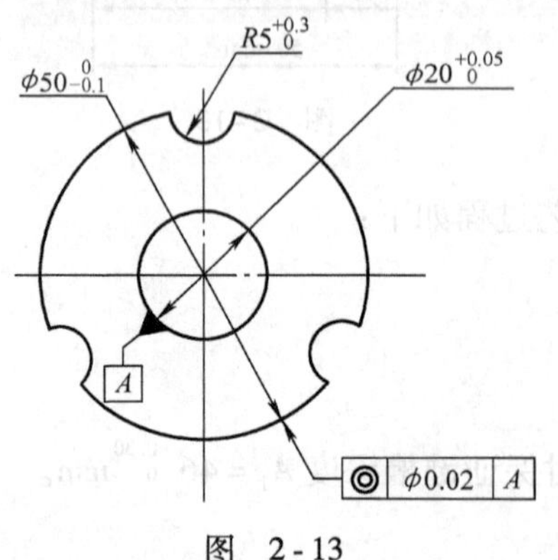


图　2-13

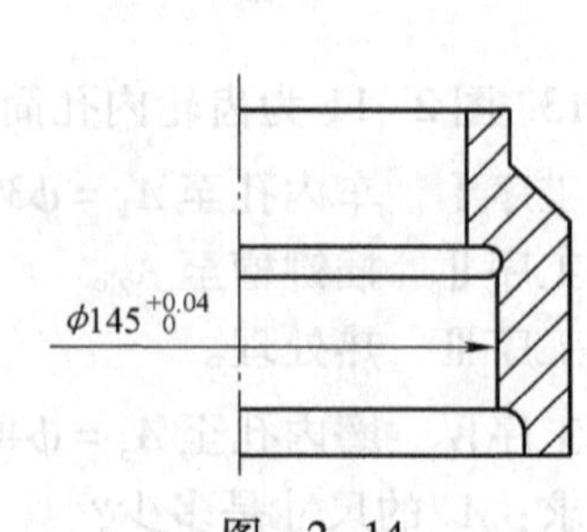


图　2-14

17. 图2-15所示零件图，需铣一个键槽，用 $\alpha=90°$ 的V形块进行装夹，试计算定位误差。若不考虑其他误差，其加工精度能否满足要求？

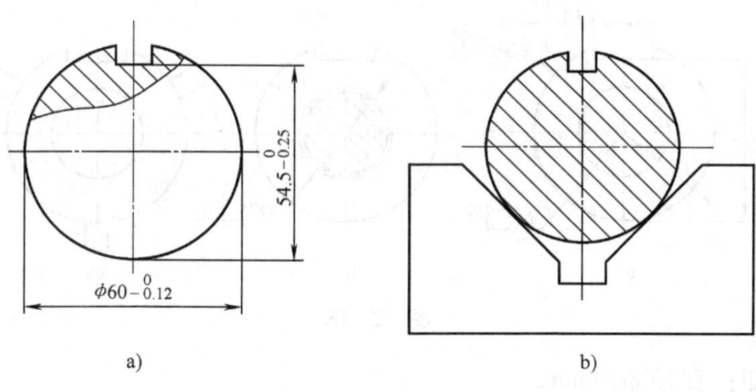


图 2-15

18. 要在图2-16所示 $\phi80_{-0.14}^{0}$mm 圆柱体上铣削平面，有两种定位方案：将工件装夹在水平放置的90°V形块中定位；将工件装夹在侧放的90°V形块中定位。为保证尺寸 $30_{-0.1}^{0}$mm，试分析两种定位方案的定位误差。

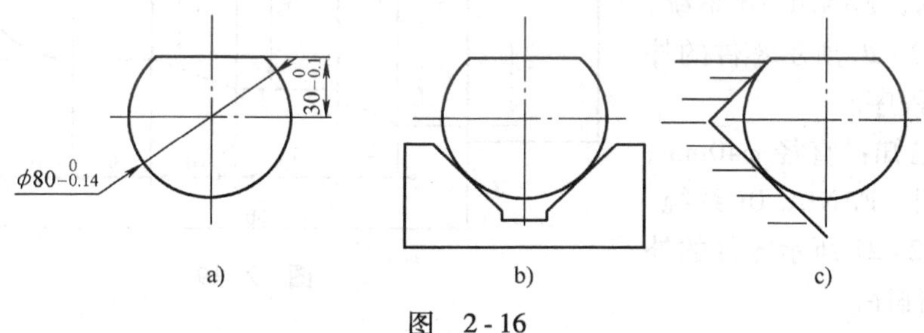


图 2-16

19. 某批圆柱（直径尺寸为 $\phi50_{-0.2}^{0}$mm）零件在铣床上采用调整法铣削一缺口，其尺寸如图2-17a所示，要求保证尺寸 $20_{-0.1}^{0}$mm。现采用90°的V形块和支承板两种定位方案，试分别求它们的定位误差。

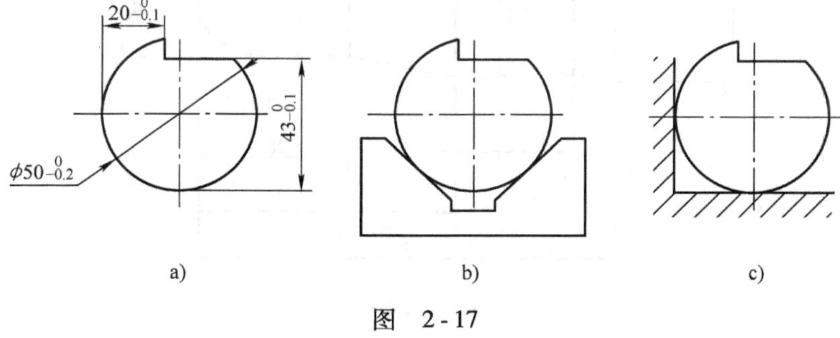


图 2-17

20. 如图 2-18 所示，欲加工键槽并保证工序尺寸 $45_{-0.2}^{\ 0}$mm。工件采用以内孔在水平放置的心轴上定位和自定心卡盘装夹两种方案，试分别求它们的定位误差。

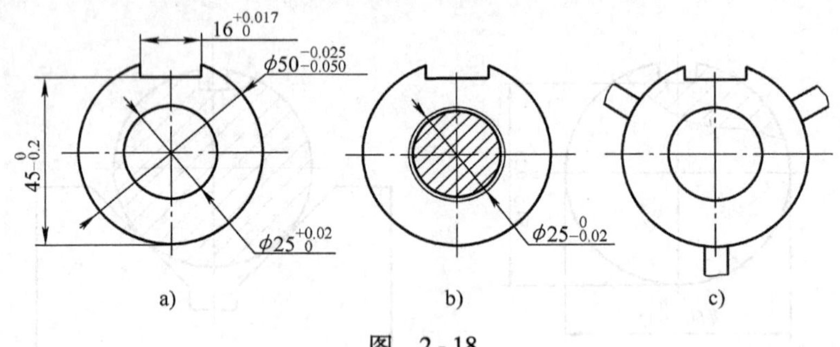


图　2-18

21. 已知：直径 $\phi$40mm，材料 45 钢，FANUC 0i 系统，请编写图 2-19 所示零件的外圆精加工程序。

22. 已知：直径 $\phi$40mm，材料 45 钢，FANUC 0i 系统，请编写图 2-20 所示零件的外圆精加工程序。

23. 已知：直径 $\phi$40mm，材料 45 钢，FANUC 0i 系统，请编写图 2-21 所示零件的外圆精加工程序。

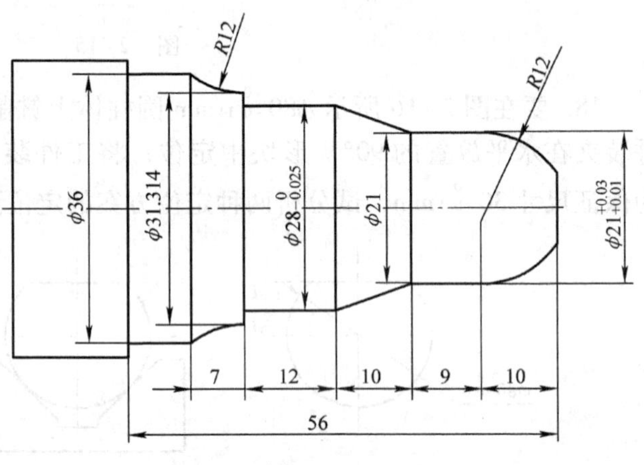


图　2-19

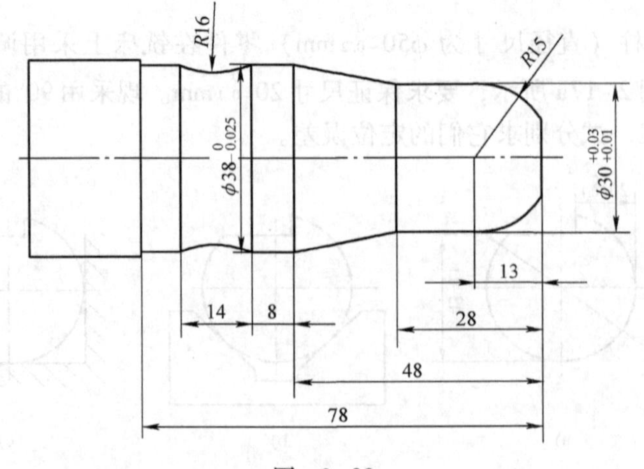


图　2-20

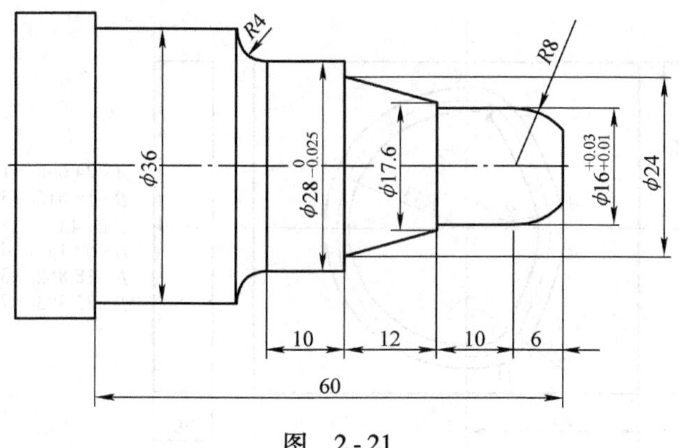


图 2-21

24. 已知：直径 $\phi$40mm，材料 45 钢，FANUC 0i 系统，请编写图 2-22 所示零件的外圆精加工程序。

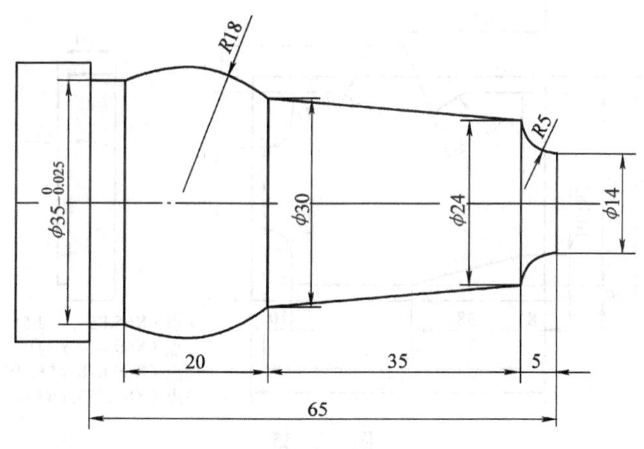


图 2-22

25. 已知：直径 $\phi$40mm，材料 45 钢，FANUC 0i 系统，请编写图 2-23 所示零件的外圆精加工程序。

26. 已知：45 钢，FANUC 0i 系统，请编写图 2-24 所示零件的加工程序（槽宽由刀具决定）。

27. 已知：45 钢，FANUC 0i 系统，请编写图 2-25 所示零件的轮廓精加工程序。

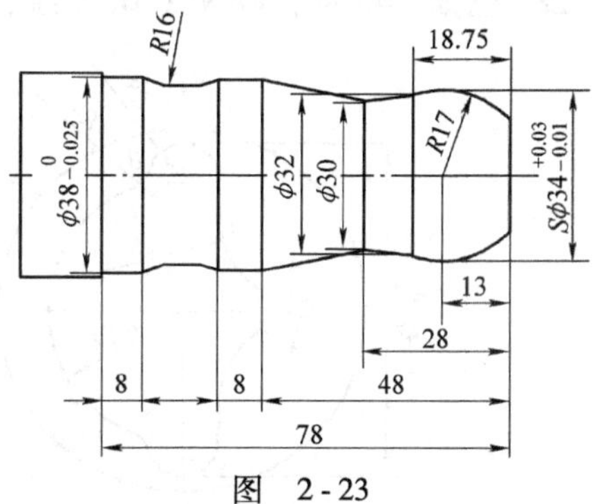


图 2-23

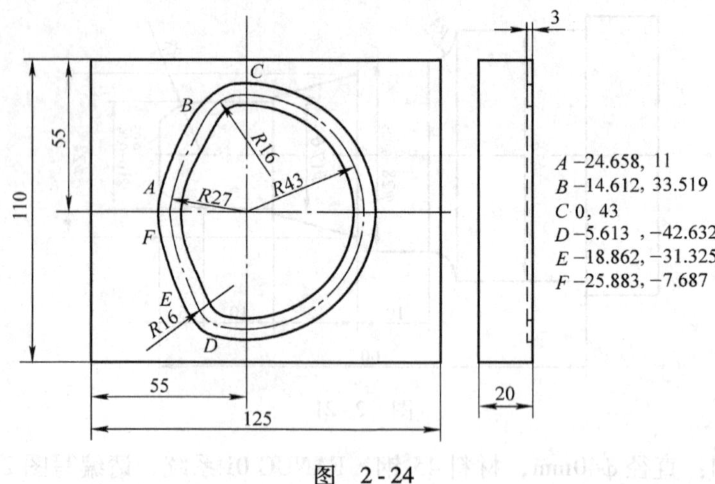


图　2-24

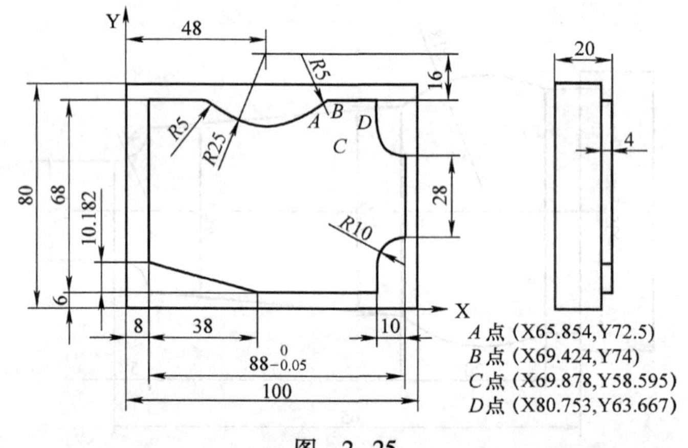


图　2-25

28. 已知：45 钢，FANUC 0i 系统，请编写图 2-26 所示零件的轮廓精加工程序。

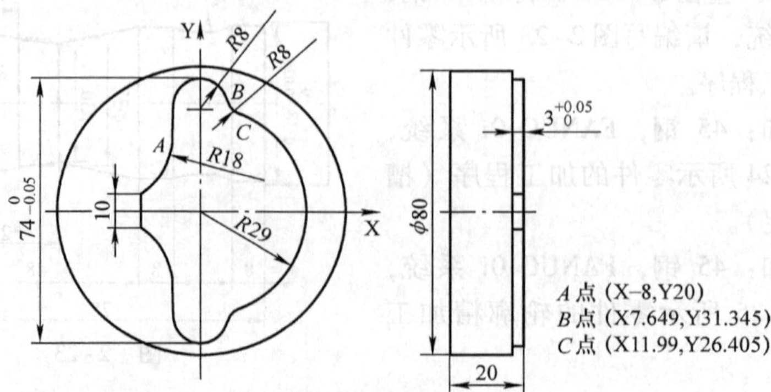


图　2-26

29. 已知：45 钢，FANUC 0i 系统，请编写图 2 - 27 所示零件的轮廓精加工程序。

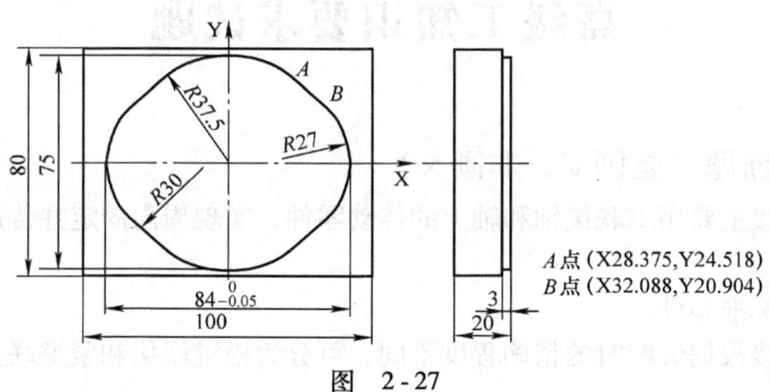


图 2 - 27

30. 已知：45 钢，FANUC 0i 系统，请编写图 2 - 28 所示零件的轮廓精加工程序。

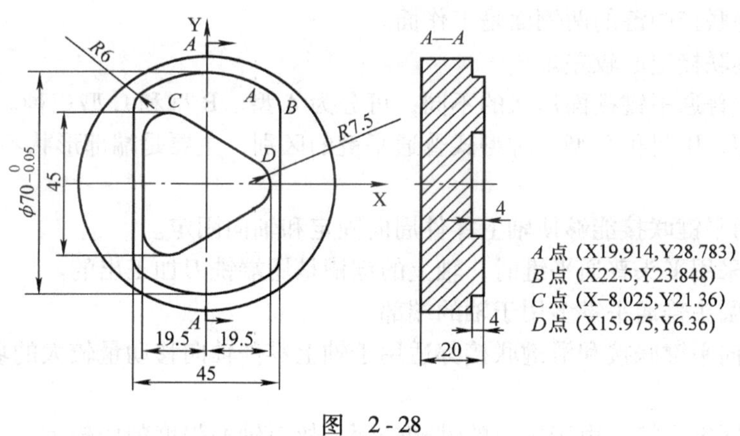


图 2 - 28

# 高级工知识要求试题

## 一、判断题（是画√，非画×）

1. 键联接主要用来联接轴和轴上的传动零件，实现周向固定并传递转矩。（ ）
2. 键是标准零件。（ ）
3. 键联接根据装配时的精确程度不同，可分为松键联接和紧键联接两类。（ ）
4. 松键联接装配时不需打紧，键的上表面与轮毂键槽底面之间留有间隙。（ ）
5. 紧键联接中键的两侧面是工作面。（ ）
6. 紧键联接定心较差。（ ）
7. 根据普通平键截面形状的不同，可分为 A 型、B 型和 C 型三种。（ ）
8. A 型、B 型和 C 型三种型式普通平键的区别，主要是端部形状不同。（ ）
9. 普通平键联接能够使轴上零件周向固定和轴向固定。（ ）
10. 当采用平头普通平键时，轴上的键槽是用端铣刀加工出的。（ ）
11. 单圆头普通平键多用于轴的端部。（ ）
12. 导向平键联接和滑键联接都适用于轴上零件轴向移动量较大的场合。（ ）
13. 半圆键联接，由于轴上的键槽较深，故对轴的强度削弱较大。（ ）
14. 由于楔键在装配时被打入轴和轮毂之间的键槽内，所以造成轮毂与轴的偏心与偏斜。（ ）
15. 花键联接是由带多个纵向凸齿的轴和带有相应齿槽的轮毂孔组成的。（ ）
16. 圆柱销和圆锥销都是靠过盈配合固定在销孔中的。（ ）
17. 圆锥销有 1:50 的锥度，所以易于安装，有可靠的自锁性能，且定位精度高。（ ）
18. 圆柱销和圆锥销的销孔一般均需铰制。（ ）
19. 圆柱销是靠微量过盈固定在销孔中的，经常拆装也不会降低定位的精度和联接的可靠性。（ ）
20. 按螺旋线的旋向不同，螺纹可分为顺时针旋转时旋入的右旋螺纹和逆时针

旋转时旋入的左旋螺纹两种。（　）

21. 联接用的螺纹，大多采用多线梯形螺纹。（　）

22. 国家标准规定大径为普通螺纹的公称直径。（　）

23. 牙型角为60°的普通螺纹，同一公称直径按螺距的大小可分为粗牙与细牙两种。（　）

24. 细牙普通螺纹比同一公称直径的粗牙普通螺纹自锁性能好。（　）

25. M24 ×1.5——表示公称直径为24mm，螺距为1.5mm的粗牙普通螺纹。（　）

26. Rp1/2——表示公称直径为(1/2)in的圆锥内螺纹。（　）

27. Tr40 ×7LH-7H-L——表示公称直径为40mm，螺距为7mm的左旋梯形螺纹，中径公差带代号为7H，旋合长度代号为长旋合长度。（　）

28. B40 ×7-7A——表示公称直径为40mm，螺距为7mm的锯齿形螺纹，中径公差带代号为7A。（　）

29. 管子的外径是管螺纹的公称直径。（　）

30. 机床上丝杠的螺纹通常都是三角形螺纹。（　）

31. 双头螺柱联接适用于被联接件厚度不大的联接。（　）

32. 螺钉联接适用于被联接件之一较厚而不宜制作通孔，且需经常拆装的场合。（　）

33. 弹簧垫圈和双螺母都属于利用机械防松。（　）

34. 螺旋传动通常能将直线运动变换成旋转运动。（　）

35. 滑动螺旋机构所采用的螺纹是三角形螺纹。（　）

36. 平面连杆机构都使用铰链连接。（　）

37. 曲柄摇杆机构只能将曲柄的回转运动转换成摇杆的往复摆动。（　）

38. 平面连杆机构是面接触，单位面积上的压力比较小。（　）

39. 平面连杆机构的死点位置就是从动件与连杆共线的位置。（　）

40. 曲柄滑块机构具有急回特性的条件是机构的极位夹角等于零。（　）

41. 平面连杆机构的压力角与传动角之间的关系是互为余角。（　）

42. 凸轮机构是点、线接触，单位面积受力大，易磨损。（　）

43. 凸轮机构中传力性能较好的是平底从动件。（　）

44. 凸轮机构产生刚性冲击的运动规律是等加速、等减速运动。（　）

45. 凸轮轮廓曲线越陡，凸轮机构的压力角就越大。（　）

46. 齿轮传动的瞬时传动比恒定不变。（　）

47. 基圆内无渐开线，所以基圆一定小于齿根圆。（　）

48. 渐开线上各点的压力角相同，均为标准值20°。（　）

49. 一对渐开线直齿圆柱齿轮，只要模数相等，就能正确啮合。（　）

50. 在任意圆周上，相邻两齿同侧渐开线之间的距离，称为该圆周的齿距。 ( )

51. 渐开线齿轮的标准模数和标准压力角都在分度圆上。 ( )

52. 采用变位齿轮相啮合可以凑配中心距。 ( )

53. 斜齿圆柱齿轮的端面参数为标准值。 ( )

54. 蜗杆传动的主要优点是传动比大、传动效率高。 ( )

55. 蜗杆传动的传动比等于蜗轮齿数与蜗杆头数之比。 ( )

56. 为改善啮合性能，蜗轮蜗杆常用青铜材料来制造。 ( )

57. 配对的蜗轮蜗杆，其齿形旋向必须相同。 ( )

58. 滚珠丝杠螺母副可以把直线运动转换为旋转运动。 ( )

59. 滚珠丝杠螺母副的运动传递是不可逆的。 ( )

60. 滚珠丝杠螺母副的传动间隙是径向间隙。 ( )

61. 调整滚珠丝杠螺母副轴向间隙最常用的是双螺母结构。 ( )

62. 滚珠丝杠螺母副垂直安装时也能自锁 ( )

63. 轮系中轴线固定的齿轮称作行星轮。 ( )

64. 周转轮系中所有齿轮的轴线都不固定。 ( )

65. 轮系中惰轮的作用是改变齿轮转动的方向。 ( )

66. 带传动属于一种摩擦传动。 ( )

67. 为了制造与测量的方便，普通 V 带以带的内周长作为基准长度。 ( )

68. 普通 V 带传动的弹性滑动是不可避免的。 ( )

69. 普通 V 带传动的打滑现象是不可避免的。 ( )

70. 普通 V 带带轮的结构形式，主要取决于带轮的材料。 ( )

71. 同步带传动综合了普通带传动和链传动的优点。 ( )

72. 链传动是一种啮合传动，所以它的瞬时传动比恒定。 ( )

73. 为使链传动零件磨损均匀，链节数与链轮齿数应同为偶数或奇数。( )

74. 链传动布置，最好将链条的松边置于上方，紧边置于下方。 ( )

75. 链轮齿数越少，传动越不平稳，冲击、振动加剧。 ( )

76. 轴类零件加工时，往往先加工两端面和中心孔，并以此为定位基准加工所有外圆表面，这样既满足基准重合原则，又满足基准统一原则。 ( )

77. 在精磨主轴锥孔时，应选择主轴的轴颈作为定位基准。 ( )

78. 丝杠加工中，一般以外圆作统一精基准。 ( )

79. 箱体零件多采用锻造毛坯。 ( )

80. 箱体零件加工时，先加工孔，后加工平面是机械加工顺序安排的规律。 ( )

81. 设计箱体零件加工工艺时，一般需要采用统一基准原则。 ( )

82. 中心磨削就是以零件的中心孔定位。（ ）
83. 研磨能提高零件的尺寸、形状和位置精度。（ ）
84. 珩磨可获得较小的表面粗糙度值，但不能纠正上道工序留下的位置误差。（ ）
85. 采用镗模法加工箱体孔系，其加工精度主要取决于机床主轴回转精度。（ ）
86. 获得机械加工尺寸精度的方法中，调整法常用于中批以上的生产中。（ ）
87. 机床、夹具、刀具三者就可以构成完整的工艺系统。（ ）
88. 在机械加工中，零件的尺寸、形状、位置和表面粗糙度构成了一个完整的系统，称之为工艺系统。（ ）
89. 加工精度是指零件加工后的尺寸精度、形状精度、位置精度和表面粗糙度。（ ）
90. 获得机械加工尺寸精度的方法中，试切法常用于中批以上的生产中。（ ）
91. 获得机械加工尺寸精度的方法中，定尺寸刀具法常用于单件小批量的生产中。（ ）
92. 机械加工中，用刀具的相应尺寸来保证工件被加工部位工序尺寸的方法称为自动控制法。（ ）
93. 机械加工中，车外圆属于展成法加工。（ ）
94. 机械加工中，滚齿和插齿就是典型的展成法加工。（ ）
95. 机械加工中，插齿是一种成形法齿形加工。（ ）
96. 只要认真仔细地调整工艺系统，加工误差还是可以消除的。（ ）
97. 因为采用近似加工方法一定会产生理论误差，所以在正规的工业生产中不可使用。（ ）
98. 加工原理误差在加工过程中可以消除。（ ）
99. 加工原理误差是在工件加工过程中产生的。（ ）
100. 加工原理误差是由于机床几何误差引起的。（ ）
101. 车削模数蜗杆时，只要正确选用交换齿轮，就可得到理论上的导程。（ ）
102. 支承端面与轴颈轴心线的垂直度误差，将使主轴旋转时产生轴向窜动。（ ）
103. 评定主轴旋转精度的主要指标，是主轴的径向圆跳动和轴向窜动。（ ）
104. 冷态下塑性变形经常在表层产生金相组织变化。（ ）

105. 原始误差中，把对加工精度影响最大的那个方向称为误差敏感方向。（　）

106. 若传动链是升速传动，则传动链中各传动元件的转角误差将随着升速传动被扩大。（　）

107. 在螺纹磨床上，头架主轴的径向圆跳动和轴向窜动会影响被磨螺纹的螺距误差。（　）

108. 车削细长轴时，容易出现腰鼓形的圆柱度误差。（　）

109. 在卧式车床上车外圆，若床鞍用导轨在垂直平面内和主轴回转轴线不平行，则加工后工件外圆为腰鼓形。（　）

110. 机床的传动链误差对于车螺纹时的精度影响很大。（　）

111. 车削螺纹时，产生螺距误差的主要因素是主轴回转精度。（　）

112. 在卧式车床上加工外圆表面时，误差敏感方向为导轨的垂直方向。（　）

113. 在镗床上镗孔时，误差敏感方向为导轨的垂直方向。（　）

114. 在车削加工细长轴时会出现马鞍形形状误差。（　）

115. 工艺系统的刚度，大于其夹具的刚度。（　）

116. 工艺系统的刚度，等于系统各环节的刚度之和。（　）

117. 在相同力的作用下，具有较高刚度的工艺系统产生的变形较大。（　）

118. 工件受力变形产生的加工误差是在工件加工以前就存在的。（　）

119. 误差复映是由于工艺系统受力变形所引起的。（　）

120. 误差复映指的是机床的几何误差反映到被加工工件上的现象。（　）

121. 合理安排工艺和增加工艺系统的刚性是减少“误差复映”的基本途径。（　）

122. 减小误差复映的有效方法是提高工艺系统的刚度。（　）

123. 零件表面的接触刚度与零件材料无关。（　）

124. 工件夹紧变形会使被加工工件产生形状误差。（　）

125. 车削加工中，大部分切削热传给了刀具。（　）

126. 磨削加工中，大部分切削热传给了砂轮。（　）

127. 铣削加工中，大部分切削热传给了切屑。（　）

128. 造成机件热变形的主要因素是机件表面层存在温差。（　）

129. 工件受热变形产生的加工误差是在工件加工过程中产生的。（　）

130. 引起工艺系统热变形的热源主要来自切削热和摩擦热两个方面。（　）

131. 对大型机床如导轨磨削等的长床身部件，其温差影响是很显著的。（　）

132. 机床、夹具的磨损比较缓慢，对加工精度的影响不明显。（　）

133. 工件在冷校直时产生了弹性变形，所以会产生残余应力。 ( )

134. 当机床主轴与工件或镗刀杆之间采用浮动连接后，机床主轴的原始误差应不再影响加工精度。 ( )

135. 测量误差是在加工过程中产生的。 ( )

136. 机械加工表面质量是指加工误差。 ( )

137. 机械加工后的表面质量是机械加工精度的组成部分。 ( )

138. 工件的残余拉应力可以防止产生表面裂纹，提高其耐腐蚀性。 ( )

139. 在机械加工表面质量中，表面的微观几何性质主要是指表面粗糙度。 ( )

140. 零件适度的加工硬化，有利于提高其耐磨性。 ( )

141. 减小零件的表面粗糙度值，可以提高其疲劳强度。 ( )

142. 工件的残余压应力可以防止产生表面裂纹，提高其疲劳强度。 ( )

143. 零件的表面粗糙度值越低越耐磨。 ( )

144. 并非零件表面粗糙度越小越好，如果表面粗糙度过小，也会造成磨损加剧。 ( )

145. 零件的表面粗糙度值越低，疲劳强度越高。 ( )

146. 零件的表面层金属发生冷硬现象后，其强度和硬度都有所增加。 ( )

147. 切削加工时，进给量和切削速度对表面粗糙度的影响不大。 ( )

148. 减小单刃刀具的主偏角和副偏角，加大刀尖圆角半径一定能减小表面粗糙度值。 ( )

149. 切削加工时，对表面粗糙度影响最大的因素一般是进给量。 ( )

150. 高的磨削温度容易烧伤工件表面，使淬火钢件表面退火，硬度降低。 ( )

151. 磨削用量中，影响表面粗糙度最显著的是磨削速度（砂轮线速度）。 ( )

152. 降低工件速度，单位时间内通过加工表面的磨粒数增多，表面粗糙度值减小。因此，工件速度越低越好。 ( )

153. 磨削加工是一种典型的易产生加工表面金相组织变化的加工方法。 ( )

154. 为避免磨削烧伤，应选择较硬的砂轮。 ( )

155. 提高砂轮速度将使磨削表面金属产生拉伸残余应力的倾向减小。 ( )

156. 若液压泵的额定压力为2.5MPa，即说明此泵工作压力为2.5MPa。 ( )

157. 液压泵的理论流量等于泵的排量与其转速的乘积。 ( )

158. 液压泵的输出功率即为泵的输出流量和其工作压力的乘积。 ( )

159. 液压泵的输出压力越大，泄漏量越大，则其容积效率也就越大。 ( )
160. 液压泵的流量越大则压力也越大。 ( )
161. 若泵的代号为 YB－25，其含义为：叶片式液压泵，压力等级为 25MPa。 ( )
162. 双作用叶片泵的叶片安装是沿旋转方向向前倾斜一角度。 ( )
163. YBP 单向限压式变量叶片泵，当系统压力增大时会自动减小输出流量。 ( )
164. 双作用叶片泵定子的内表面是圆柱形。 ( )
165. 单作用叶片泵不能变量，双作用叶片泵能变量。 ( )
166. 为了减小流量的脉动，轴向柱塞泵的柱塞数常取奇数。 ( )
167. 齿轮泵多用于高压系统，柱塞泵多用于低压系统。 ( )
168. 液压马达的实际流量小于理论流量。 ( )
169. 叶片式液压马达为使正反方向旋转，叶片径向安装。 ( )
170. 液压马达的实际输出转矩小于理论转矩。 ( )
171. 液压缸活塞的运动速度快慢，决定于外负载的大小。 ( )
172. 液压缸的运动速度越快时，则缸的输出推力也越大。 ( )
173. 进入液压缸的流量越大，则液压缸内的压力也就越大。 ( )
174. 差动连接时的液压缸其输出的推力和速度均比非差动连接时要大。 ( )
175. 柱塞式液压缸属于双作用液压缸。 ( )
176. 柱塞式液压缸由于缸体内壁可不加工或粗加工，故适用于长行程设备。 ( )
177. 双叶片式摆动液压缸其输出转矩是单叶片式的两倍。 ( )
178. 伸缩式液压缸活塞伸出时的顺序是由大到小，则速度也是由大到小。 ( )
179. 为排除缸内的空气，对要求不高的液压缸可将油管设在缸的最高处。 ( )
180. 间隙密封适用于尺寸较大，速度较快的缸体内孔与活塞间的密封。 ( )
181. 液压方向控制阀有单向阀、换向阀、顺序阀等。 ( )
182. 电磁换向阀适用于大流量。 ( )
183. 电液动换向阀是由电磁阀和可调节式液动阀组合而成。 ( )
184. 直动式溢流阀一般用于高压系统。 ( )
185. 先导式溢流阀的远程控制口接油箱时，系统的压力为零。 ( )
186. 减压阀处于非工作状态时，其出口压力与进口压力相同。 ( )

187. 减压阀可保持出口压力为一定值。 (　　)
188. 因顺序阀的工作原理与直动式溢流阀类同，故两阀可互相替换使用。 (　　)
189. 调速阀是由定差式减压阀与节流阀串联而成。 (　　)
190. 调速阀可使速度不随外负载而变。 (　　)
191. 采用节流阀调速，速度不稳定会随外负载而变。 (　　)
192. 节流调速回路功率损失大，一般适用于大功率场合。 (　　)
193. 磨床的液压系统由于压力较低通常采用柱塞泵。 (　　)
194. 粗过滤器通常安装在泵的进油口，精过滤器通常安装在泵的出油口。 (　　)
195. 采用定量泵与流量控制阀的调速回路，称为节流调速回路。 (　　)
196. 组合开关由一对常闭、常开触头组成。 (　　)
197. 组合开关中随转动轴旋转的触片称为动触片。 (　　)
198. 低压断路器是一种手动操作电器。 (　　)
199. 行程开关是属于主令开关的一种。 (　　)
200. 按钮被按下时，其常闭、常开触头是同时断开和闭合的。 (　　)
201. 熔断器的主要作用是短路保护。 (　　)
202. 熔体的额定电流必须大于熔断器的额定电流。 (　　)
203. 通常大电流工作的交流接触器，都装有灭弧罩。 (　　)
204. 电流继电器只用于过电流保护的场合。 (　　)
205. 电压继电器工作时，它的线圈必须并接在负载或被测电压的两端。 (　　)
206. 大容量的异步电动机采用直接起动。 (　　)
207. 星形—三角形起动法是减压起动的一种方法。 (　　)
208. 电源频率的改变不影响异步电动机的转速。 (　　)
209. 在能耗制动中，定子中通入的直流电流越大，则制动转矩越大。 (　　)
210. 在异步电动机中，旋转磁场的方向与三相电源的相序无关。 (　　)
211. 在反接制动时，当电动机速度降至零时，必须马上切断定子电源。 (　　)
212. 星形—三角形减压起动是先△联结后Y联结。 (　　)
213. 在接触器联锁的正反转控制线路中，要改变电动机的转向，不必先按停止按钮。 (　　)
214. 工作台自动往返控制线路，必须是双重联锁正反转控制线路。 (　　)
215. 电动机机械制动可以准确定位。 (　　)
216. 并励电动机的励磁绕组较电枢绕组电阻小。 (　　)

217. 若电枢电流变化，则主磁通也变化，这是并励直流电动机。（　）
218. 改变了励磁电流方向，就能改变电动机的转向。（　）
219. 并励电动机的励磁减小则转速增大。（　）
220. 在电枢电路中串联调速电阻可以进行调速，但机械特性变软。（　）
221. 直流电动机反接制动中，电枢电压反接的瞬间，电流减小。（　）
222. 并励电动机在运行时，突然切断励磁电路，则转速下降。（　）
223. 当起动电流很大时，换向器与电刷会产生强烈的电火花。（　）
224. 励磁绕组与电枢绕组由不同的直流电源供电，故称为他励直流电动机。（　）
225. 一般来说直流电动机的调速范围大于交流异步电动机的调速范围。（　）
226. 熔断器对略大于负载额定电流的过载保护是十分可靠的。（　）
227. 固态继电器是一种无触点的继电器。（　）
228. 低压断路器俗称为空气开关。（　）
229. 交流接触器通电后如果铁心吸合受阻，将导致线圈烧坏。（　）
230. 电压继电器线圈导线细、匝数多，工作时需并联在主电路中。（　）
231. 一般 10kW 的交流电动机可以直接起动。（　）
232. 断路器具有保护、动作后无需更换元件、工作电流可以调节等优点。（　）
233. 三相刀开关可用作各种三相异步电动机的起动和停止控制。（　）
234. 交流接触器短路环的作用是保护过电流。（　）
235. 三相交流电动机断相通电后，电流很大。（　）
236. 数控车床的刀具补偿功能包含刀尖半径补偿和刀具位置补偿。（　）
237. 在 FANUC 系统中，恒表面切削速度控制在切削螺纹时也有效。（　）
238. 在 FANUC 系统中，在公制状态下执行 N10 G96 M03 S100； N20 G50 S200；后，当车削外圆 X 坐标为 60 时，主轴转速约为 530r/min。（　）
239. 在 FANUC 系统中，G50 是设定工件坐标系的运动指令。（　）
240. 在 FANUC 系统中，对于加工中心 G28 指令一般用于自动换刀，在使用该指令时应首先取消刀具的补偿功能。（　）
241. 在 FANUC 系统中，G29 X35. 0 Y30. 0 Z5. 0；中的 X、Y、Z 数值是指刀具从参考点返回时所经过的中间点坐标。（　）
242. G00 的运动轨迹肯定不是一条直线，而是几条线段的组合折线。（　）
243. 在 FANUC 系统中，准确停止 G09 只对指定的程序段有效。（　）
244. 圆弧插补用圆心坐标 I、J、K 编程时，不能加工整圆。（　）
245. 在 FANUC 系统中，在程序执行期间尽量不要切换 G20 和 G21。（　）

246. G90 X50.0 Z－80.0 I－5.0 F0.3；表示圆锥面车削固定循环。（ ）

247. 在 FANUC 0iB 系统中，G71 只能加工 *X* 轴的外形轮廓单调递增的零件。（ ）

248. 外圆粗车复合循环方式适合于加工棒料毛坯，以去除较大余量的粗加工切削。（ ）

249. 刀尖半径补偿不能用于 G71、G72、G73、G74、G75、G76 指令。（ ）

250. 在 FANUC 0iTB 系统中，G74 用于钻孔，不能用于切削端面槽。（ ）

251. 在 FANUC 0iB 系统中，螺纹简单切削 G32 指令不能加工多线螺纹。（ ）

252. 在 FANUC 0iB 系统中，G76 循环指令编程中，能指定直进法、斜进法进刀，但不能实现左右交替斜进法进刀。（ ）

253. 在 FANUC 0iB 系统中，任意角度倒角/拐角圆弧，可以在不同平面内的直线和圆弧之间插入倒角或拐角圆弧过渡程序段。（ ）

254. 用户宏程序适合尺寸不同、形状相似零件的通用加工程序编程。（ ）

255. 在 FANUC 0iB 系统中，目前使用最普遍的用户宏程序是 A 类宏程序。（ ）

256. 在 FANUC 0iB 系统中，有些系统变量用户不但可以引用，而且可以赋值。（ ）

257. 在 FANUC 0iB 系统中，当用变量时，变量值只能通过程序赋值。（ ）

258. 设#1＝1，则 N#1 就表示程序段号为 N1。（ ）

259. 在 FANUC 0iB 系统中，变量乘法和除法运算的运算符用 * 和/表示。（ ）

260. 在 FANUC 0iB 系统中，执行 IF 语句时，如果满足指定的条件表达式，则执行下个程序段。（ ）

261. 在 FANUC 0iB 系统中，条件表达式运算符 LT 的含义表示小于。（ ）

262. 在 FANUC 0iB 系统中，在 While 语句中，当指定 DO 而没有指定 While 语句时，会产生 P/S 报警。（ ）

263. 在 FANUC 0iB 系统中，宏程序也可以用 M98 指令调用。（ ）

264. 在 FANUC 0iB 系统中，宏程序的模态调用指令是 G67。（ ）

265. 在 FANUC 0iB 系统中，在变量赋值方法 I 中，引数（自变量）C 对应的变量是#3。（ ）

266. G17 G01 Z－5. F100.；这条指令是正确的。（ ）

267. 数控铣床的固定循环指令主要用于轮廓加工。（ ）

268. 数控铣床的 G98 指令表示钻孔结束后，刀具返回到起始平面。（ ）

269. 没有主轴准停功能的数控铣床常用 G76 实现精镗孔。（ ）

270. 数控程序固定循环的作用主要是简化编程。（　）

271. 在孔系加工时，攻螺纹采用固定循环 G83 指令。（　）

272. 平面选择代码不能在坐标系旋转方式中指定。（　）

273. 子程序结束只能返回到调用程序段之后的程序段。（　）

274. N10 T01；表示选刀，但不换刀。（　）

275. G81 和 G85 的主要区别在于，G85 具有孔底暂停功能，而 G81 没有。（　）

## 二、选择题

1. 根据装配时的（　），键联接可分为松键联接和紧键联接两类。

A. 难易程度　B. 精确程度　C. 松紧程度

2. 普通平键根据（　）不同，可分为 A 型、B 型和 C 型三种。

A. 尺寸的大小　B. 端部的形状　C. 截面的形状

3. （　）联接由于结构简单、装拆方便、对中性好，因此广泛用于高速精密的传动中。

A. 普通平键　B. 普通楔键　C. 钩头楔键　D. 切向键

4. 普通平键有三种型式，其中（　）平键多用于轴的端部。

A. 圆头　B. 平头　C. 单圆头

5. 常用的松键联接有（　）联接两种。

A. 导向平键和钩头楔键　B. 普通平键和普通楔键

C. 滑键和切向键　D. 平键和半圆键

E. 楔键和切向键

6. 楔键联接对轴上零件能作周向固定，且（　）。

A. 不能承受轴向力　B. 能够承受轴向力

C. 能够承受单方向轴向力

7. 楔键的（　）有 1∶100 的斜度。

A. 上表面　B. 下表面　C. 两侧面

8. 普通平键联接是依靠键的（　）传递转矩的。

A. 上表面　B. 下表面　C. 两侧面

9. （　）能自动适应轮毂上键槽的斜度，装拆方便，尤其适用于锥形轴端部的联接。

A. 普通平键　B. 导向平键　C. 半圆键

D. 楔键　E. 切向键

10. 在 GB 1144—2001 中规定以（　）为矩形花键的定心尺寸，用它来保证同轴度。

A. 小径 $d$　B. 大径 $D$　C. 键宽 $B$

11. 圆锥销有（　　）的锥度。

A. 1∶10　B. 1∶50　C. 1∶100

12. 为了保证被连接件经多次装拆而不影响定位精度，可以选用（　　）。

A. 圆柱销　B. 圆锥销　C. 开口销

13. 若使不通孔联接装拆方便，应当选用（　　）。

A. 普通圆柱销　B. 普通圆锥销　C. 内螺纹圆锥销　D. 开口销

14. 圆锥销的（　　）直径为标准值。

A. 大端　B. 小端　C. 中部平均

15. 联接螺纹多用（　　）螺纹。

A. 梯形　B. 矩形　C. 三角形　D. 锯齿形

16. 国家标准规定（　　）为普通螺纹的公称尺寸。

A. 大径　B. 中径　C. 小径

17. 当被连接件的厚度不大，并能够从两面进行装配时，可采用（　　）联接。

A. 螺栓　B. 双头螺柱　C. 螺钉　D. 紧定螺钉

18. 当被连接件之一较厚，不宜制作通孔，且不需经常装拆时，可采用（　　）联接。

A. 螺栓　B. 双头螺柱　C. 螺钉　D. 紧定螺钉

19. 当被连接件之一较厚，不宜制作通孔，且需要经常装拆时，可采用（　　）联接。

A. 螺栓　B. 双头螺柱　C. 螺钉　D. 紧定螺钉

20. 在螺纹联接的防松方法中，开口销与槽形螺母属于（　　）防松。

A. 利用摩擦　B. 利用机械　C. 永久

21. 在螺纹联接的防松方法中，弹簧垫圈属于（　　）防松。

A. 利用摩擦　B. 利用机械　C. 永久

22. 平面连杆机构至少有一个构件为（　　）。

A. 曲柄　B. 摇杆　C. 连杆　D. 导杆

23. 铰链四杆机构中，连杆一般作（　　）。

A. 定轴转动　B. 定轴摆动　C. 平面运动　D. 圆周运动

24. 曲柄滑块机构是由曲柄摇杆机构通过（　　）趋于无穷大演化而得到的。

A. 曲柄　B. 摇杆　C. 连杆　D. 导杆

25. 牛头刨床的主运动机构是应用了四杆机构中的（　　）。

A. 转动导杆机构　B. 摆动导杆机构

C. 曲柄摇块机构　D. 凸轮机构

26. 当四杆机构出现死点位置时，可在从动曲柄上（　　），使其顺利通过死点位置。

A. 加大动力　B. 减小阻力　C. 加装飞轮　D. 加装导杆

27. 平面连杆机构具有急回特性的条件是机构的行程速比系数 $K$（　）。

A. 大于零　B. 大于1　C. 大于零且小于1　D. 大于2

28. 凸轮机构中应用较多的凸轮形状是（　）。

A. 盘形凸轮　B. 移动凸轮　C. 圆柱凸轮　D. 导杆凸轮

29. 凸轮机构中传力性能较好的从动件类型是（　）。

A. 尖端从动件　B. 滚子从动件　C. 平底从动件　D. 圆弧从动件

30. 凸轮轮廓是凹形时，不能使用（　）。

A. 尖端从动件　B. 滚子从动件　C. 平底从动件　D. 圆弧从动件

31. 凸轮机构中应用最广的从动件类型是（　）。

A. 尖端从动件　B. 滚子从动件　C. 平底从动件　D. 圆弧从动件

32. 渐开线上任意一点的法线必与基圆（　）。

A. 相切　B. 相交　C. 相离　D. 切线垂直

33. 应用最广的齿轮廓形是（　）。

A. 圆弧齿形　B. 摆线齿形　C. 渐开线齿形　D. 斜齿形

34. 渐开线的形状取决于基圆的大小。基圆越小，渐开线越（　）。

A. 平直　B. 倾斜　C. 弯曲　D. 垂直

35. 渐开线齿廓离基圆越远，其压力角就（　）。

A. 越大　B. 越小　C. 不变　D. 不能确定

36. 模数越大，齿轮的（　）尺寸就越大。

A. 直径　B. 轮齿　C. 厚度　D. 螺距

37. 采用正变位齿轮，可使齿轮的齿根圆（　）。

A. 变大　B. 变小　C. 不变　D. 不能确定

38. 负变位齿轮的齿顶会（　）。

A. 变宽　B. 不变　C. 变尖　D. 变窄

39. 渐开线齿轮传动的中心距略有增大，其瞬时传动比将（　）。

A. 增大　B. 减小　C. 不变　D. 不能确定

40. 轴平面内的齿形为直线的蜗杆是（　）蜗杆。

A. 阿基米德　B. 渐开线　C. 法向直廓　D. 摆线

41. 蜗杆传动中，蜗杆和蜗轮的轴线一般在空间交错成（　）。

A. 45°　B. 60°　C. 90°　D. 30°

42. 用于动力传动的蜗杆传动比 $i$ 常在（　）范围。

A. 10～30　B. 8～100　C. 600以上　D. 30～40

43. 具有自锁性能的蜗杆传动，其效率为（　）。

A. 70% ~80%  B. 高于 50%  C. 低于 50%  D. 10% ~30%

44. 与普通丝杠螺母传动相比，滚珠丝杠螺母副的突出优点是（ ）。

A. 提高承载能力  B. 结构更简单  C. 传动效率高  D. 精度高

45. 调整滚珠丝杠螺母副轴向间隙最常用的结构和方法是（ ）。

A. 双螺母结构  B. 单螺母变螺距结构

C. 滚珠选配法  D. 螺母选配法

46. 内循环滚珠丝杠螺母副都安装有（ ）反向器。

A. 1 ~2 个  B. 2 ~4 个  C. 4 ~6 个  D. 6 ~8 个

47. 双螺母调隙结构中调整精度较高的是（ ）。

A. 垫片调隙式  B. 螺纹调隙式  C. 齿差调隙式  D. 双齿调隙式

48. 双螺母调隙，结构简单但调整不便的是（ ）。

A. 垫片调隙式  B. 螺纹调隙式  C. 齿差调隙式  D. 双齿调隙式

49. 一个周转轮系至少包含有（ ）个行星轮。

A. 1  B. 2  C. 3  D. 4

50. 混合轮系传动比的计算，关键在于（ ）。

A. 计算周转轮系传动比  B. 计算定轴轮系传动比

C. 划分基本轮系  D. 双齿调隙

51. 转换轮系的实质是假想（ ）静止不动。

A. 太阳轮  B. 行星轮  C. 系杆  D. 凸轮

52. 为使 V 带的两侧面在工作时与轮槽紧密接触，轮槽角应（ ）V 带楔角。

A. 大于  B. 略小于  C. 等于  D. 远小于

53. 带速合理的范围通常控制在（ ）。

A. 5 ~25m/s  B. 12 ~15m/s  C. 15 ~50m/s  D. 50 ~100m/s

54. 张紧轮一般应安装在（ ）。

A. 靠近小带轮松边外侧  B. 靠近小带轮紧边外侧

C. 靠近大带轮松边外侧  D. 靠大带轮紧边外侧

55. 若增大 V 带传动的中心距，则小带轮的包角将（ ）。

A. 增大  B. 减小  C. 不变  D. 没有改变

56. 增大小带轮的包角，将使带传动的传递能力（ ）。

A. 增大  B. 减小  C. 不变  D. 成倍增加

57. 同步带传动的主要优点是（ ）。

A. 安装中心距要求不高  B. 传动比准确

C. 价格便宜  D. 使用方便

58. 链传动的主要优点是（ ）。

A. 瞬时传动比准确　　B. 可在恶劣环境下工作

C. 能缓冲吸振　　D. 使用方便

59. 链传动的传动比 $i$ 最好控制在（　　）以内。

A. 5 ~ 6　　B. 2 ~ 3.5　　C. 3 ~ 5　　D. 5 ~ 6

60. 一般链传动的两轴线应平行布置，两链轮的回转平面应在同一（　　）内。

A. 铅垂面　　B. 水平面　　C. 任意位置平面　　D. 成60度平面

61. 在链传动中，链条的强度应（　　）链轮的强度。

A. 高于　　B. 低于　　C. 等于　　D. 不等于

62. 在长套筒的深孔加工中，工件和刀具的相对运动方式一般有三种，其中（　　）最易导致孔偏斜。

A. 工件不动，刀具转动并轴向进给

B. 工件转动，刀具轴向进给

C. 工件转动，同时刀具转动并轴向进给

D. 工件不动，同时刀具转动并轴向进给

63. 工艺性最差的箱体孔是（　　）。

A. 通孔　　B. 不通孔　　C. 阶梯孔　　D. 交叉孔

64. 箱体的同一轴线上有多个孔需加工，其中孔径按（　　）的排列，其加工工艺性最差。

A. 由大到小单向　　B. 两边大中间小

C. 中间大两边小　　D. 由小到大单向

65. 箱体类工件常以一面两孔定位，相应的定位元件是（　　）。

A. 一个平面，两个短圆柱销

B. 一个平面，一个短圆柱销、一个短削边销

C. 一个平面，两个长圆柱销

D. 一个平面，一个长圆柱销、一个短圆柱销

66. 采用镗模法加工箱体孔系，其加工精度主要取决于（　　）。

A. 机床主轴回转精度　　B. 机床导轨的直线度

C. 镗模的精度　　D. 机床导轨平面度

67. 加工精度是指零件加工后的实际几何参数（尺寸、形状、位置）对理想几何参数的（　　）程度。

A. 偏离　　B. 符合　　C. 试切　　D. 调整

68. 机械加工中，用刀具的相应尺寸来保证工件被加工部位工序尺寸的方法称为（　　）。

A. 试切法　　B. 调整法　　C. 定尺寸刀具法　　D. 自动控制法

69. 机械加工中，滚齿和插齿就是典型的（　　）加工。

A. 成形法　　B. 仿形法　　C. 刀尖轨迹法　　D. 展成法

70. 在机械加工时，（　　）、夹具、工件和刀具构成了一个完整的系统，称之为工艺系统。

A. 设计　　B. 机床　　C. 图样　　D. 工艺卡片

71. 加工原理误差是指采用了近似的成形运动或近似切削刃轮廓进行加工而产生的误差，因此在生产中（　　）。

A. 误差允许，也不采用　　B. 可以采用

C. 误差允许，可广泛采用　　D. 不可以采用

72. 下列加工内容中，（　　）加工不存在加工原理误差。

A. 数控铣削曲面　　B. 车削模数蜗杆

C. 滚切齿轮　　D. 拉削键槽

73. 卧式车床在采用滚动轴承的主轴结构中，（　　）不会影响主轴的回转精度。

A. 滚动轴承外环滚道对其外圆的偏心

B. 主轴轴颈的圆度

C. 滚动轴承内环滚道对其内孔的偏心

D. 轴承座孔的圆度

74. 与滚动轴承相配合的轴颈和轴承壳体孔，要具有较高的（　　）要求。

A. 平行度　　B. 垂直度　　C. 同轴度　　D. 同心度

75. 造成车床主轴工作时的回转误差，主要因素除主轴本身误差外，还有（　　）。

A. 刀具振动的影响　　B. 主轴支承系统的误差

C. 传动系统的误差　　D. 机床振动的影响

76. 机床主轴各轴颈的同轴度误差超差，会使端部锥孔定心轴颈，对回转中心线出现偏心而产生（　　）。

A. 轴向窜动　　B. 径向圆跳动　　C. 轴向圆跳动　　D. 尺寸误差

77. 支承端面与轴颈轴心线的垂直度误差，将使主轴旋转时产生（　　）。

A. 轴向窜动　　B. 径向圆跳动　　C. 轴向圆跳动　　D. 尺寸误差

78. 车削外圆时，车床主轴轴承间隙太大将使加工的工件（　　）。

A. 产生锥度　　B. 产生椭圆或棱圆

C. 端面不平　　D. 尺寸误差

79. 车削端面时，车床主轴轴向窜动太大将使加工的工件（　　）。

A. 端面中凸　　B. 端面中凹

C. 轴向圆跳动超差　　D. 尺寸误差

80. 当机床主轴存在轴向窜动误差时，则对（　　）的加工精度影响很大。

A. 外圆　　B. 内孔　　C. 端面　　D. 倒角

81. 工件以外圆表面在自定心卡盘上定位，车削内孔和端面，若自定心卡盘定

位面与车床主轴回转轴线不同轴将会造成（　　）。

A. 被加工孔的圆度误差　　B. 被加工端面平面度误差

C. 孔与端面垂直度误差　　D. 被加工孔与外圆的同轴度误差

82. 工件在车床自定心卡盘上一次装夹车削外圆及端面，加工后检验发现端面与外圆不垂直，其可能原因是（　　）。

A. 车床主轴径向圆跳动

B. 车床主轴回转轴线与纵导轨不平行

C. 车床横导轨与纵导轨不垂直

D. 自定心卡盘装夹面与车削主轴回转轴线不同轴

83. 对于卧式车床，影响加工精度最小的床身导轨误差是（　）误差。

A. 水平面内的直线度　　B. 垂直面内的直线度

C. 导轨间的平行度　　D. 导轨与主轴中性线

84. 卧式车床纵向导轨在垂直面内直线度对加工精度中的圆柱度误差影响（　　）。

A. 很大　　B. 特大　　C. 较小　　D. 等于零

85. 在卧式车床上加工外圆表面时，误差敏感方向为导轨的（　）。

A. 水平方向　　B. 垂直方向　　C. 水平和垂直方向　D. 纵向

86. 在镗床上镗孔时，误差敏感方向为导轨的（　）。

A. 水平方向　　B. 垂直方向

C. 水平和垂直方向　　D. 切削点与孔中心连线方向

87. 在卧式车床上车孔，若进给方向在垂直平面内和主轴回转轴线不平行，则加工后工件孔为（　）。

A. 圆锥面　　B. 双曲面　　C. 圆柱面　　D. 鼓形

88. 工件直接安放在立式钻床的工作台上，主轴进给钻孔，加工后发现孔中心线与定位平面不垂直，其可能原因是（　　）。

A. 主轴径向圆跳动　　B. 主轴轴向窜动

C. 主轴套筒轴线与工作台不垂直　　D. 工作台与导轨不垂直

89. 用校正机构提高车床丝杠传动链精度的方法，称为（　）。

A. 误差转移法　　B. 误差分组法

C. 误差补偿法　　D. 直接减小误差法

90. 机床的传动链误差对于（　　）的精度影响很大。

A. 车外圆时　　B. 车螺纹时　　C. 车内孔时　　D. 车端面时

91. 车削螺纹时产生螺距误差，影响误差大小的主要因素是（　）。

A. 主轴回转精度　B. 导轨误差　　C. 传动链误差　　D. 测量误差

92. 磨床头架主轴的轴向窜动会使工件端面产生（　）误差。

A. 垂直度　　B. 平面度　　C. 同轴度　　D. 位置度

93. 砂轮架导轨在水平面内的直线度误差较大，若采用切入磨削外圆，则会使工件产生（　　）误差。

A. 圆柱度　　B. 直线度　　C. 同轴度　　D. 位置度

94. 床身导轨在垂直平面内的直线度会影响（　　）的加工精度。

A. 车床　　B. 外圆磨床　　C. 内圆磨床　　D. 龙门刨床

95. 床身导轨在水平面内的直线度会影响（　　）的加工精度。

A. 车床　　B. 平面磨床　　C. 导轨磨床　　D. 龙门刨床

96. 在车床两顶尖车削细长轴时，由于工件刚度不足造成在工件轴向截面上的形状是（　　）。

A. 矩形　　B. 梯形　　C. 鼓形　　D. 鞍形

97. 工艺系统的刚度，（　　）系统各环节的刚度之和。

A. 大于　　B. 等于　　C. 小于　　D. 大于或小于

98. 工艺系统的刚度，（　　）其夹具的刚度。

A. 大于　　B. 等于　　C. 小于　　D. 大于或等于

99. 工艺系统刚度表达式：$K_{系统}=F_y/y$，其中变形量 $y$ 是（　　）作用下的变形量。

A. $F_y$　　B. $F_x$ 与 $F_y$　　C. $F_y$ 与 $F_z$　　D. $F_x$、$F_y$、$F_z$

100. 连接件表面之间，在外力作用下，接触部位产生较大的接触应力而引起变形时，就是零件的接触（　　）较差。

A. 强度　　B. 刚度　　C. 硬度　　D. 耐磨性

101. 车削粗短轴时，由于两顶尖刚度不足造成在工件轴向截面上的形状是（　　）。

A. 矩形　　B. 梯形　　C. 鼓形　　D. 鞍形

102. 在车削加工细长轴时会出现（　　）形状误差。

A. 矩形　　B. 梯形　　C. 鼓形　　D. 鞍形

103. 在车床两顶尖间装夹一根光轴进行车削加工，工件的长径比很大，工件刚性很差。这时，由于工艺系统刚度的影响造成的加工误差，使工件呈（　　）。

A. 中凹马鞍形　　B. 锥形　　C. 腰鼓形　　D. 双曲面形

104. 在车床两顶尖上装夹车削光轴，加工后检验发现中间直径偏小，两端直径偏大，其最可能的原因是（　　）。

A. 两顶尖处刚度不足　　B. 刀具刚度不足

C. 工件刚度不足　　D. 刀尖高度位置不准确

105. 误差复映系数 $\varepsilon$ 的最佳值是（　　）。

A. $\varepsilon=1$　　B. $\varepsilon>1$　　C. $\varepsilon\ll 1$　　D. $\varepsilon\gg 1$

106. 减少“误差复映”的常用方法是合理安排工艺和（　　）。

A. 选用合适材料的铣刀　B. 合理选择进给量

C. 提高工艺系统刚度　D. 合理选择铣刀转速

107. 减少“误差复映”的常用方法是提高工艺系统刚度和（　）。

A. 选用合适材料的铣刀　B. 合理选择铣刀形式

C. 合理安排工艺　D. 合理选择铣刀直径

108. 克服因工艺系统刚性不足而使毛坯的误差复映到加工表面的现象，可通过（　）得到解决。

A. 选用合适材料的铣刀　B. 合理选择铣刀形式

C. 合理安排铣削工艺　D. 合理选择铣刀直径

109. 薄壁套筒零件安装在车床自定心卡盘上，以外圆定位车内孔，加工后发现孔有较大圆度误差，其主要原因是（　）。

A. 工件夹紧变形　B. 工件热变形　C. 刀具受力变形　D. 刀具热变形

110. 精密丝杠加工中，工件的（　）会引起加工螺距的累积误差。

A. 受力变形　B. 形状误差　C. 内应力　D. 热变形

111. 造成机件热变形的主要因素是机件表面层存在（　）。

A. 温差　B. 应力　C. 摩擦热　D. 转速太高

112. 在磨床上采用固定顶尖夹持磨削长轴外圆，由于热变形的影响，加工后工件呈（　）。

A. 中凹马鞍形　B. 锥形　C. 腰鼓形　D. 双曲面形

113. 切削时刀具热变形的热源主要是（　）。

A. 切削热　B. 运动部件的摩擦热

C. 辐射热　D. 对流热

114. 车削加工中，大部分切削热传给了（　）。

A. 机床　B. 工件　C. 刀具　D. 切屑

115. 磨削加工中，大部分切削热传给了（　）。

A. 机床　B. 工件　C. 砂轮　D. 切屑

116. 铣削加工中，大部分切削热传给了（　）。

A. 机床　B. 工件　C. 砂轮　D. 切屑

117. 为了减少环境温度变化对机床精度的影响，对一些精密机床应在精密测量应在（　）下进行。

A. 室温　B. 恒温　C. 低温　D. 0℃

118. 刨削加工时，经常在表层产生（　）。

A. 拉应力　B. 不定

C. 压应力　D. 金相组织变化

119. 对大型机床如外圆磨床，导轨磨床等长身部件，一般由于床身上表面温度比床身底面高，形成温差，故床身将产生弯曲变形，表面呈（　　）。

A. 中凹　　B. 中凸

C. 不明显　　D. 随机出现中凹、中凸

120. 磨削床身导轨面时，由于切削热的影响（不考虑其他因素），会使加工后床身导轨呈（　　）误差。

A. 中凹　　B. 中凸

C. 随机出现中凹、中凸　　D. 不明显

121. 车床出厂检验标准中规定导轨只允许中凸，主要是考虑（　　）。

A. 导轨工作时的受力变形　　B. 导轨工作时的热变形

C. 导轨磨损　　D. 机床安装误差

122. 在冷态下，检验车床主轴与尾座孔中心线的等高时，要求尾座孔中心线应（　　）主轴中心线。

A. 等于　　B. 稍高于

C. 稍低于　　D. 在正负误差范围内

123. 对细长工件进行冷校直，会使工件内部产生（　　）。

A. 拉应力　　B. 内应力

C. 压应力　　D. 金相组织变化

124. 机械加工表面质量是指（　　）。

A. 机械加工中的原始误差

B. 加工误差

C. 表面粗糙度和波纹度及表面层的物理、力学性能变化

D. 表面粗糙度

125. 零件配合性质的稳定性与（　　）的关系较大。

A. 零件材料　　B. 接触刚度

C. 载荷大小　　D. 加工表面质量

126. 零件的表面质量对其疲劳强度有影响，表面层（　　）时，其疲劳强度较高。

A. 有残余拉应力　　B. 有残余压应力

C. 无残余应力　　D. 表面粗糙度值大

127. 零件的表面质量对其耐腐蚀性有影响，表面层（　　）时，其抵抗腐蚀的能力较强。

A. 加工硬化　　B. 有残余压应力

C. 金相组织变化　　D. 表面粗糙度值大

128.（　　）因素与残留面积关系较大。

A. $\kappa_r$，$\gamma_o$，$\alpha_o$　　B. $v$，$\kappa_r$，$\gamma_o$　　C. $\kappa_r$，$\kappa_r'$，$f$　　D. $v$，$\alpha_p$

129. 在切削加工时，下列（　　）因素对表面粗糙度没有影响。

A. 刀具几何形状　B. 切削用量　C. 工件材料　D. 检测方法

130. 切削加工时，对表面粗糙度影响最大的因素一般是（　　）。

A. 刀具材料　B. 进给量　C. 背吃刀量　D. 工件材料

131. （　　）加工是一种典型的易产生加工表面金相组织变化的加工方法。

A. 车削　B. 铣削　C. 钻削　D. 磨削

132. 磨削表层裂纹是由于表面层（　　）的结果。

A. 残余应力作用　B. 氧化　C. 材料成分不匀　D. 产生回火

133. 磨削用量对表面粗糙度的影响中，影响最显著的是（　　）。

A. 工件线速度　B. 砂轮线速度　C. 进给量　D. 背吃刀量

134. 下面对磨削工艺理解错误的一项是（　　）。

A. 砂轮磨钝后切削就不能再使用了，必须换砂轮

B. 磨削精度高，表面粗糙度值小

C. 由于磨削的切削的速度非常高，因此磨削的温度比较高

D. 高的磨削温度容易烧伤工件表面，使淬火钢件表面退火，硬度降低

135. 冷态下塑性变形经常在表层产生（　　）。

A. 拉应力　B. 不定

C. 压应力　D. 金相组织变化

136. 有效降低加工表面粗糙度值的措施是（　　）。

A. 减少背吃刀量　B. 减少进给量　C. 减小切削速度　D. 降低转速

137. 普通磨削加工时，下列选项中，（　　）能有效降低加工表面粗糙度数值。

A. 选择软砂轮　B. 增大纵向进给量

C. 选择极细粒度砂轮　D. 提高砂轮速度

138. 机械加工时，工件表面产生残余应力的原因之一是（　　）。

A. 表面塑性变形　B. 表面烧伤

C. 切削过程中的振动　D. 工件表面有裂纹

139. 如果磨削表面层温度超过相变温度，则马氏体转变为奥氏体，这时若无切削液，则磨削表面硬度急剧下降，这叫（　　）。

A. 淬火烧伤　B. 退火烧伤　C. 回火烧伤　D. 正火烧伤

140. 平面磨削时，磨削用量中（　　）对磨削温度影响极大。

A. 进给量　B. 背吃刀量　C. 砂轮速度　D. 工件转速

141. 在切削加工时，下列选项中（　　）因素与残留面积无关系。

A. 进给量　B. 刀尖圆角半径　C. 前角　D. 主偏角

142. 液压泵的实际工作压力与产品铭牌上的额定压力的关系应为（　　）。

A. 相等　　B. 大于　　C. 小于　　D. 不等于

143. 液压泵的工作压力决定于（　　）。

A. 流量　　B. 流速　　C. 负载　　D. 油液

144. 液压泵的实际流量与理论流量的比值称为（　　）。

A. 压力效率　　B. 容积效率　　C. 机械效率　　D. 有效度

145. 液压泵的转速越大，则（　　）越大。

A. 压力　　B. 排量　　C. 流量　　D. 速度

146. 单作用叶片泵的叶片安装是沿旋转方向（　　）。

A. 前倾　　B. 后倾　　C. 径向　　D. 轴向

147. 双作用叶片泵的叶片安装是沿旋转方向（　　）。

A. 前倾　　B. 后倾　　C. 径向　　D. 轴向

148. 叶片式液压马达的叶片安装是沿旋转方向（　　）。

A. 前倾　　B. 后倾　　C. 径向　　D. 轴向

149. 为了减小流量的脉动，轴向柱塞泵的柱塞常取（　　）个。

A. 6、7、8、　　B. 6、8、10　　C. 7、9、11　　D. 7、9、10

150. 为了使齿轮泵能连续供油，要求齿轮啮合的重合度（　　）。

A. 大于1　　B. 小于1　　C. 等于1　　D. 不等于1

151. 改变轴向柱塞变量泵斜盘倾斜角的大小就可改变（　　）。

A. 流量大小　　B. 油液方向　　C. 压力大小　　D. 速度大小

152. 齿轮泵一般适用于（　　）。

A. 低压　　B. 中压　　C. 高压　　D. 中高压

153. 柱塞泵一般适用于（　　）。

A. 低压　　B. 中低压　　C. 中高压　　D. 高压

154. 三类泵中容积效率最低的是（　　）。

A. 齿轮泵　　B. 叶片泵　　C. 柱塞泵　　D. 不能确定

155. 三类泵中流量脉动最大的是（　　）。

A. 齿轮泵　　B. 叶片泵　　C. 柱塞泵　　D. 不能确定

156. 三类泵中对液压油过滤要求最低的是（　　）。

A. 齿轮泵　　B. 叶片泵　　C. 柱塞泵　　D. 不能确定

157. 液压缸在克服外负载运动中，其工作压力与进入缸的流量成（　　）。

A. 正比　　B. 反比　　C. 无关　　D. 不能确定

158. 作用与活塞上的推力越大，活塞运动的速度就（　　）。

A. 不变　　B. 越小　　C. 越快　　D. 不能确定

159. 液压缸运动速度的快慢与（　　）有关。

A. 负载　　B. 压力　　C. 流量　　D. 总行程

160. 单出杆活塞式液压缸差动连接时，若要使往复速度相等其活塞杆直径应为活塞直径的（　　）倍。

A. 1/2　　B. $\sqrt{2}$　　C. $\sqrt{2}/2$　　D. 2

161. 在供油量一定的情况下，采用差动连接的液压缸比相同尺寸的单杆液压缸能使速度（　　）。

A. 不变　　B. 减小　　C. 加快　　D. 翻倍

162. 双杆活塞式液压缸，当活塞杆固定时其驱动工作台运动的范围约为液压缸有效行程的（　　）倍。

A. 2　　B. 3　　C. 4　　D. 5

163. 双杆活塞式液压缸，当缸体固定时其驱动工作台运动的范围约为液压缸有效行程的（　　）倍。

A. 2　　B. 3　　C. 4　　D. 5

164. 单杆活塞式液压缸，当无杆腔进油时因工作面积大，所以输出（　　）也大。

A. 推力　　B. 压力　　C. 速度　　D. 冲力

165. 对尺寸较小、压力较低、运动速度较高的缸内孔与活塞间的密封一般采用的是（　　）。

A. 间隙密封　　B. O 型密封圈　　C. Y 型密封圈　　D. L 型密封圈

166. V 型密封圈适用于（　　）。

A. 高速　　B. 低速　　C. 低压　　D. 高压

167. 下列三位四通换向阀的中位形式，哪一种可实现液压泵卸荷（　　）。

A. O 型　　B. M 型　　C. P 型　　D. L 型

168. 下列三位四通换向阀的中位形式，哪一种可实现液压缸锁紧（　　）。

A. O 型　　B. H 型　　C. P 型　　D. L 型

169. 下列三位四通换向阀的中位形式，哪一种可实现液压缸的差动连接（　　）。

A. O 型　　B. H 型　　C. P 型　　D. L 型

170. 大流量液压系统使用的换向阀一般为（　　）。

A. 手动　　B. 电磁动　　C. 电液动　　D. 自动

171. 直动式溢流阀使用的压力为（　　）。

A. 低压　　B. 中压　　C. 高压　　D. 零压

172. 先导式溢流阀的调定压力为 3MPa，其远程控制口接油箱时系统压力为（　　）。

A. 随负载而变　　B. 零　　C. 等于 3MPa　　D. 等于 1MPa

173. 减压阀处于工作状态时出口压力比进口压力（　　）。

A. 高　　B. 低　　C. 相同　　D. 不确定

174. 减压阀处于非工作状态时出口压力比进口压力（　　）。
A. 高　B. 低　C. 相同　D. 不确定
175. 顺序阀工作时的出口压力等于（　　）。
A. 进口压力　B. 零　C. 大气压　D. 2 个大气压
176. 在定量泵的供油系统中，流量阀必须与（　　）并联，才能起调速作用。
A. 减压阀　B. 溢流阀　C. 顺序阀　D. 增压阀
177. 通常将（　　）过滤器安装在泵的吸油管上。
A. 粗　B. 精　C. 超精　D. 一般
178. 小型中、低压机床的液压系统中，常用的油管是（　　）。
A. 橡胶管　B. 塑料管　C. 纯铜管　D. 钢铁管
179. 连接纯铜管的管接头常用（　　）。
A. 扩口式　B. 卡套式　C. 焊接式　D. 螺纹式
180. 采用节流阀的调速，其速度会随外负载的减小而（　　）。
A. 不变　B. 减少　C. 增加　D. 不确定
181. 采用调速阀的调速，其速度会随外负载的减小而（　　）。
A. 不变　B. 减少　C. 增加　D. 不确定
182. 继电器是接通和分断（　　）的控制元件。
A. 大电流　B. 小电流　C. 大电流或小电流　D. 电压
183. 用于扩大控制触点数量的继电器是（　　）。
A. 中间继电器　B. 电压继电器　C. 电流继电器　D. 速度继电器
184. 时间继电器以（　　）应用居多。
A. 电动式　B. 电磁式　C. 晶体管式　D. 空气式
185. 热继电器是电动机（　　）保护的一种自动控制电器。
A. 短路　B. 过载　C. 欠电压　D. 欠流
186. 交流接触器除接通和分断电路负载的功能外，还具备（　　）保护功能。
A. 过电压　B. 过载　C. 欠电压　D. 欠载
187. 接通和分断大电流的交流接触器必须具备（　　）装置。
A. 灭弧　B. 抗干扰　C. 过载保护　D. 短路保护
188. 对一台电动机负载的短路保护，熔断器熔体的额定电流应（　　）。
A. 大于电动机额定电流 10 倍以上
B. 等于电动机额定电流
C. 大于或等于电动机额定电流的（1.5 ~3）倍
D. 大于电动机额定电流 5 倍以上
189. 熔体的额定电流必须（　　）熔断器的额定电流。
A. 大于　B. 等于　C. 小于　D. 不等于

190. 无复位弹簧的行程开关其结构是（　　）。

A. 按钮式　　B. 单轮式　　C. 双轮式　　D. 触压式

191. 低压断路器分闸时一定是（　　）进行的。

A. 手动　　B. 自动　　C. 手动或者自动　　D. 手动和自动

192. 容量在（　　）以下的异步电动机可以采用直接起动。

A. 5kW　　B. 10kW　　C. 15kW　　D. 2kW

193. 能耗制动中转子的动能最终变成了（　　）。

A. 电能　　B. 机械能

C. 热能　　D. 不确定的能量

194. Y联结起动时，加到每相电动机绕组的电压是△联结时加到每相电动机绕组电压的（　　）倍。

A. 1/3　　B. 3　　C. $1/\sqrt{3}$　　D. 2

195. Y—△起动中，电动机绕组接法的转变是（　　）发出动作来控制的。

A. 时间继电器　　B. 按钮　　C. 中间继电器　　D. 中间继电器

196. 三相异步电动机的控制线路中，热继电器的常闭触头应串联在具有（　　）的控制电路中。

A. 接触器线圈　　B. 熔断器　　C. 大电流　　D. 小电流

197. 反接制动是改变（　　）。

A. 电源相序　　B. 电源频率　　C. 电流大小　　D. 电压大小

198.（　　）没有复位，电动机不能起动。

A. 时间继电器　　B. 热继电器　　C. 中间继电器　　D. 接触器

199. 异步电动机中定子所产生的旋转磁场的转速总是（　　）转子的转速。

A. 大于　　B. 等于　　C. 小于　　D. 不等于

200. 能耗制动转矩除了与通入的直流电流大小有关，还与（　　）有关。

A. 直流电方向　　B. 转子转速　　C. 负载转矩　　D. 旋转方向

201. 热继电器的热元件的电阻丝必须串联在（　　）。

A. 主电路上　　B. 控制电路上　　C. 其他电路上　　D. 所有道路上

202. 发生“飞车”现象，是因为（　　）。

A. 励磁极小　　B. 励磁极大　　C. 电枢电流小　　D. 电枢电压小

203. 起动瞬间，电枢电路的反电动势（　　）。

A. 等于零　　B. 大于零　　C. 小于零　　D. 不等于零

204. 在能耗制动时，当电动机转速为零时，电枢电流（　　）。

A. 大于零　　B. 小于零　　C. 等于零　　D. 不等于零

205. 在直流电动机中，主磁通随电枢电流的变化而变化，这属于（　　）电动机。

A. 并励　B. 他励　C. 串励　D. 复励

206. 在并励电动机中，其电枢绕组的电阻（　　）励磁绕组的电阻。

A. 大于　B. 等于　C. 小于　D. 不等于

207. 一般来说励磁电流总是（　　）电枢电流。

A. 大于　B. 等于　C. 小于　D. 不等于

208. 起动电流太大会烧坏换向器的电刷，所以起动电流一般要限制在额定电流的（　　）倍。

A. 5～10　B. 1.5～2.5　C. 20～30　D. 1～2

209. 能耗制动是改变（　　）的方向。

A. 电枢电流　B. 励磁电流　C. 电枢与励磁电流　D. 励磁电压

210. 并励电动机从空载到满载，转速下降为额定转速的（　　）。

A. 5%～10%　B. 10%～20%　C. 1%～5%　D. 2%～15%

211. 在电枢电路中串联调速电阻进行调速，则其机械特性（　　）。

A. 变硬　B. 变软　C. 不变　D. 不能确定

212. 改变三相异步电动机的电源相序是为了使电动机（　　）。

A. 改变旋转方向　B. 转速　C. 改变功率　D. 降压起动

213. 三相异步电动机起动时，其起动电流应（　　）。

A. 尽可能大　B. 尽可能小

C. 大于额定电流 8 倍　D. 大于额定电流 8 倍

214. 多速电动机通常采用改变定子绕组的接法来改变（　　），从而改变三相异步电动机的转速。

A. 输入电压　B. 输入电流　C. 输出功率　D. 极对数

215. 直流电动机的固有机械特性是指在额定条件下，电动机转速与（　　）之间的关系。

A. 电枢电压　B. 励磁电压　C. 电磁转矩　D. 输出功率

216. 直流电动机正常工作时，在外部条件作用下电动机的实际转速大于理想空载转速，此时电动机处于（　　）状态。

A. 电源反接制动　B. 倒拉反接制动　C. 反馈制动　D. 能耗制动

217. 步进电动机的转速与（　　）成正比。

A. 电压大小　B. 电流大小　C. 电脉冲数　D. 电脉冲频率

218. 灭弧装置的作用是（　　）。

A. 引出电弧　B. 熄灭电弧

C. 使电弧分断　D. 使电弧产生磁力

219. 交流接触器在检修时发现短路环损坏，该接触器（　　）使用。

A. 能继续　B. 不能继续

C. 在额定电压下　　D. 在额定电流下

220. 断路器的两段保护特性是指（　　）。

A. 过载延时和短路的瞬时动作

B. 过载延时和短路短延时动作

C. 短路短延时和特大短路的瞬时动作

D. 过载、短路延时和特大短路的瞬时动作

221. 正反转控制线路，在实际工作中最常用、最可靠的是（　　）。

A. 倒顺开关　　B. 接触器联锁

C. 按钮联锁　　D. 按钮、接触器双重联锁

222. 在 FANUC 系统中，执行 G90 G54 G28 X300.0 Y250.0；后，刀具所在的位置是（　　）。

A. G54 坐标系（X300.0，Y250.0）　　B. 参考点

C. G54 坐标系原点　　D. 机床坐标系（X300.0，Y250.0）

223. 在 FANUC 系统中，执行 N10 G90 G54 G28 X300.0 Y250.0；N20 G91 G29 X－100. Y－50.；后，刀具所在的位置是（　　）。

A. 参考点

B. 机床坐标系（X－100.0，Y－50.0）

C. G54 坐标系（X300.0，Y250.0）

D. G54 坐标系（X200.0，Y200.0）

224. 在 FANUC 系统中，机床通电后，系统默认（　　）。

A. G61　　B. G62　　C. G63　　D. G64

225. 在 FANUC 0iB 系统中，毛坯为棒料，但 X 轴的外形轮廓不是单调递增的轴类零件粗加工，最适合使用（　　）指令编程。

A. G73　　B. G72　　C. G71　　D. G70

226. 在 FANUC 0iB 系统，G71 编程时，描述零件精加工轨迹的第一个程序段的格式是有规定要求的，G71 类型Ⅰ和类型Ⅱ的区别在于（　　）。

A. 类型Ⅰ必须指定 X(U) 和 Z(W)，类型Ⅱ只允许指定 Z(U)

B. 类型Ⅰ必须指定 X(U) 和 Z(W)，类型Ⅱ只允许指定 X(U)

C. 类型Ⅰ只允许指定 Z(U)，类型Ⅱ必须指定 X(U) 和 Z(W)

D. 类型Ⅰ只允许指定 X(U)，类型Ⅱ必须指定 X(U) 和 Z(W)

227. 在 FANUC 系统中，某零件锻件毛坯在 X 方向的余量约为 10mm（直径值），则在用 G73 编程时 X 向的退刀量 U 最好指定为（　　）。

A. U4　　B. U5　　C. U8　　D. U10

228. 在 FANUC 0iB 系统中，毛坯为锻件成型的零件粗加工，最适合使用（　　）指令编程。

A. G72　　B. G73　　C. G74　　D. G75

229. 在 FANUC 0iTB 系统中，端面深孔钻削循环指令是（　　）。

A. G72　　B. G73　　C. G74　　D. G75

230. 在 FANUC 0iTB 系统中，外径/内径钻循环（深槽断屑切削循环）指令是（　　）。

A. G72　　B. G73　　C. G74　　D. G75

231. 在 FANUC 0iB 系统中，主程序调用一个子程序时，假设被调用子程序的结束程序段为 M99 P0010；该程序段表示（　　）。

A. 调用子程序 10 次　　B. 再调用 O0010 子程序

C. 跳转到子程序的 N0010 程序段　　D. 返回到主程序的 N0010 程序段

232. 在 FANUC 0iB 系统中，在 G21 状态下，当进给倍率为 50% 时，程序段 G32 Z10. F1.5；中，F1.5 所表示的是（　　）。

A. 进给速度为 0.75inch/r　　B. 进给速度为 1.5inch/r

C. 进给速度为 0.75mm/r　　D. 进给速度为 1.5mm/r

233. 在 FANUC 0iB 系统中，G76 循环指令编程中，设某螺纹牙的实际高度为 1.3mm，但在编程时设定了螺纹牙高度参数 P2000，则会引起（　　）。

A. P/S 报警　　B. 底径尺寸增大 1.4mm

C. 底径尺寸增大 0.7mm　　D. 空走刀，但不影响底径尺寸

234. N5 G91 G01 X8.0 F100.，C10.；

N6 G01 Z－8.0，C2.；

在 FANUC 0iB 系统中，上述程序段在执行过程中，（　　）。

A. 拐角处加上 C10. 倒角　　B. 拐角处加上 C2. 倒角

C. 拐角处加上 C12. 倒角　　D. 报警

235. 在 FANUC 0iB 系统中，用户宏程序分（　　）。

A. D 类和 E 类　　B. C 类和 D 类

C. B 类和 C 类　　D. A 类和 B 类

236. 在 FANUC 0iB 系统中，下列选项中正确的变量表示方式是（　　）。

A. #(#3＋#10)　　B. #[#3＋#10]　　C. #－10　　D. #[3－10]

237. 在 FANUC 0iB 系统中，下列选项中正确的变量引用方式是（　　）。

A. N#1　　B. /#1　　C. F（#1＋#2）　　D. X－#1

238. 在 FANUC 0iB 系统中，下列选项中属于局部变量的是（　　）。

A. #0　　B. #1　　C. #100　　D. #500

239. 在 FANUC 0iB 系统中，下列选项中表示求平方根的运算函数是（　　）。

A. #i＝ATAN［#j］　　B. #i＝SQRT［#j］

C. #i＝ABS［#j］　　D. #i＝EXP［#j］

240. 在 FANUC 0iB 系统中，设#1 = 5，#2 = 25，则#3 = #1 - #2/#1 的结果为（　　）。

A. #3 = <空>　　B. #3 = 0　　C. #3 = -4　　D. #3 = 10

241. 在 FANUC 0iB 系统中，变量运算表达式中，可以用（　　）改变运算的优先次序。

A. < >　　B. { }　　C. ( )　　D. [ ]

242. 在 FANUC 0iB 系统中，设#1 = -100，执行 N300 GOTO#1 程序段时，程序（　　）。

A. 跳转到 N100　　B. 发生 P/S 报警　　C. 跳转到 N400　　D. 跳转到 N200

243. 在 FANUC 0iB 系统中，设#1 = 5，#3 = 8，执行 IF[#1EQ5]THEN#3 = -4；后，#3 的值为（　　）。

A. 5　　B. 4　　C. 8　　D. -4

244. 在 FANUC 0iB 系统中，下列条件表达式运算符中，表示大于等于的是（　　）。

A. GT　　B. GE　　C. LT　　D. LE

245. 在 FANUC 0iB 系统中，While 循环语句最多可以嵌套（　　）。

A. 6 级　　B. 5 级　　C. 4 级　　D. 3 级

246. 在 FANUC 0iB 系统中，G65 和 M98 都可以调用宏程序，它们的区别是（　　）。

A. M98 可以指定自变量，G65 不能

B. G65 可以指定自变量，M98 不能

C. G65 只能调用一次宏程序，M98 可以多次调用

D. M98 只能调用一次宏程序，G65 可以多次调用

247. 在 FANUC 0iB 系统中，在变量赋值方法 I 中，引数（自变量）B 对应的变量是（　　）。

A. #1　　B. #2　　C. #3　　D. #4

248. 在 FANUC 0iB 系统中，程序段 G65 P100 A1.0 J4.0 J3.0；中，自变量 A1.0、J4.0、J3.0 所对应的变量号分别为（　　）。

A. 格式错误　　B. #1、#5、#5　　C. #1、#5、#6　　D. #1、#5、#8

249. 当 FANUC 系统执行了如下程序中的 N30 语句后，刀具在 $Y$ 轴方向的实际移动量是（　　）。

```
N10 G54 G90 G00 X0 Y0;
N20 G68 X0 Y0 R-30.0;
N30 G01 X100.0 F500.;
```

A. 100.　　B. 50.　　C. 57.735　　D. 86.603

250. 在 FANUC 系统中，下列程序所加工圆弧的圆心角约为（　　）。

N10 G54 G90 G00 X80. Y0;

N20 G02 X56.569 Y-56.569 I-80. J0 F100;

A. 30°　　B. 45°　　C. 60°　　D. 75°

251. G91 G03 X-6. Y2. I-6. J-8. F100.；程序段所加工的圆弧半径是（　　）。

A. 11.　　B. 10.　　C. 9.　　D. 8.

252. 用 G92 设定工件坐标系加工一批零件时，每个零件加工完毕后，刀具应该返回到（　　）。

A. G92 坐标系原点位置　　B. 机床零点位置

C. 参考点位置　　D. 原起始点位置

253. 数控铣床在执行 G41 G01 X10. Z10. D01 F100.；程序段前需指定的平面选择指令是（　　）。

A. G19　　B. G18　　C. G17　　D. G16

254. 如果圆弧是一个封闭整圆，要求由 A（20，0）点逆时针圆弧插补并返回 A 点，正确的程序段格式为（　　）。

A. G91 G03 X20.0 Y0 I-20.0 J0 F100

B. G90 G03 X20.0 Y0 R-20.0 F100

C. G91 G03 X20.0 Y0 R-20.0 F100

D. G90 G03 X20.0 Y0 I-20.0 J0 F100

255. 对于细长孔的钻削适宜采用的固定循环指令是（　　）。

A. G73　　B. G76　　C. G81　　D. G83

256. 设工件表面为 Z0，G90 G81 X0 Y0 Z-50. R5. F100. K0；执行后实际的钻孔深度为（　　）。

A. 0　　B. 45　　C. 50　　D. 55

257. 设工件表面为 Z0，执行下列程序后实际的钻孔深度为（　　）。

…

G90 G00 X20. Y20. Z20.;

G91 G81 X0 Y0 Z-50. R-15. F100.;

…

A. 0　　B. 45　　C. 50　　D. 55

258. G76 X30. Y20. Z-50. R5. Q5. P1000 F50.；中的 Q5. 表示（　　）。

A. 重复加工为 5 次　　B. 孔底暂停时间为 5 秒

B. 每次的背吃刀量为 5mm　　D. 孔底的偏移量为 5mm

259. G94;

G00 X120.0 Y100.0;

M29 S100；

G84 Z－40.0 R－20.0 F100；

设进给倍率开关为50%，上述程序所加工的螺纹螺距是（　　）。

A. 100　　B. 50　　C. 1　　D. 0.5

260. 用于攻螺纹加工的固定循环指令是（　　）。

A. G73　　B. G74　　C. G83　　D. G85

261. 取消固定循环的指令是（　　）。

A. G80　　B. G81　　C. G82　　D. G83

## 三、简答题

1. 键联接有什么功用？
2. 松键联接和紧键联接各有什么特点？
3. 普通平键联接为什么能得到广泛的应用？
4. 导向平键联接和滑键联接的功用有何异同？
5. 试述花键联接的组成、类型及功用。
6. 与平键联接相比，花键联接有哪些特点？
7. 销联接有什么功用？
8. 试述圆柱销和圆锥销的工作特点。
9. 螺纹联接为什么能够得到广泛的应用？
10. 螺纹的主要参数有哪些？
11. 与粗牙普通螺纹相比，细牙普通螺纹有什么特点？常应用于什么场合？
12. 为什么说梯形螺纹是传动螺旋的主要螺纹形式？
13. 55°密封管螺纹联接结构有什么特点？应用于什么场合？
14. 在螺纹联接中，为什么要拧紧螺母？
15. 螺纹联接为什么要防松？
16. 螺纹联接常用的防松方法有哪些？
17. 举例说明平面连杆机构死点位置的作用及顺利通过死点位置的方法。
18. 何谓平面连杆机构的压力角？曲柄摇杆机构（曲柄为主动）的最大压力角在什么位置？
19. 简述凸轮机构的特点及适用场合。
20. 常用凸轮机构从动件的运动规律有哪些？其特点和应用有什么区别？
21. 什么是齿轮模数？它的大小对齿轮几何尺寸有什么影响？
22. 斜齿圆柱齿轮传动与直齿圆柱齿轮传动相比有什么特点？
23. 蜗杆传动有什么特点？常用于哪种场合？
24. 行星轮系主要有哪些功用？
25. 影响普通V带传动能力的因素有哪些？

26. 链传动的失效形式有哪些？
27. 试述轴类零件的技术要求。
28. 简述外圆表面的光整加工方法及特点。
29. 套筒类零件的孔加工方法有哪几种？
30. 孔的光整加工方法有哪些？各用于什么场合？
31. 简述箱体类零件加工的粗、精基准的选择方法。
32. 活塞精基准常采用哪些表面？其特点是什么？
33. 简述原始误差的组成。
34. 机械加工中，是否允许存在原理误差，为什么？
35. 什么叫工艺系统？
36. 什么是误差复映？
37. 机床几何误差包括哪些方面？
38. 机床回转误差有哪些方面？对加工精度有什么影响？
39. 为什么在外圆磨床上用前后固定顶尖装夹轴类工件可以提高加工精度？
40. 一般情况下，为什么要消除或尽可能减小工件的残余应力？
41. 机械加工表面质量包括哪些方面？
42. 什么是冷化硬化？
43. 试述控制表面残余应力的方法。
44. 试述细长轴加工的特点，为防止细长轴加工中弯曲变形，在工艺上要采取那些措施？
45. 在切削加工中，影响表面粗糙度的几何因素有哪些？
46. 机械加工表面有哪些几何特征？
47. 液压泵按其结构不同可分为哪些类型？
48. 齿轮泵产生困油现象的原因是什么？CB－B 型齿轮泵如何解决困油现象？
49. 什么是单作用叶片泵？什么是双作用叶片泵？
50. 液压缸按其结构不同可分为哪三类？
51. 什么是单作用液压缸？什么是双作用液压缸？
52. 什么是间隙密封？适用于什么场合？
53. 液压控制阀按用途不同可分为哪三大类？
54. 溢流阀有哪几种用途？
55. 蓄能器有哪些功用？
56. 节流调速回路有哪几种类型？
57. 断路器的优点是什么？它有什么用途？
58. 电动机电路中熔断器和热继电器各有什么作用？
59. 简述热继电器的主要结构和动作原理。

60. 什么是制动控制？它有哪些方法？

61. 直流电动机如何分类？

62. 机床照明灯为何要采用变压器供电？

63. 直流电动机减压起动的原因是什么？

64. 实现直流电动机反转的方法是什么？

65. 直流电动机调速的方法有哪些？

66. 反接制动时，电枢电路中串入附加电阻的作用是什么？

67. 什么是刀位点？立铣刀、球头铣刀、车刀、钻头的刀位点一般在哪里？

68. 数控车床的对刀方法主要有哪些？

69. 数控加工工序的划分方法。

70. 数控铣削特别适合加工哪几类零件？

71. 孔类加工固定循环指令的基本动作。

72. 对刀点的选择原则。

73. 设工件上表面为Z0，请认真阅读下列程序段并回答问题。

N05 G90 G00 X30. Y30. Z20. ;

N10 G90 G99 G83 X20. Y10. Z－20. 0 R5. 0 Q10. F120. ;

1）程序段执行后，刀具返回的Z绝对坐标为：________。

2）G83的功能：________。

3）孔的X、Y绝对坐标为：________。

4）孔深为：________ mm。

5）每次钻孔深度为：________ mm。

74. 设工件上表面为Z0，请认真阅读下列程序段并回答问题。

N05 G90 G00 X30. Y30. Z20. ;

N10 G91 G99 G83 X20. Y10. Z－20. 0 R－10. Q5. F100. ;

1）程序段执行后，刀具返回的Z绝对坐标为：________。

2）G83的功能：________。

3）孔的X、Y绝对坐标为：________。

4）孔深为：________ mm。

5）R平面的Z绝对坐标为：________。

75. 已知某零件的FANUC系统轮廓加工程序如下，请阅读程序并用粗实线画出零件轮廓，标明各交点、切点坐标并对零件标注尺寸，然后画出编程坐标系位置。

O0003;

N10 G90;

N20 G17;

```
N30  G54;
N40  M03  S1000;
N50  G00  X-30.  Y-30.  Z5.;
N60  G01  Z-5.  F100.;
N70  G41  X0  Y0  D01;
N80  G01  X0  Y25.;
N90  G02  X10.  Y35.  R10.;
N100  G01  X45.;
N110  G03  X60.  Y20.  R15.;
N120  G01  Y0;
N130  X30.;
N140  X-6.  Y12.;
N150  G40  X-30.  Y-30.;
N160  G00  Z50.;
N170  M30;
```

76. 已知某零件的 FANUC 系统轮廓加工程序如下，请阅读程序并用粗实线画出零件轮廓，标明各交点、切点坐标并对零件标注尺寸，然后画出编程坐标系位置。

```
O0123;
N10  G90;
N20  G17;
N30  G54;
N40  M03  S850;
N50  G00  X-30.  Y-30.  Z5.;
N60  G01  Z-4.5  F80.;
N70  G42  X-10.  Y0  D02;
N80  G01  X50.;
N90  G03  X60.  Y10.  I0  J10.;
N100  G01  Y25.;
N110  X30.  Y35.;
N120  X15.;
N130  G02  X0  Y20.  R15.;
N140  G01  Y-10.;
N150  G40  X-50.  Y-40.;
N160  G00  Z30.;
```

N170 M30;

## 四、应用题

1. 图 3 - 1 所示的铰链四杆机构中，机架 $l_{AD}=40\text{mm}$，两连架杆长度分别为 $l_{AB}=18\text{mm}$ 和 $l_{CD}=45\text{mm}$，则当连杆 $l_{BC}$ 的长度在什么范围内时，该机构为曲柄摇杆机构？

2. 图 3 - 2 所示的铰链四杆机构中，已知各杆的长度分别为 $l_{AD}=240\text{mm}$，$l_{AB}=600\text{mm}$，$l_{BC}=400\text{mm}$，$l_{CD}=500\text{mm}$，试问当分别以 $l_{BC}$ 和 $l_{AD}$ 为机架时，各得到什么机构？

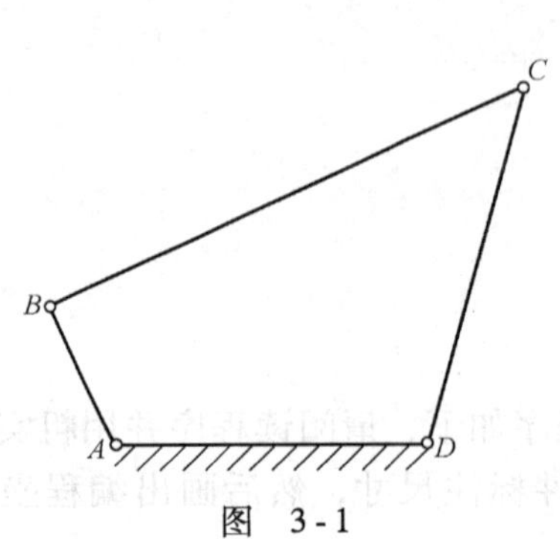

图 3 - 1

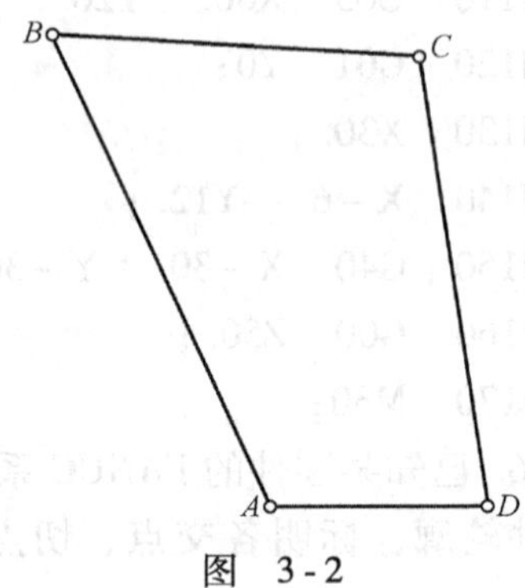

图 3 - 2

3. 图 3 - 3 所示的铰链四杆机构中，各杆的尺寸为 $l_{AB}=130\text{mm}$，$l_{BC}=150\text{mm}$，$l_{CD}=175\text{mm}$，$l_{AD}=200\text{mm}$。若取 $AD$ 杆为机架时，试判断该机构属于哪一种基本形式？

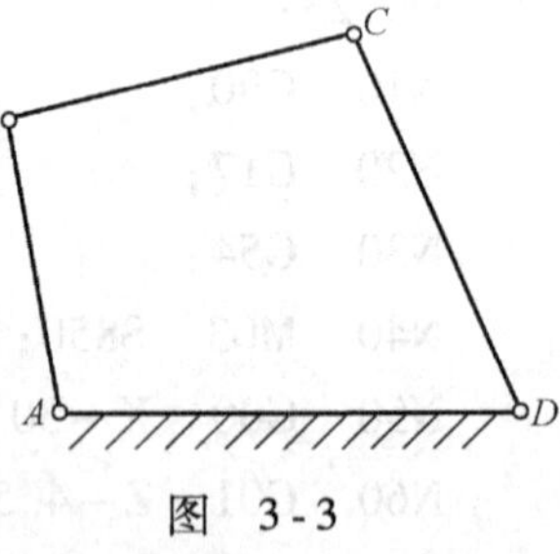

图 3 - 3

4. 有一对正常齿的直齿圆柱齿轮，因丢失了大齿轮需要配制。现测得两轴相距 116.25mm，小齿轮齿数 $z_1=39$，齿顶圆直径 $d_{a1}=102.5\text{mm}$。求大齿轮的齿数 $z_2$ 及这对齿轮的分度圆直径 $d_1$ 和 $d_2$。

5. 一对啮合的标准直齿圆柱齿轮，齿数 $z_1=20$，$z_2=40$，模数 $m=4\text{mm}$，试计算各齿轮的分度圆直径 $d$，齿顶圆直径 $d_a$，齿根圆直径 $d_f$，齿厚 $s$ 和两轮的中心距 $a$。

6. 为修配一个已损坏的齿数为 20 的标准直齿圆柱齿轮，实测得齿顶圆直径约为 65.7mm，试确定该齿轮的主要尺寸。

7. 在如图 3 - 4 所示的轮系中，已知各齿轮的齿数 $z_1=z_{2'}=15$，$z_2=45$，$z_3=30$，$z_{3'}=17$，$z_4=37$。试计算传动比 $i_{14}$。

8. 图 3 - 5 为一提升装置运动简图。齿轮 1 为输入轮，蜗轮 4 为输出轮。蜗杆 3′右旋。已知 $z_1=20$，$z_2=50$，$z_{2'}=15$，$z_3=30$，$z_{3'}=1$，$z_4=40$，求传动比 $i_{14}$。

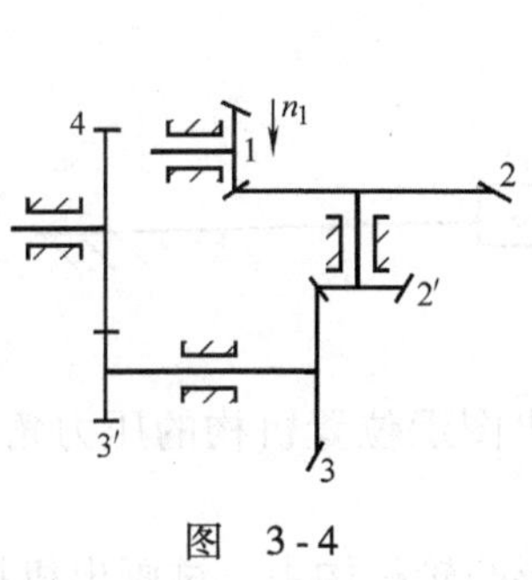


图 3-4

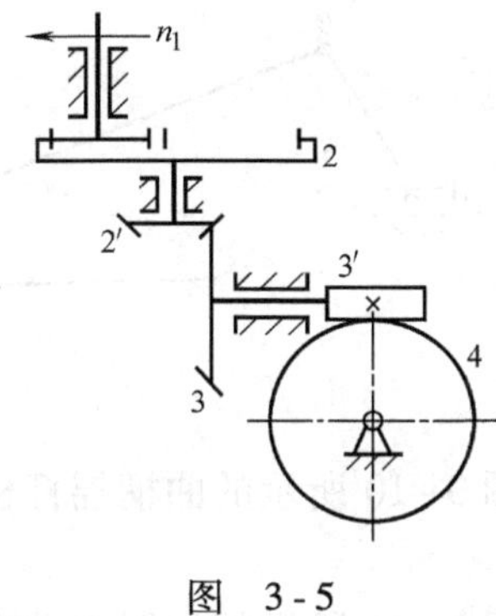


图 3-5

9. 图 3-6 所示的行星减速器中，已知各齿轮齿数为 $z_1=105$，$z_3=130$，齿轮 1 的转速 $n_1=2400\text{r/min}$，试求转臂 $H$ 的转速 $n_{\mathrm{H}}$。

10. 图 3-7 所示的轮系中，已知各齿轮齿数 $z_1=15$，$z_2=25$，$z_3=20$，$z_4=60$，$n_1=200\text{r/min}$（顺时针转动），$n_4=50\text{r/min}$（顺时针转动），试求转臂转速 $n_{\mathrm{H}}$。

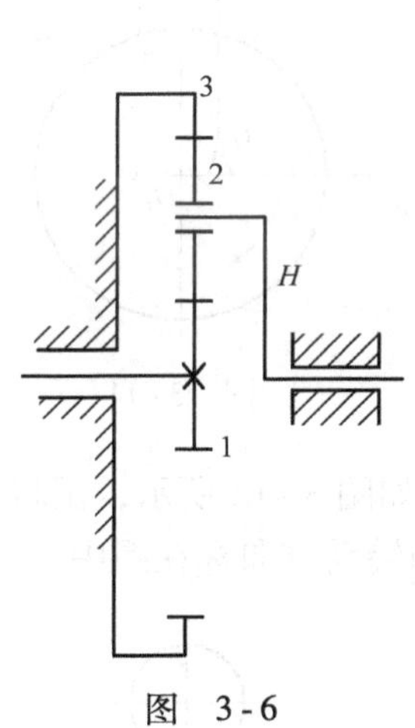


图 3-6

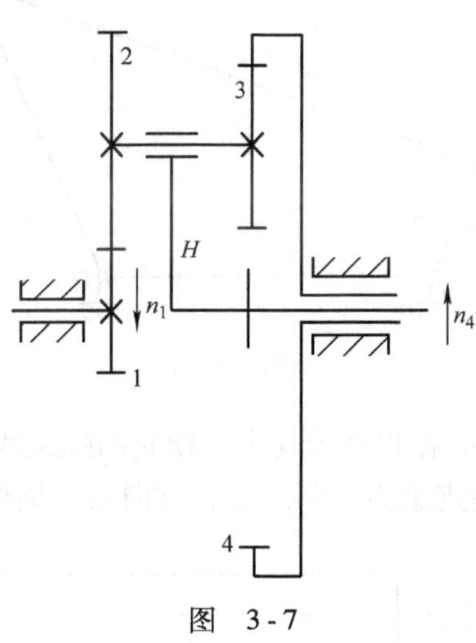


图 3-7

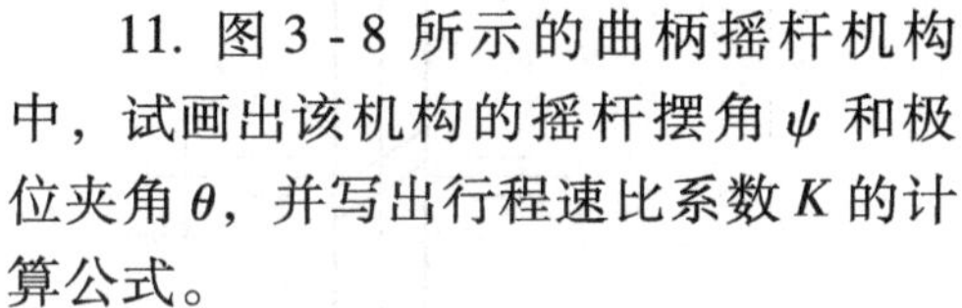

11. 图 3-8 所示的曲柄摇杆机构中，试画出该机构的摇杆摆角 $\psi$ 和极位夹角 $\theta$，并写出行程速比系数 $K$ 的计算公式。

12. 图 3-9 所示的偏心曲柄滑块机构中，试画出该机构的滑块行程 $h$ 和极位夹角 $\theta$，并计算出行程速比系数 $K$ 的计算公式。

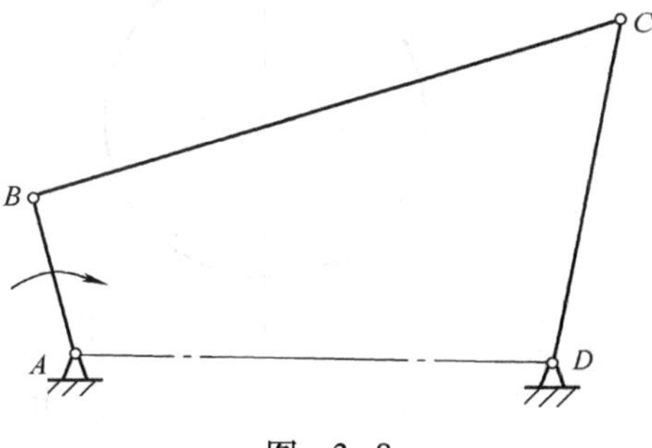


图 3-8

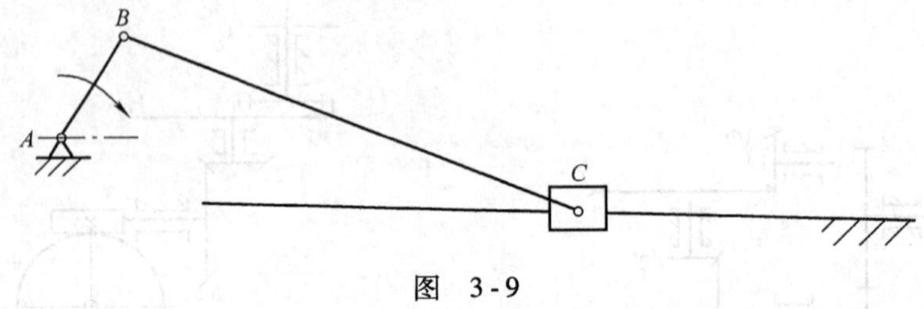


图　3-9

13. 图 3-10 所示的曲柄摇杆机构中，试画出图示位置机构的压力角 $\alpha$ 和传动角 $\gamma$。

14. 图 3-11 所示的偏置直动尖端从动件盘形凸轮机构中，试画出机构在 A、B 两点处的压力角 $\alpha$。

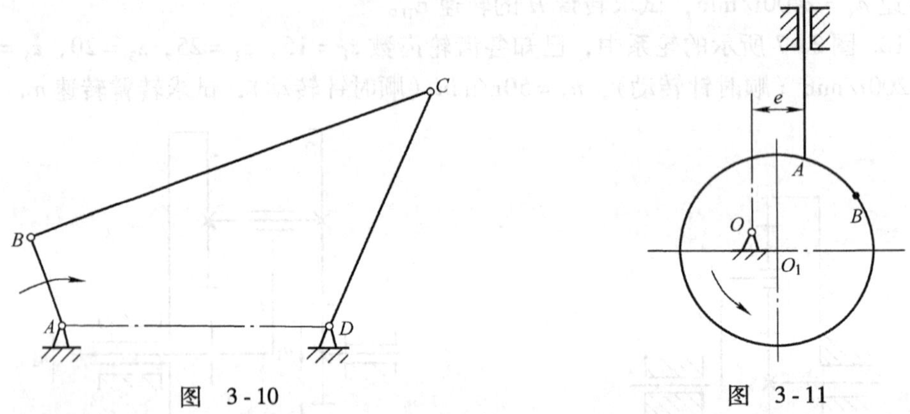


图　3-10　　　　图　3-11

15. 在蜗杆传动中，蜗轮的螺旋线方向和转动方向如图 3-12 所示，试将蜗杆、蜗轮的进给力、圆周力、背向力、蜗杆的螺旋线方向和转动方向标在图中。

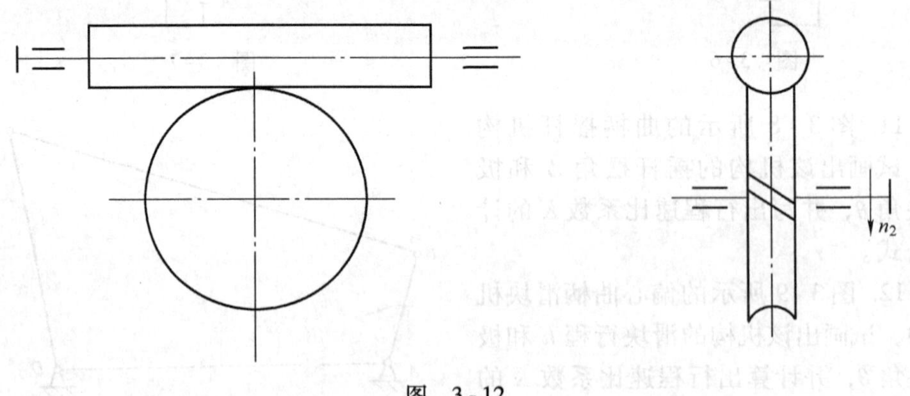


图　3-12

16. 某工艺系统误差复映系数为0.25，工件在本工序前有椭圆度0.45mm。若本工序形状精度为0.01mm，那么至少进给几次才能使形状精度合格？

17. 在车床上车一短而粗的轴类工件。已知：毛坯偏心 $e=2\text{mm}$，工艺系统误差复映系数为0.20。问第一次走刀后，加工表面的偏心误差是多大？至少需要切几次才能使加工表面的偏心误差控制在0.01mm以内？

18. 在车床上加工心轴，见图3-13，后经检验发现 $A$ 有圆柱度误差，$B$ 对 $A$ 有垂直度误差。试从机床几何误差的影响，分析产生上述误差的原因。

19. 在车床上用两顶尖安装工件，车削细长轴时，出现图3-14a、b、c所示误差的原因是什么？

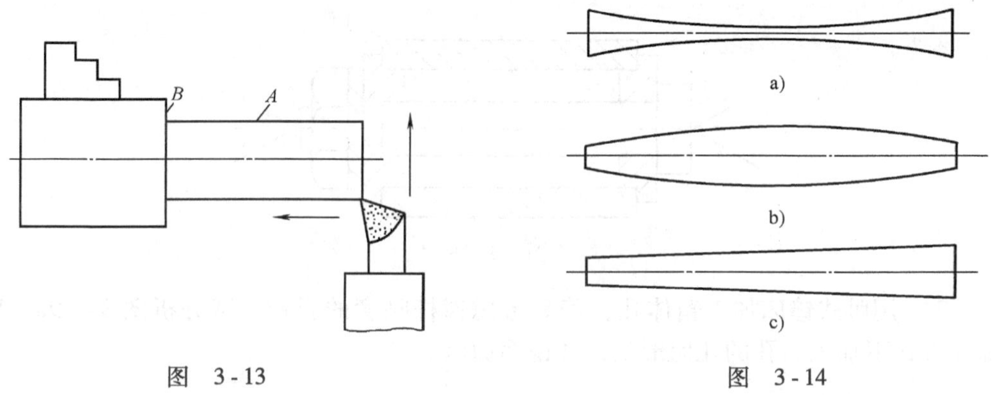


图 3-13　　图 3-14

20. 用卧式镗床加工箱体孔，若只考虑镗杆刚度的影响，试分析图3-15a、b镗孔方式下加工后孔的几何形状，并说明原因？

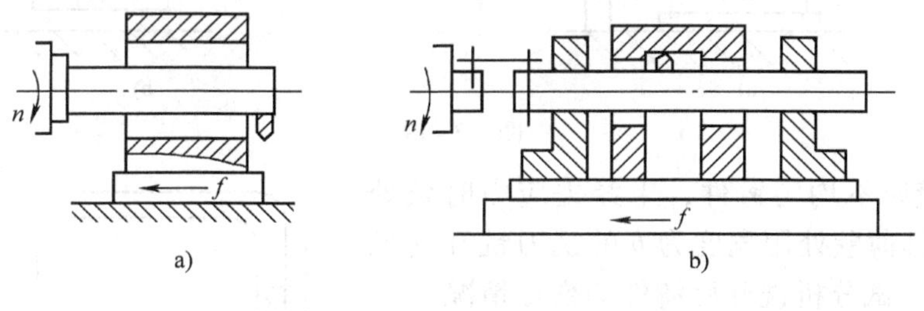


图 3-15

21. 图3-16所示为板状框架铸件，壁3薄，壁1和壁2厚，用直径为 $D$ 的立铣刀铣断壁3后，毛坯中的内应力要重新分布，问断口尺寸 $D$ 将会发生什么样的变化？为什么？

22. 在车床上加工一批光轴的外圆，加工后经测量发现整批工件出现图3-17所示圆柱度误差，试分析可能产生误差的各种因素。

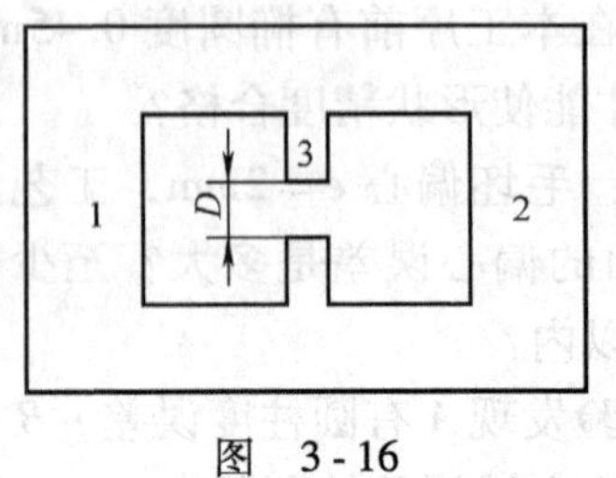


图　3-16

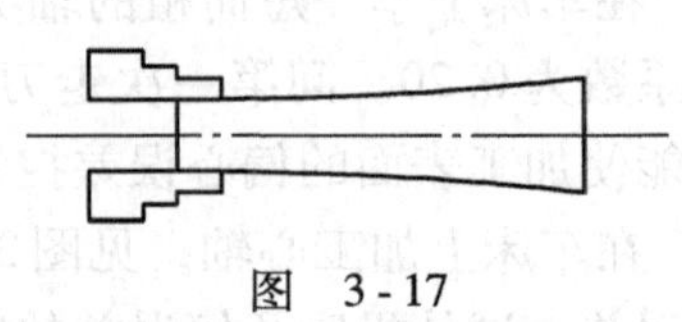

图　3-17

23. 在外圆磨床上磨削薄壁套筒，如图 3-18 所示将工件安装在夹具上，卸下后发现工件外圆呈鞍形（两端大，中间小），试分析造成此项误差的原因。

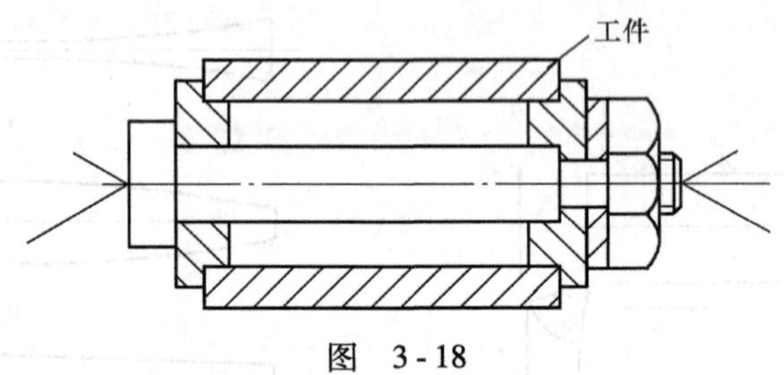


图　3-18

24. 用卧式镗床加工箱体孔，若只考虑镗杆刚度的影响，试分析图 3-19a、b 镗孔方式下加工后孔的几何形状，并说明原因。

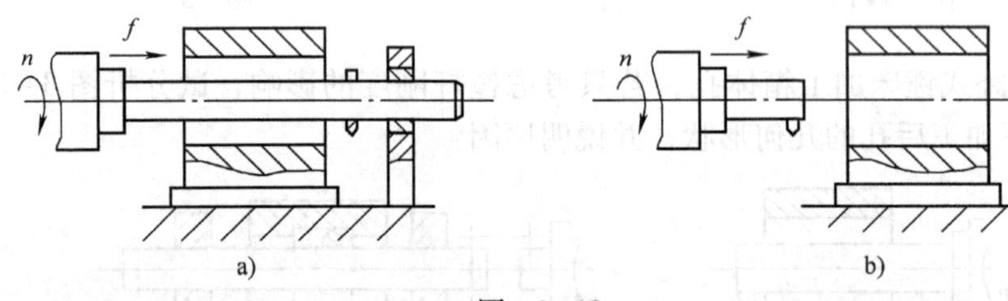


图　3-19

25. 壁厚不均匀铸件，未经去应力时效处理前，在其薄壁处用宽度为 $b$ 的铣刀铣开（见图 3-20），试分析铣开后铸件的变形情况。

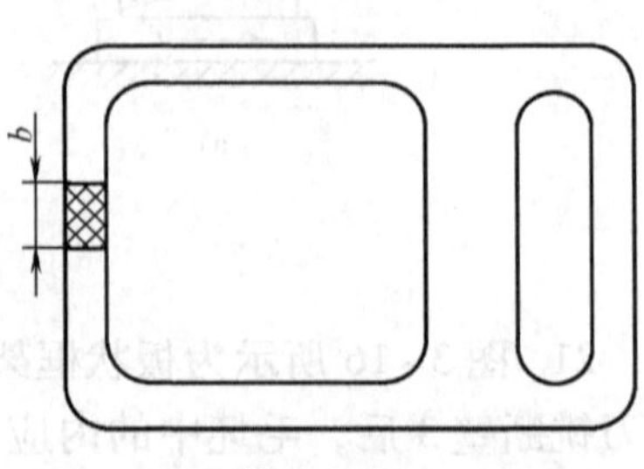

图　3-20

26. 试分析如图 3-21 所示床身铸坯形成残余应力的原因，并确定 $A$、$B$、$C$ 各点残余应力的符号。当粗刨床面切去 $A$ 层后，床面会产生怎样的变形？

27. 在卧式铣床上按图 3-22 所示装夹方式用铣刀 $A$ 铣键槽，经测量发现，工件右端处的槽深大于中间的槽深，且都比未铣键槽前调整的深度浅，试分析产生这一现象的原因。

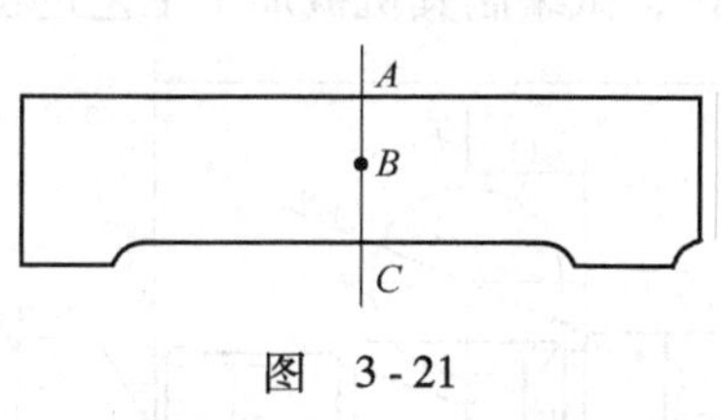


图 3-21

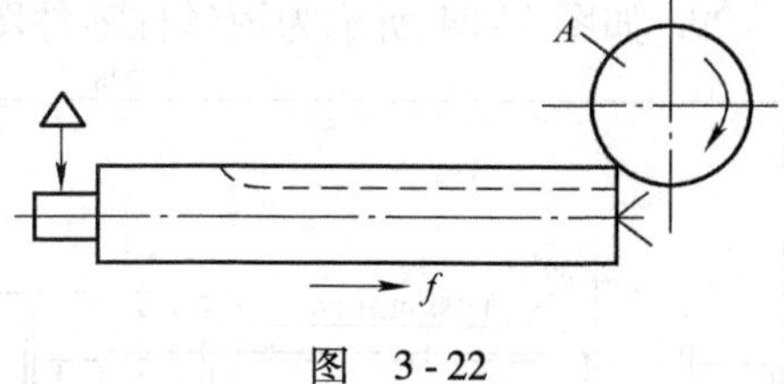


图 3-22

28. 如图 3-23 所示为拨叉零件图，小批量生产，试编制其机械加工工艺过程。

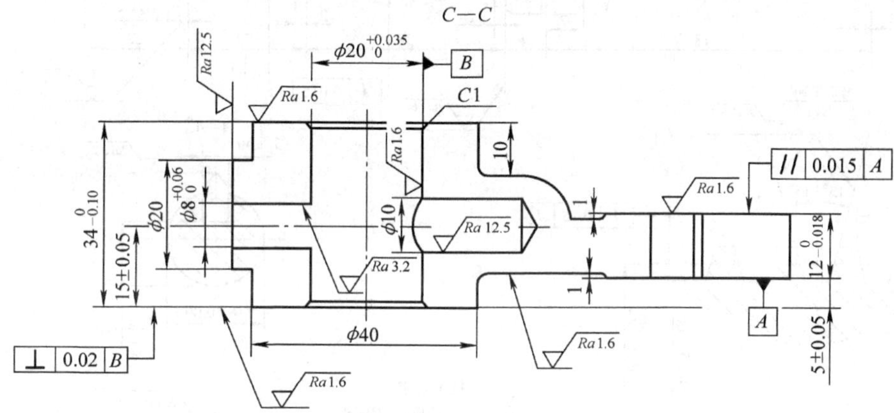


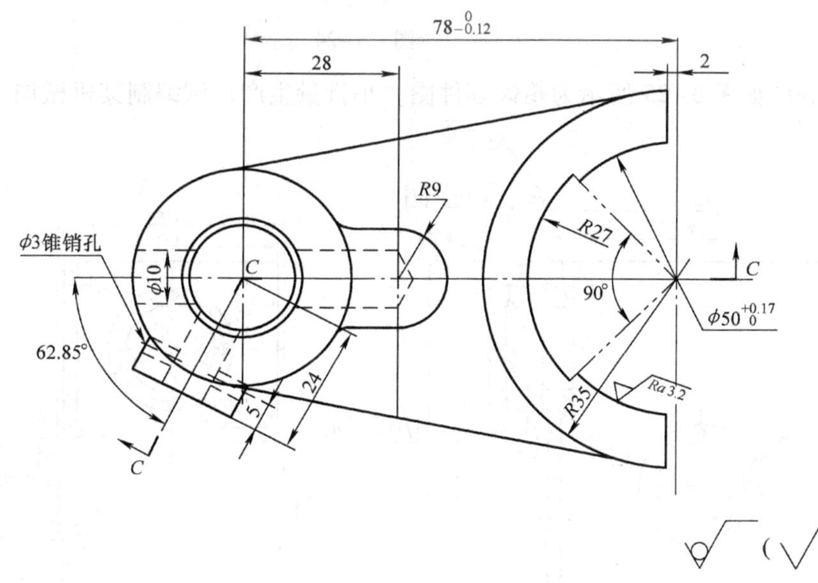


技术要求

1.未注铸造圆角 $R3\sim R5$。

2.去毛刺锐边。

3.热处理：退火185HBW。

图 3-23

29. 如图 3 - 24 所示为短丝杠零件图，小批量生产，试编制其机械加工工艺过程。

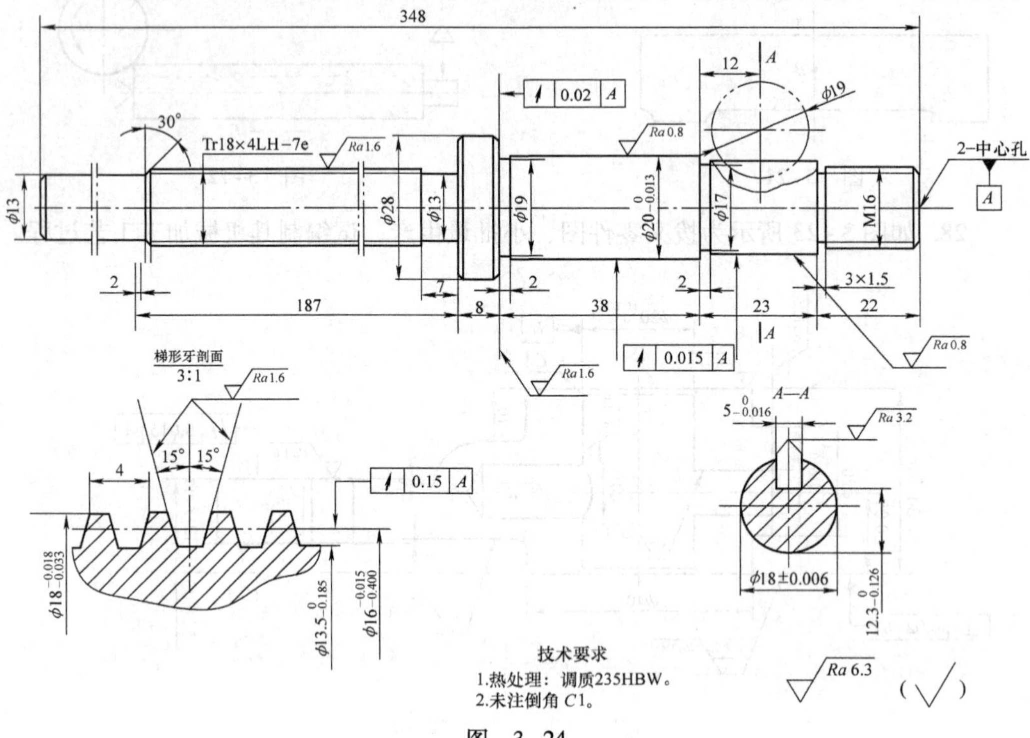


图 3 - 24

30. 如图 3 - 25 所示为箱体零件图，小批量生产，试编制其机械加工工艺过程。

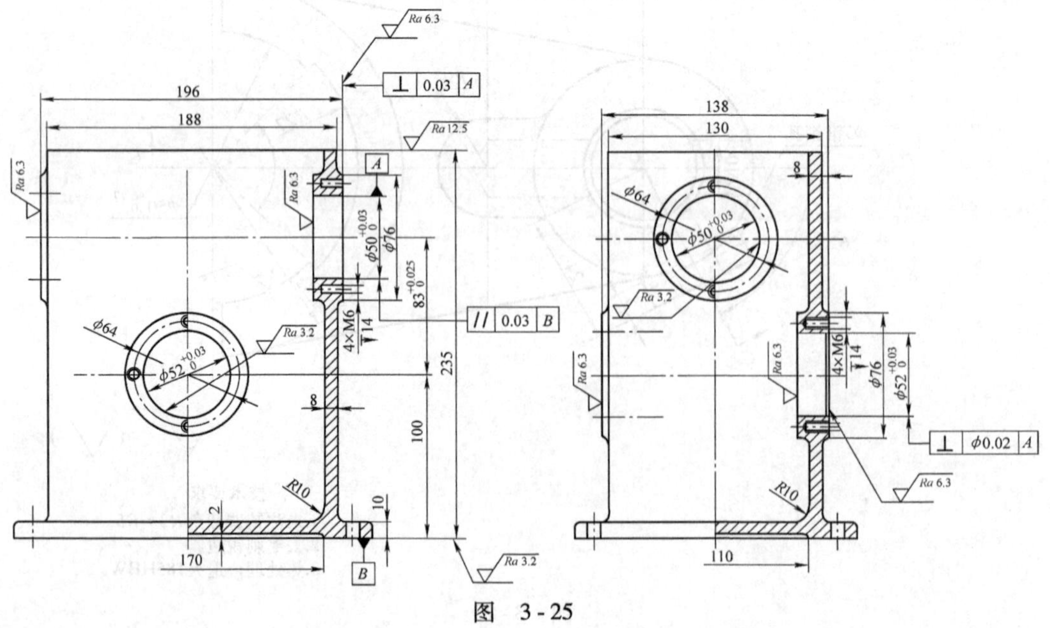


图 3 - 25

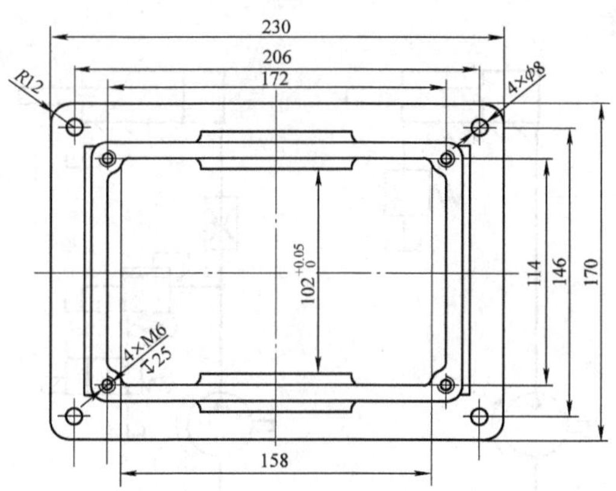


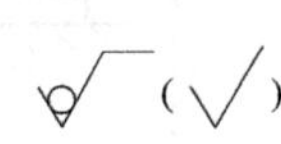

技术要求
1.未注铸造圆角$R3\sim R5$。
2.未注倒角$C1$。
3.时效处理。

图 3-25（续）

31. 某液压泵的输出油压 $\rho=10\text{MPa}$，排量 $V=100\text{cm}^3/\text{r}$，转速 $n=1450\text{r/min}$，容积效率 $\eta_V=0.95$，总效率 $\eta=0.9$。

求：（1）液压泵的输出功率是多少？

（2）电动机的驱动功率是多少？

32. 如图 3-26 所示，已知：$F_1=3F_2$，$A_1=2A_2$。

试问：（1）两个缸是否同时运动？（2）哪个缸的速度快？（3）哪个缸的输出功率大？

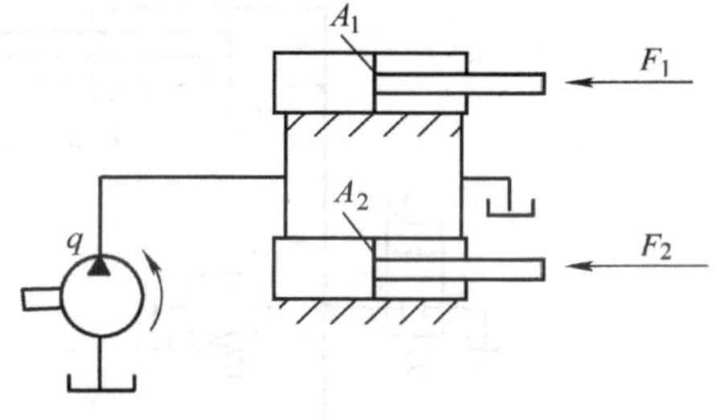


图 3-26

33. 如图 3-27 所示，两个规格相同的液压缸，已知泵的流量为 $q$，无杆腔面积为 $A_1$，有杆腔面积为 $A_2$，$A_1=2A_2$，试求：

（1）当外负载分别为 $F_1$、$F_2$ 时的 $p_1$ 和 $p_2$。

（2）缸 $A$ 和缸 $B$ 的运动速度 $v_1$ 和 $v_2$。

34. 如图 3-28 所示，若溢流阀的调定压力为 5MPa，减压阀的调定压力为 1.5MPa，试分析活塞在运动时和碰到止位钉后管路中 $A$、$B$ 处的压力值（主油路 $A$ 截止运动时液压缸负载为零）。

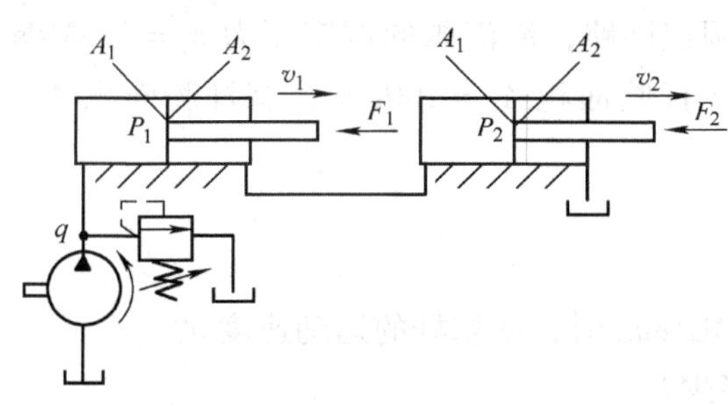

图 3-27

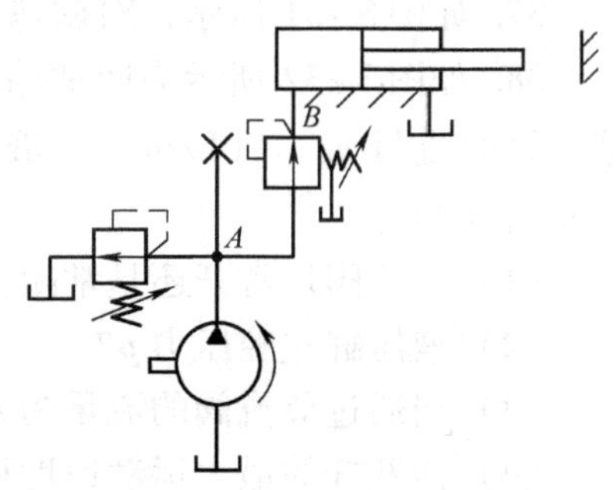


图 3-28

35. 试分析图 3 - 29 中各溢流阀的用途。

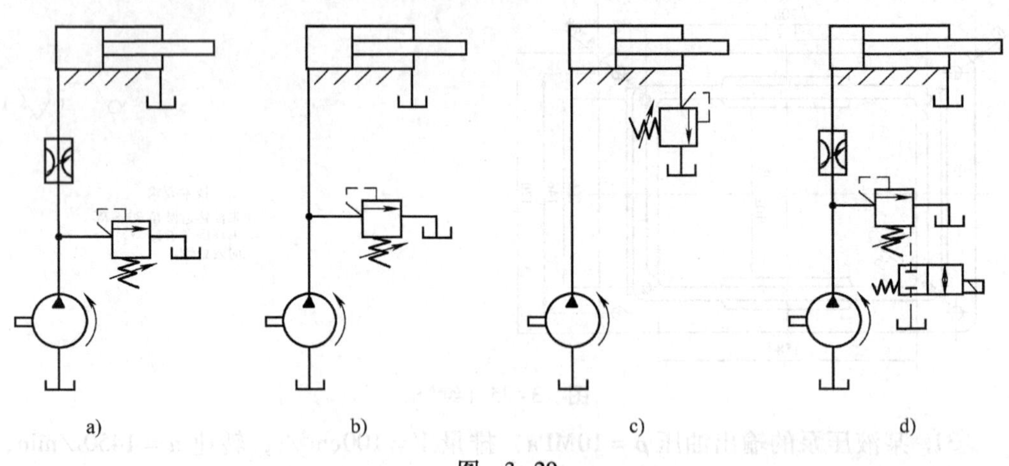


图　3 - 29

36. 如图 3 - 30 所示，对卸荷回路进行分析，找出两者的区别，并作简要说明。

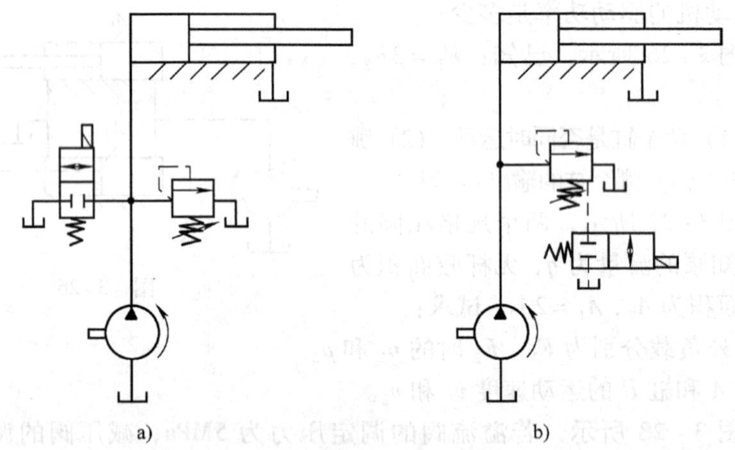


图　3 - 30

37. 如图 3 - 31 所示，对调速回路进行分析，找出两者的区别，并作简要说明。

38. 如图 3 - 32 所示为回油路节流调速回路，溢流阀的调定压力 $p_y = 2.5\text{MPa}$，液压泵的流量 $q_B = 30\text{L/min}$，液压缸无杆腔面积 $A_1 = 100\text{cm}^2$，有杆腔面积 $A_2 = 50\text{cm}^2$，试求：

（1）溢流阀是常开还是常闭？

（2）液压缸左腔压力 $p$？

（3）当通过节流阀的流量为 $q_L = 10\text{L/min}$ 时，活塞杆的运动速度 $v$？

（4）活塞杆的最大运动速度可达多少？

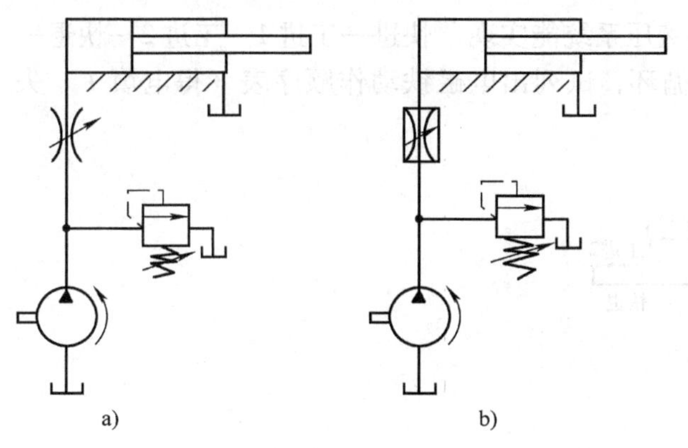


图 3-31

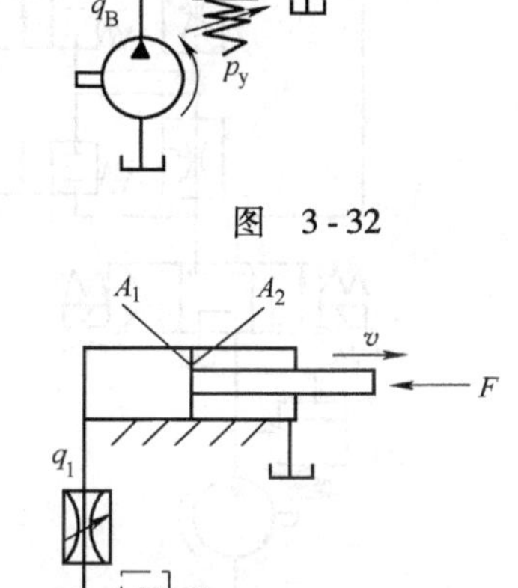


图 3-32

39. 如图3-33所示为进油路节流调速回路，已知液压泵供油流量 $q_B=10\text{L/min}$，溢流阀调定压力 $p_y=3.6\text{MPa}$，外负载 $F=20000\text{N}$，液压缸面积 $A_1=2A_2=100\text{cm}^2$，节流阀的通流面积为 $A_L$（单位为 $\text{cm}^2$），通过节流阀的流量公式 $q_L=60A_L\sqrt{\Delta p}\ \text{L/min}$，$\Delta p$ 为 $10^5\text{Pa}$）试求：

（1）活塞运动时，溢流阀是关闭还是溢流？

（2）液压泵出口处的压力 $p_B$？

（3）$A_{L1}$ 为 $0.01\text{cm}^2$ 的活塞运动速度 $v_1$？

（4）$A_{L2}$ 为 $0.05\text{cm}^2$ 的活塞运动速度 $v_2$？

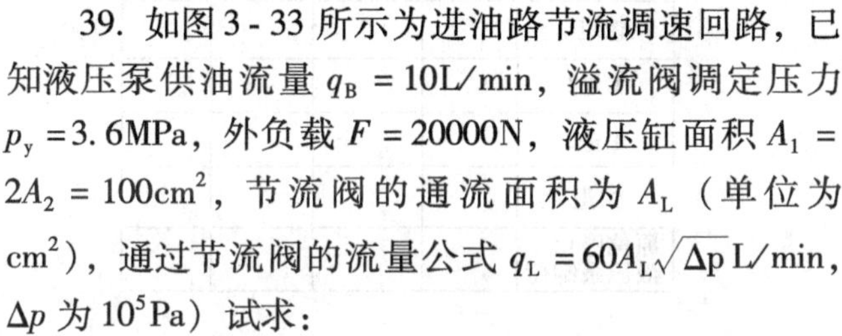


图 3-33

40. 如图3-34所示，机床的液压系统能实现“快进—工进—快退—原位停止、液压泵卸荷”的工作循环，试列出电磁铁动作顺序表（得电填+，失电填-）。

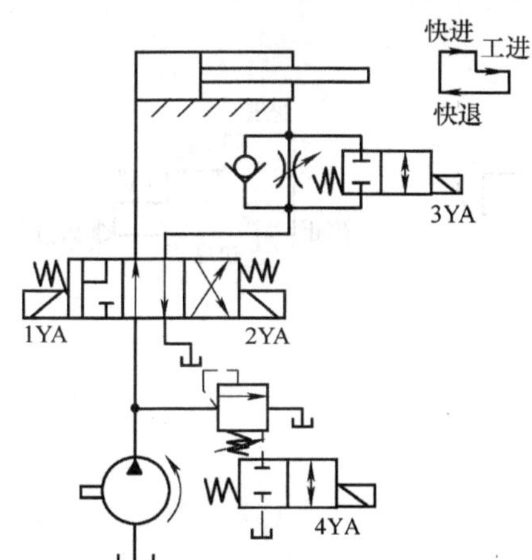


| 动作 \ 电磁铁 | 1YA | 2YA | 3YA | 4YA |
|---|---|---|---|---|
| 快进 | | | | |
| 工进 | | | | |
| 快退 | | | | |
| 原位停止、液压泵卸荷 | | | | |

图 3-34

41. 如图 3-35 所示，机床的液压系统能实现“快进—工进 1—工进 2—快退—原位停止、液压泵卸荷”的工作循环，试列出电磁铁动作顺序表（得电填 +，失电填 -）。

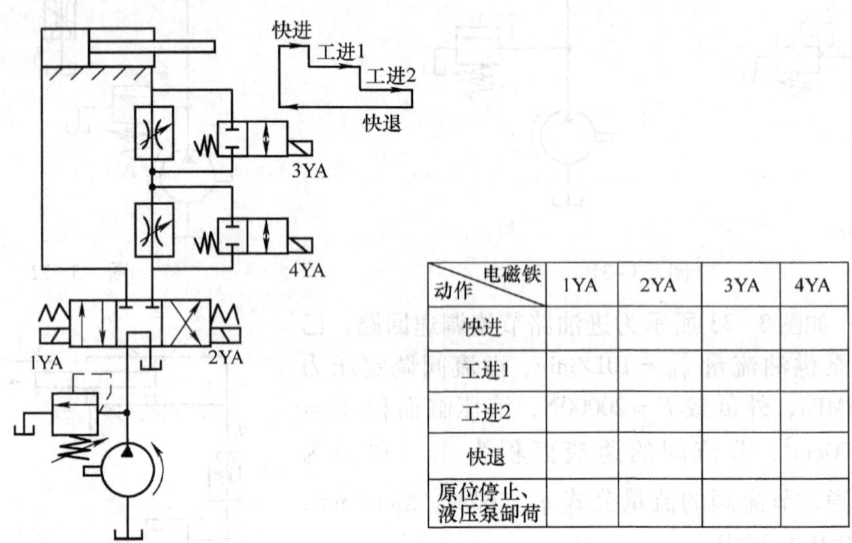


| 动作 \ 电磁铁 | 1YA | 2YA | 3YA | 4YA |
|---|---|---|---|---|
| 快进 | | | | |
| 工进1 | | | | |
| 工进2 | | | | |
| 快退 | | | | |
| 原位停止、液压泵卸荷 | | | | |

图　3-35

42. 如图 3-36 所示，某组合机床的液压系统，根据给定的工作循环，作出以下要求：

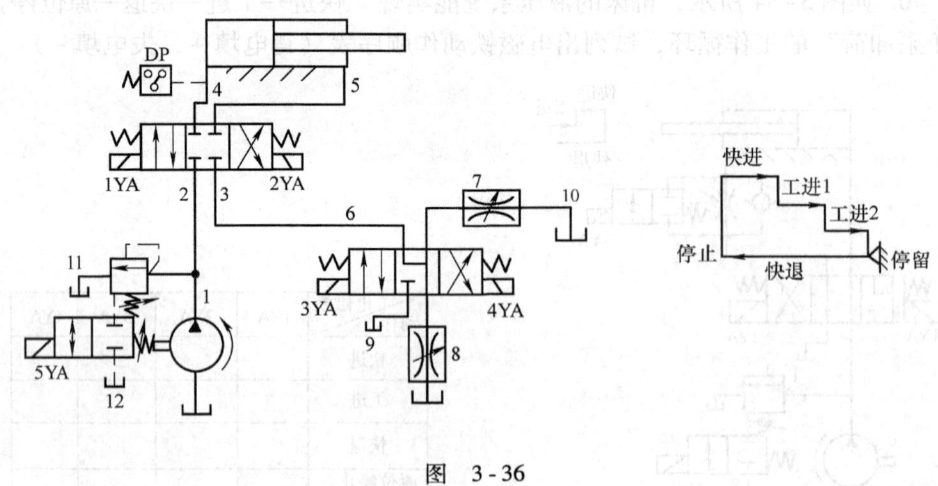


图　3-36

（1）填写电磁铁动作循环表（得电填+，失电填-）。

| 电磁铁＼动作 | 1YA | 2YA | 3YA | 4YA | 5YA | DP |
|---|---|---|---|---|---|---|
| 快进 | | | | | | |
| 工进1 | | | | | | |
| 工进2 | | | | | | |
| 停留 | | | | | | |
| 快退 | | | | | | |
| 停止 | | | | | | |

（2）分别写出快进、工进1、工进2、快退时进油路和回油路的走向（可用图3-36中的字母表示）。

43. 如图3-37所示，某组合机床的液压系统，根据给定的工作循环，作出以下要求：

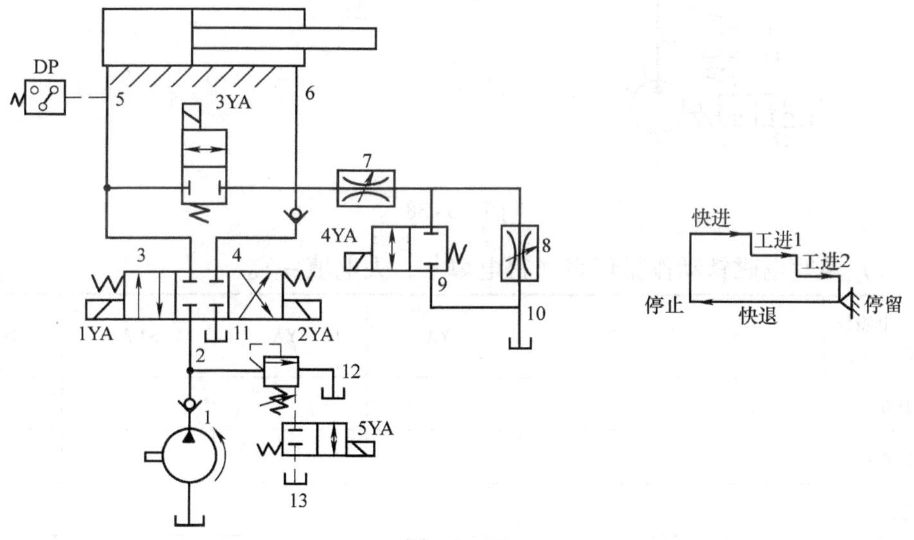


图 3-37

（1）填写电磁铁动作循环表（得电填+，失电填-）。

| 电磁铁＼动作 | 1YA | 2YA | 3YA | 4YA | 5YA | DP |
|---|---|---|---|---|---|---|
| 快进 | | | | | | |
| 工进1 | | | | | | |
| 工进2 | | | | | | |
| 停留 | | | | | | |
| 快退 | | | | | | |
| 停止 | | | | | | |

（2）分别写出快进、工进 1、工进 2、快退时进油路和回油路的走向（可用图 3 - 37 中的字母表示）。

44. 如图 3 - 38 所示，某组合机床的液压系统，根据给定的工作循环，作出以下要求：

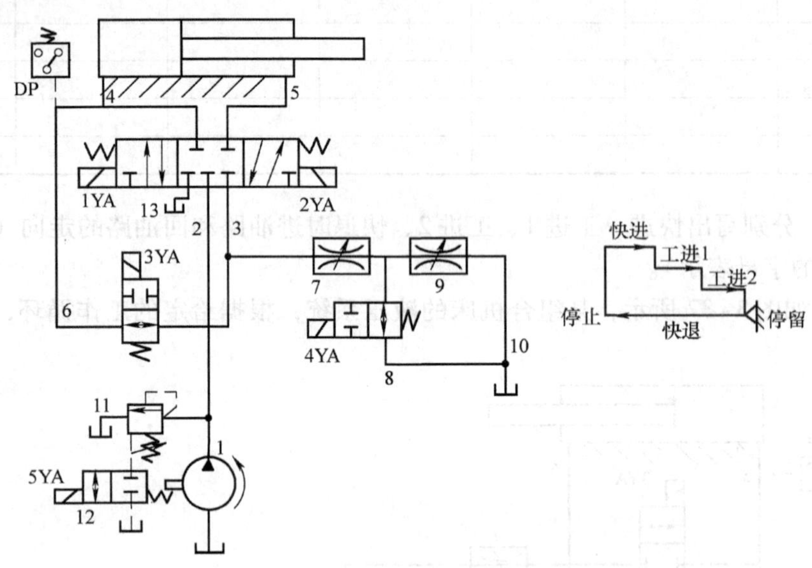


图 3 - 38

（1）填写电磁铁动作循环表（得电填 +，失电填 –）。

| 电磁铁 / 动作 | 1YA | 2YA | 3YA | 4YA | 5YA | DP |
|---|---|---|---|---|---|---|
| 快进 | | | | | | |
| 工进 1 | | | | | | |
| 工进 2 | | | | | | |
| 停留 | | | | | | |
| 快退 | | | | | | |
| 停止 | | | | | | |

（2）分别写出快进、工进 1、工进 2、快退时进油路和回油路的走向（可用图 3 - 38 中的字母表示）。

45. 如图 3 - 39 所示，某组合机床的液压系统，根据给定的工作循环，作出以下要求：

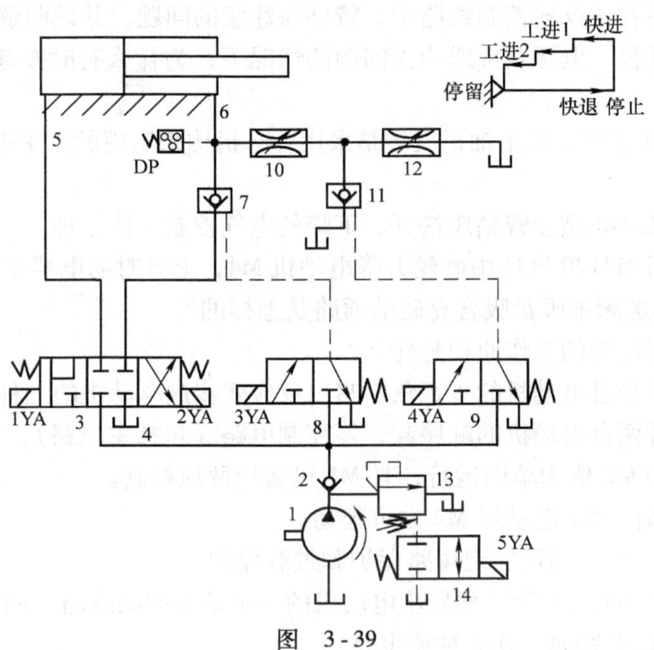


图 3-39

（1）填写其电磁铁动作顺序表（得电填+，失电填-）。

| 电磁铁<br>动作 | 1YA | 2YA | 3YA | 4YA | 5YA | DP |
|---|---|---|---|---|---|---|
| 快进 | | | | | | |
| 工进1 | | | | | | |
| 工进2 | | | | | | |
| 停留 | | | | | | |
| 快退 | | | | | | |
| 停止 | | | | | | |

（2）写出快进、工进1、工进2、快退时进油路和回油路的走向（可用图3-39中字母表示）。

46. 交流接触器的选择原则是什么？

47. 举例说明行程开关的应用场合。

48. 在机床电动机因过载而自动停止后，操作者重新按起动按钮，电动机不能起动，原因何在？

49. 电动机主电路中已装有熔断器，为什么还要热继电器？在照明电路中，为什么一般只装熔断器而不装热继电器？

50. 试回答在正反转控制线路中，特别需注意的问题，并说明解决的方法。

51. 在电动机、电源及接线均无问题的情况下，为什么有时按起动按钮，电动机无反应？

52. CA6140 型车床的主轴正反转是采用什么机构来实现的？主电机的起动方式如何？

53. 分析 Z3040 型摇臂钻床松开、下降的电气控制工作原理。

54. 试分析 M7120 磨床中砂轮升降电动机 M4，上升时的电器工作原理。

55. M7120 磨床中吸盘吸合充磁的通路是怎样的？

56. 能耗制动时的工作原理是什么？

57. 什么是步进电动机的步距角？写出反应式步进电动机的三种通电方式。

58. 试设计两台电动机的顺序起、停控制电路（包括主电路），要求如下：

（1）M1 和 M2 皆为单向运行，且 M1 可实现两地控制。

（2）起动时，M1 起动后 M2 方可起动。

（3）两台电动机均可实现短路保护和过载保护。

59. 如图 3 - 40 所示为三相异步电动机的一个基本控制线路，回答下列问题：

（1）指出该电路属于什么性质电路？

（2）说明控制线路中保护和联锁情况及作用。

60. 如图 3 - 41 为三相异步电动机正反转自动循环的控制线路（主电路略），说明图中低压电器 FU、FR、S（A） KM1 常闭触点、SQ3 的作用。

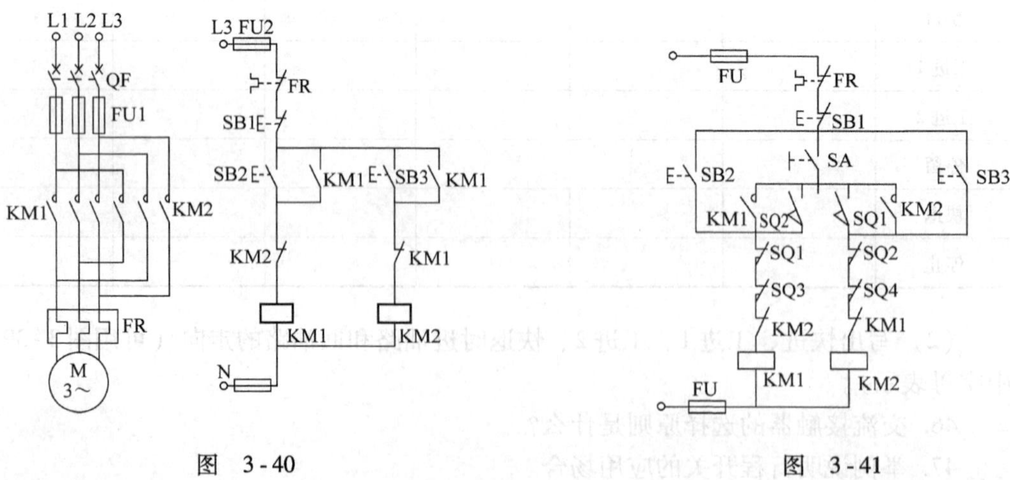


图 3 - 40　　　　图 3 - 41

61. 已知：毛坯 $\phi 50 \times 100$，材料 45 钢，FANUC 0i 系统，请编写图 3 - 42 所示零件的加工程序。

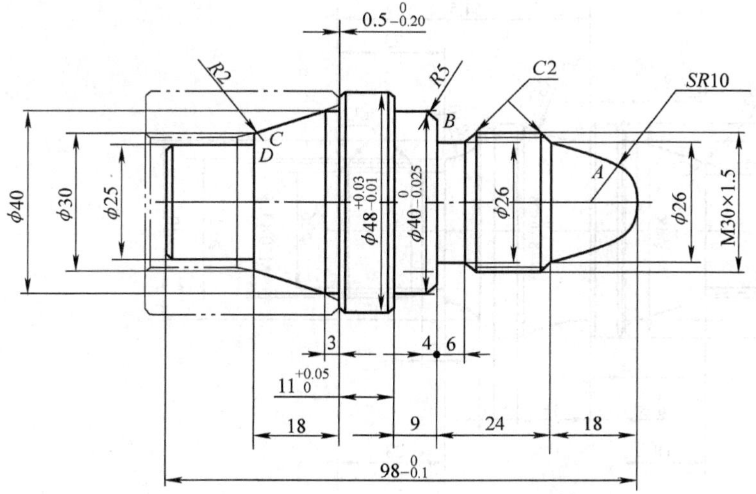


零件右端面中心为坐标原点，图中$A$、$B$、$C$、$D$点的坐标值为：
$A$：$X$19.078，$Z$−6.999
$B$：$X$36，$Z$−42
$C$：$X$30.912，$Z$−78.632
$D$：$X$27.117，$Z$−80

图　3-42

62. 已知：毛坯 $\phi50\times100$，材料 45 钢，FANUC 0i 系统，请编写图 3-43 所示零件的加工程序。

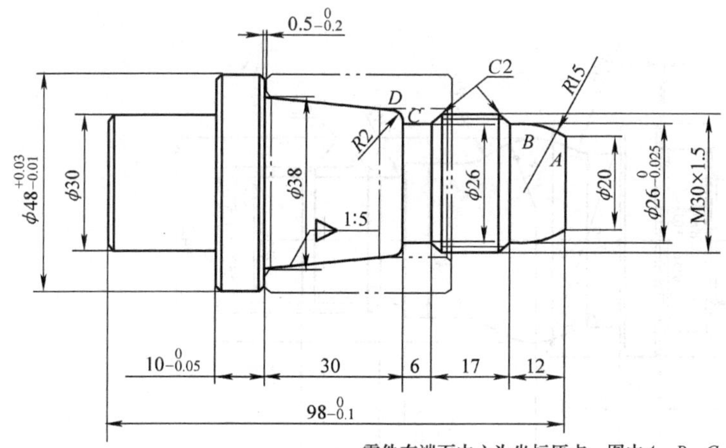


零件右端面中心为坐标原点，图中$A$、$B$、$C$、$D$点的坐标值为：
$A$：$X$20，$Z$0
$B$：$X$26，$Z$−9
$C$：$X$28.38，$Z$−35
$D$：$X$32.36，$Z$−36.801

图　3-43

63. 已知：毛坯 $\phi50\times100$，材料 45 钢，FANUC 0i 系统，请编写图 3-44 所示零件的加工程序。

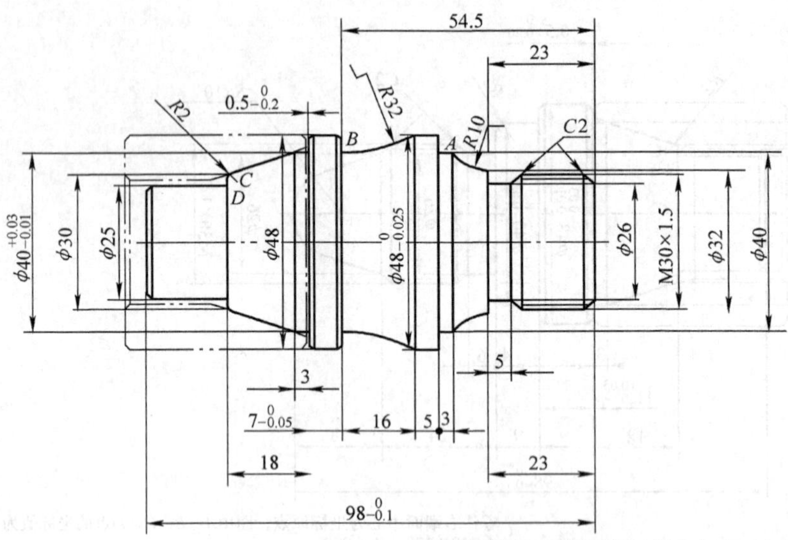


零件右端面中心为坐标原点，图中*A*、*B*、*C*、*D*点的坐标值为：

*A*：*X*40，*Z*-31

*B*：*X*39.999，*Z*-55

*C*：*X*30.912，*Z*-78.632

*D*：*X*27.117，*Z*-80

图　3-44

64. 已知：毛坯 $\phi50\times100$，材料 45 钢，FANUC 0i 系统，请编写图 3-45 所示零件的加工程序。

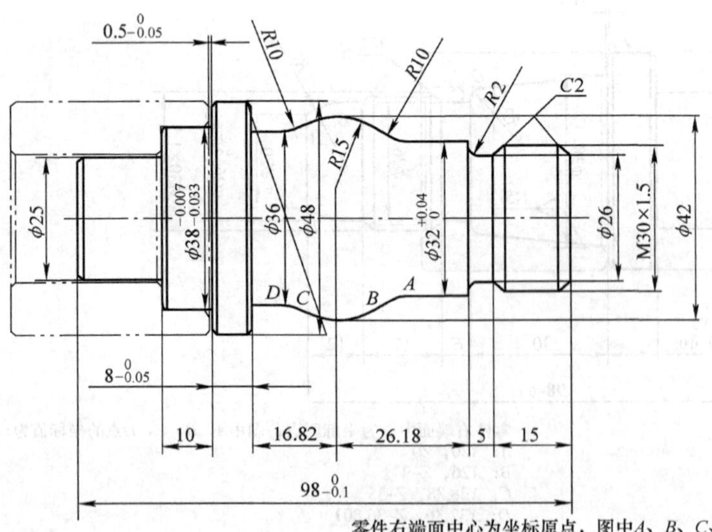


零件右端面中心为坐标原点，图中*A*、*B*、*C*、*D*点的坐标值为：

*A*：*X*32，*Z*-31.18

*B*：*X*36，*Z*-37.18

*C*：*X*38.4，*Z*-53.305

*D*：*X*36，*Z*-58.054

图　3-45

65. 已知：毛坯 $\phi50\times100$，材料 45 钢，FANUC 0i 系统，请编写图 3-46 所示零件的加工程序。

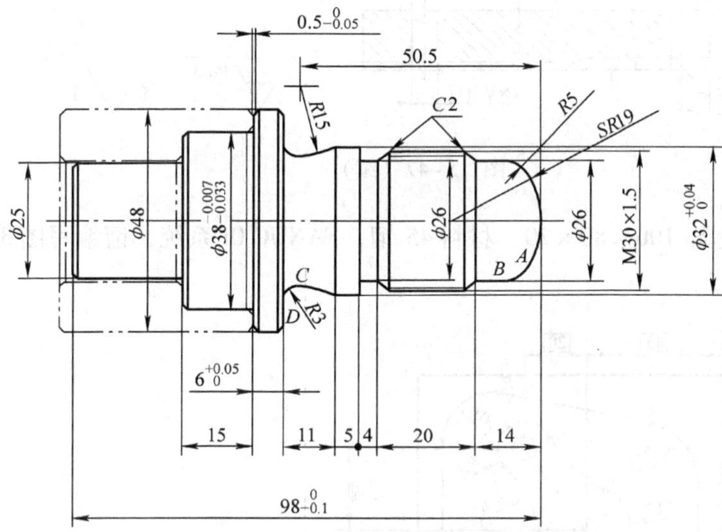


图 3-46

66. 已知：毛坯 $100\times80\times20$，材料 45 钢，FANUC 0i 系统，请编写图 3-47 所示零件的加工程序。

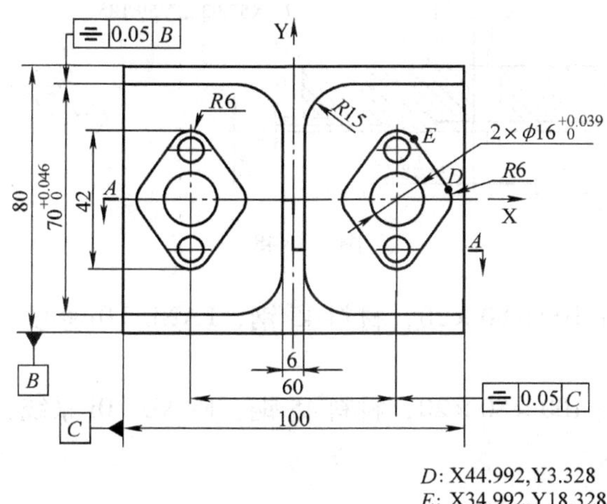


图 3-47

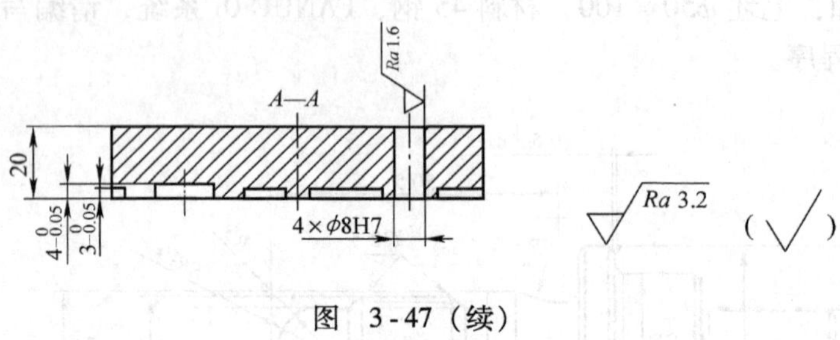


图 3-47（续）

67. 已知：毛坯 100×80×20，材料 45 钢，FANUC 0i 系统，请编写图 3-48 所示零件的加工程序。

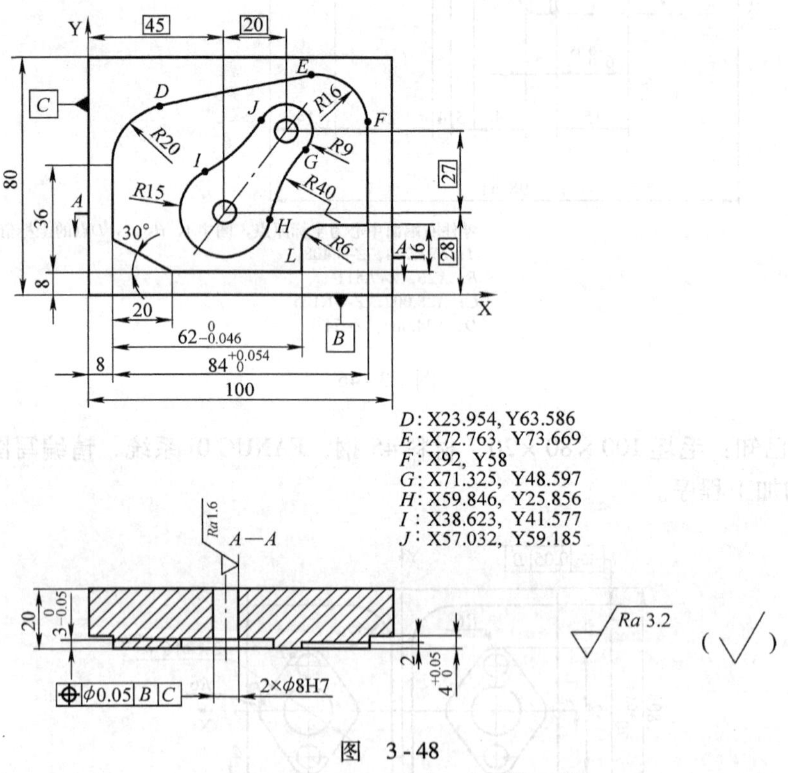


图 3-48

68. 已知：毛坯 100×80×20，材料 45 钢，FANUC 0i 系统，请编写图 3-49 所示零件的加工程序。

69. 已知：毛坯 100×80×20，材料 45 钢，FANUC 0i 系统，请编写图 3-50 所示零件的加工程序。

D: X40, Y7.5
E: X85.415, Y20.382
F: X90, Y15.399

（√）

图 3-49

D: X21.771, Y−25
E: X26.732, Y−27.625
F: X20.981, Y5.207
G: X3.975, Y14.943

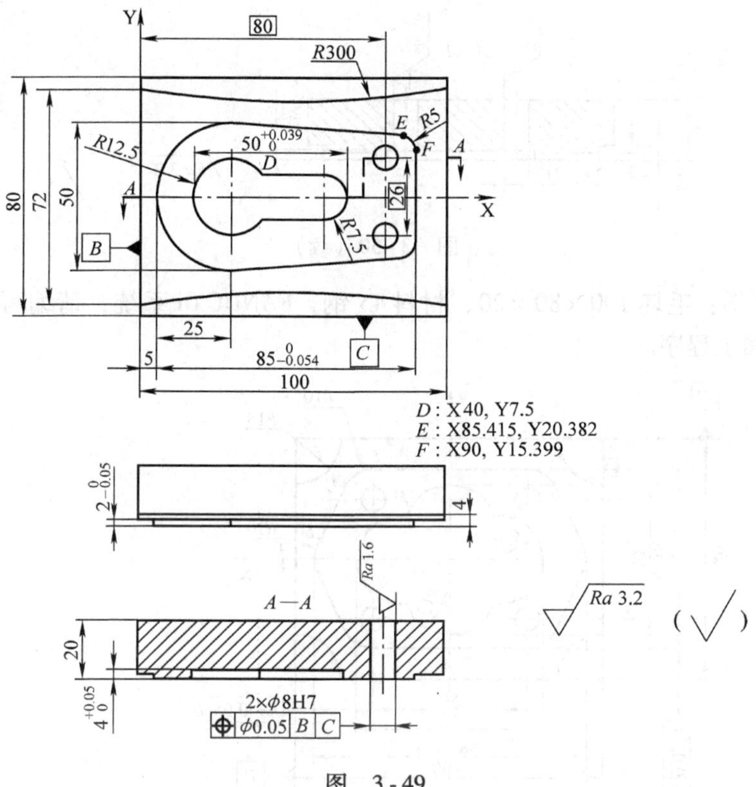

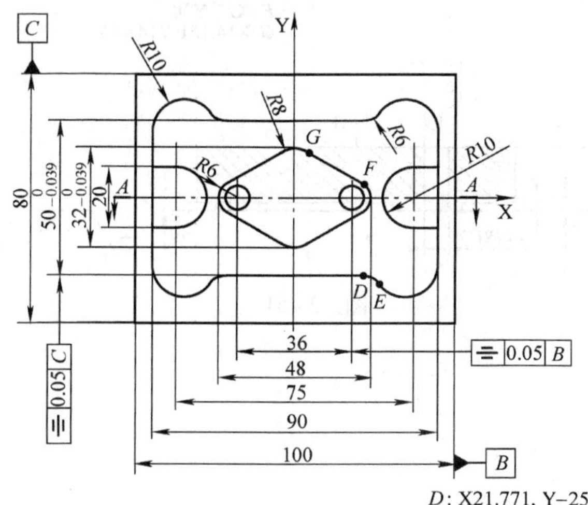

图 3-50

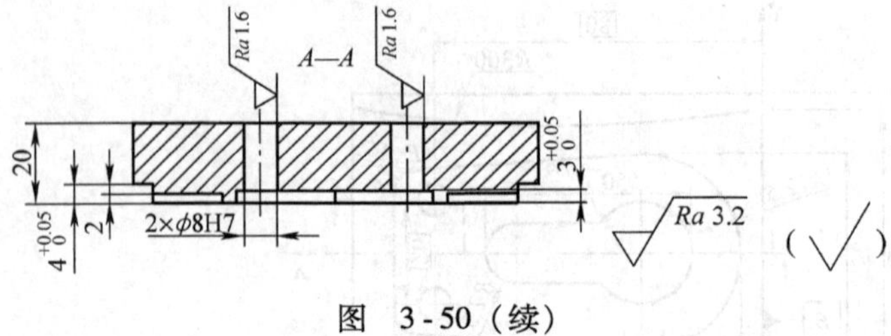


图　3-50（续）

70. 已知：毛坯 100×80×20，材料 45 钢，FANUC 0i 系统，请编写图 3-51 所示零件的加工程序。

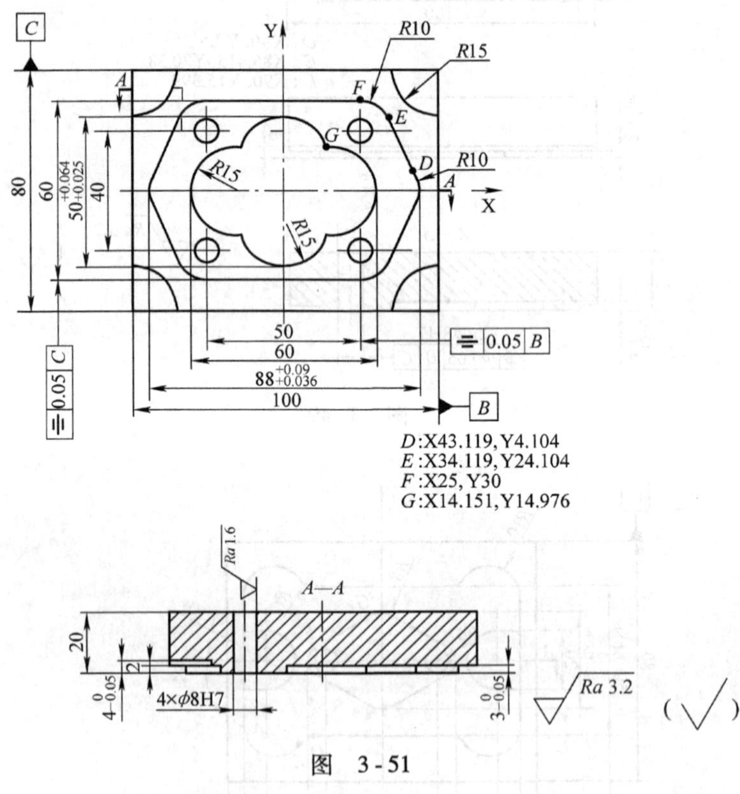


图　3-51

# 答 案 部 分

## 初级工知识要求试题答案

### 一、判断题

1. × 2. √ 3. × 4. × 5. × 6. × 7. √ 8. √ 9. √ 10. × 11. ×
12. √ 13. × 14. × 15. √ 16. √ 17. × 18. √ 19. × 20. × 21. ×
22. √ 23. √ 24. × 25. √ 26. × 27. × 28. √ 29. √ 30. √ 31. √
32. √ 33. √ 34. × 35. × 36. × 37. √ 38. √ 39. × 40. × 41. √
42. × 43. √ 44. × 45. √ 46. √ 47. × 48. × 49. √ 50. √ 51. ×
52. × 53. √ 54. × 55. × 56. √ 57. × 58. × 59. × 60. √ 61. √
62. √ 63. × 64. × 65. × 66. × 67. × 68. × 69. × 70. × 71. √
72. × 73. × 74. × 75. × 76. √ 77. √ 78. √ 79. × 80. √ 81. √
82. × 83. × 84. √ 85. × 86. √ 87. × 88. √ 89. × 90. √ 91. ×
92. × 93. × 94. √ 95. √ 96. × 97. × 98. √ 99. √ 100. √ 101. ×
102. √ 103. × 104. × 105. × 106. × 107. √ 108. √ 109. √ 110. √
111. × 112. √ 113. √ 114. √ 115. √ 116. × 117. × 118. × 119. √
120. √ 121. × 122. √ 123. √ 124. × 125. × 126. √ 127. √ 128. ×
129. × 130. √ 131. × 132. √ 133. √ 134. √ 135. √ 136. × 137. √
138. √ 139. √ 140. × 141. √ 142. √ 143. × 144. √ 145. √ 146. ×
147. × 148. √ 149. × 150. √ 151. × 152. √ 153. √ 154. × 155. √
156. √ 157. × 158. √ 159. √ 160. × 161. √ 162. √ 163. × 164. √
165. × 166. × 167. √ 168. √ 169. × 170. × 171. √ 172. √ 173. √
174. √ 175. × 176. √ 177. × 178. √ 179. × 180. √ 181. √ 182. ×
183. × 184. √ 185. × 186. × 187. × 188. × 189. √ 190. × 191. √
192. × 193. √ 194. × 195. √ 196. × 197. √ 198. × 199. × 200. √
201. × 202. √ 203. × 204. × 205. √ 206. × 207. × 208. √ 209. ×
210. √ 211. × 212. √ 213. × 214. √ 215. × 216. √ 217. × 218. √
219. × 220. × 221. × 222. √ 223. √ 224. × 225. √ 226. × 227. ×

228. × 229. × 230. × 231. × 232. √ 233. √ 234. √ 235. ×

## 二、选择题

1. C 2. C 3. B 4. A 5. B 6. A 7. C 8. C 9. C 10. D 11. A 12. A
13. B 14. B 15. A 16. D 17. A 18. A 19. B 20. A 21. A 22. C 23. B
24. B 25. D 26. C 27. A 28. A 29. A 30. D 31. B 32. D 33. B 34. A
35. D 36. A 37. A 38. B 39. B 40. B 41. B 42. C 43. C 44. B 45. A
46. C 47. A 48. C 49. A 50. B 51. C 52. A 53. B 54. D 55. D 56. B
57. A 58. C 59. B 60. A 61. A 62. C 63. C 64. A 65. B 66. A 67. D
68. B 69. A 70. B 71. A 72. A 73. A 74. C 75. B 76. C 77. A 78. B
79. C 80. A 81. A 82. C 83. C 84. A 85. B 86. B 87. C 88. C 89. C
90. C 91. B 92. C 93. B 94. A 95. B 96. A 97. B 98. A 99. A 100. C
101. D 102. A 103. A 104. D 105. B 106. C 107. B 108. D 109. B 110. A
111. B 112. D 113. D 114. C 115. D 116. A 117. A 118. A 119. C 120. B
121. A 122. C 123. A 124. A 125. A 126. B 127. D 128. A 129. B 130. A
131. A 132. A 133. D 134. A 135. C 136. C 137. B 138. C 139. A 140. A
141. C 142. D 143. A 144. D 145. D 146. B 147. B 148. C 149. C 150. A
151. B 152. B 153. B 154. A 155. B 156. C 157. B 158. B 159. B 160. C
161. B 162. A 163. B 164. D 165. D 166. B 167. C 168. B 169. B 170. A
171. A 172. C 173. B 174. D 175. C 176. D 177. B 178. C 179. A 180. B
181. D 182. D 183. A 184. C 185. A 186. B 187. C 188. A 189. D 190. B
191. A 192. B 193. B 194. C 195. B 196. A 197. C 198. C 199. A 200. C

## 三、简答题

1. 答　公差带相对零线的位置是由国家标准中用表格列出的基本偏差来确定的。

2. 答　国家标准将公差等级分成 20 级，以 IT01，IT0，IT1，IT2，…，IT18 排列，IT01 公差等级最高，IT18 公差等级最低，依次排列。

3. 答　配合有基孔制和基轴制两种基准制。它们主要不同在于基孔制是以孔作为基准件，而基轴制是以轴为基准件。

4. 答　具有几何意义的点、线、面称为理想要素。而零件上实际存在的点、线、面称为实际要素。实际要素总是偏离理想要素的，其偏离量即为几何公差值。

5. 答　线轮廓度是实际轮廓线对理想轮廓线所允许变动余量，而轮廓度是实际曲面对理想曲面所允许的变动余量。前者用来限制曲面的截面轮廓线的形状误差，而后者则是限制空间曲面的形状误差。

6. 答　这是因为在加工过程中，零件不仅会产生尺寸误差，还会产生形状误差，特别是对相互配合的零件，如果仅仅满足了尺寸公差，而零件在形状上产生误差、关联尺寸之间的位置产生误差，则零件之间仍然是无法顺利安装的，也难以达到有效的配合。

7. 答　表面粗糙度的产生是由于加工零件时的切削过程中相对零件的运动轨迹（刀纹）、刀具和零件表面间的摩擦、切屑分离工件表层金属的塑性变形以及机床—刀具—工件工艺系统的高频率振动等因素的影响，因此经过加工所得的零件表面，总会存在着高低不平的较小峰谷。由间距较小的微小峰谷所形成的表面就称为表面粗糙度。而形状误差的产生是由于几何精度、夹紧定位方向的误差所引起的表面宏观几何形状误差。

8. 答　表面粗糙度虽然只是一些极微小的加工痕迹，但它与机器零件的配合性质、耐磨性和抗腐性等均有密切关系。

9. 答　表面粗糙的零件，在间隙配合中，由于波峰和波谷较大，会加快磨损，使间隙增大，影响配合精度。在过盈配合中，粗糙表面的凸峰被挤平，使实际过盈量减小，导致联接的牢固度下降。表面粗糙，易产生应力集中。粗糙表面由于凹谷深度大，腐蚀物质易凝结，极易生锈。

10. 答　在零件同一表面上，除微观几何形状误差（即表面粗糙度）外，还同时存在宏观几何形状误差（即形状误差）和中间几何形状误差（即表面波纹度）。它们的形状一般呈波浪形，常以波距的大小来划分这三类误差。

11. 答　传动装置的作用是将动力部分的动力和运动传给工作部分。在现代工业中主要应用四种传动方式：机械传动、液压传动、气压传动和电气传动。

12. 答　带传动的特点是：缓冲吸振，传动平稳；过载保护；传动中心距较大；结构简单，成本低廉；传动比不够准确；传动效率较低，寿命较短；怕油污，怕燃爆。适用场合：传动比要求不很准确，中、小功率，中心距较大，环境条件较好。

13. 答　链传动的特点是：平均传动比恒定；张紧力较小；中心距较大；不怕使用环境恶劣；传动平稳性较差；不能过载保护；磨损后易脱链。适用场合：工作条件恶劣，中心距较远，传动功率较大，平均传动比准确。

14. 答　相比其他的机械传动，齿轮传动瞬时传动比恒定，功率大，速度快，传动平稳性好，传动效率高，结构紧凑，寿命长，所以在各类机械中应用最为广泛。

15. 答　滑动螺旋摩擦力大，传动效率低，有自锁特性，结构简单；滚动螺旋摩擦力小，传动效率高，传动可逆，结构复杂。两者都传动平稳，传动精度高。

16. 答　刀具切削部分的材料必须具备足够的硬度、足够的强度和韧性、足够的耐磨性、足够的热硬性和良好的工艺性。

17. 答　改变刃倾角可控制流屑方向，取正的刃倾角，使切屑流向待加工表面而不划伤已加工表面；增大刃倾角的绝对值，使刃口变得锋利，改善加工表面质量；选负的刃倾角，增大刀头体积，提高刀具强度。

18. 答　车刀按用途分：外圆车刀、端面车刀、切断车刀、螺纹车刀及内孔车刀等。按结构分：整体式车刀、焊接式车刀、机夹式车刀和可转位车刀。

19. 答　有三点好处：使切削刃上各点的楔角基本保持相同；使钻心处的后角加大，可以使横刃处的切削条件得到改善；弥补进给量的影响，使切削刃上各点都有较合适的后角。

20. 答　铰刀的齿数适当增多，则铰削平稳，导向好，有利于提高孔的标准公差等级和改善表面质量，但齿数过多则会减少容屑空间，降低刀齿的强度，并使刀齿刃磨困难，制造精度也难以提高。铰刀刀齿在圆周上的分布有等齿距和不等齿距两种。

21. 答　丝锥的种类按不同的用途和结构可分为七种：手用丝锥、机用丝锥、螺母丝锥、内容屑丝锥、锥形螺纹丝锥、挤压丝锥和拉削丝锥。

22. 答　常用的夹紧机构有：斜楔夹紧、螺旋夹紧、偏心夹紧、定心夹紧以及多点、多件夹紧等。

23. 答　万能分度头是铣床上主要附件之一，在磨床、钻床、刨床、插床上也得到广泛应用，它能将圆周分成任意等分，将装夹在顶尖间或卡盘上的工件转动任意角度，也可在铣床铣削螺旋槽、螺旋齿轮和阿基米德螺旋凸轮等。

24. 答　回转工作台按其回转轴心的方向可分为立轴式和卧式两种。立轴式回转工作台有机械传动和手动两种。另外还有具有分度装置的回转工作台、万能回转工作台和双工位回转工作台。

25. 答　卡盘的种类有：自定心卡盘、单动卡盘、动力卡盘和电动卡盘。自定心卡盘适用于各种车床、铣床和普通精度的磨床等；单动卡盘可夹持形状不规则的工件，适用于大中型卧式车床、外圆磨床等；动力卡盘可选用气压、液压或电动作动力源，适用于卧式车床、转塔车床和自动车床；电动自定心卡盘适用于进行大批量加工的卧式车床、自动车床配套。

26. 答　强度是指材料在外力作用下抵抗永久变形和断裂的能力。常用的强度指标有屈服强度（$\sigma_s$）和抗拉强度（$\sigma_b$）。$\sigma_s = F_s/A_0$；$\sigma_b = F_b/A_0$。

$\sigma_s = F_s/A_0$，$A_0 = \pi D^2/4 = 100\pi/4$，$\sigma_s = 38 \times 4/100\pi = 48.4\text{MPa}$

$\sigma_b = F_b/A_0$，$A_0 = \pi D^2/4 = 100\pi/4$，$\sigma_b = 77 \times 4/100\pi = 98.1\text{MPa}$

$\delta = (L_1 - L_0)/L_0 \times 100\%$，$\delta = (65-50)/50 \times 100\% = 30\%$

27. 答　金属材料的工艺性能是指其在各种加工条件下所表现出来的适应能力。包括铸造性、锻压性、焊接性、切削加工性等。

28. 答　碳素钢质量的高低，主要根据钢中有害杂质硫、磷的质量分数来划分。普通碳素钢（0.045%P，0.05%S）；优质碳素钢（0.035%P，0.035%S）；高级优质碳素钢（0.025%P，0.025%S）。

29. 答　通过钢在固态下的加热，保温和冷却，改变钢的内部组织，从而得到所需要性能的工艺方法称热处理。常见的热处理方法有退火、正火、淬火和回火。

30. 答　常用的淬火方法有单液淬火，双液淬火，分级淬火，等温淬火等。单液淬火方法优点是操作简便，缺点是容易产生淬应力，引起变形甚至裂纹。

31. 答　高速工具钢的主要特点是：合金元素含量高（10% ~25%），碳的质量分数为0.7% ~1.65%；淬透性好；热处理后具有高的热硬性和足够的强度，高的硬度和耐磨性。

32. 答　1）碳和硅是促进石墨化的元素，锰和硫是阻碍石墨化的元素。在生产中，调整碳、硅含量是控制铸铁组织和性能的基本措施。

2）冷却速度：铸铁缓慢冷却或在高温下长时间保温，均有利于石墨化。

33. 答　铸铁的铸造性能良好，具有良好的切削加工性能，优良的减磨性、消震性，具有低的缺口敏感性，所以一般机器的支架、机床的床身常用灰铸铁制造。

## 四、应用题

1. 解　公差 = 20.011mm − 20mm = 0.011mm

上极限偏差　ES = 20.011mm − 20mm = +0.011mm

下极限偏差　EI = 20.00mm − 20mm = 0

2. 解　最大极限尺寸 = 80mm + 0.016mm = 80.016mm

最小极限尺寸 = 80mm − 0.027mm = 79.973mm

公差 = +0.016mm − （−0.027mm） = 0.043mm

3. 解　孔的极限偏差

ES = 50.025mm − 50mm = +0.025mm

EI = 50mm − 50mm = 0

孔的实际偏差　50.010mm − 50mm = +0.010mm

孔的公差　　$T_h$ = 50.025mm − 50mm = 0.025mm

4. 解　轴的极限偏差

es = 49.950mm − 50mm = −0.050mm

ei = 49.934mm − 50mm = −0.066mm

轴的实际偏差　49.946mm − 50mm = −0.054mm

轴的公差　　$T_s$ = 49.950mm − 49.934mm = 0.016mm

5. 解　极限间隙

$X_{max}$ = ES − ei = （+0.025）mm − （−0.041）mm = +0.066mm

$X_{min}$ = EI − es = 0 − （−0.025）mm = +0.025mm

配合公差　$T_t$ = $X_{max}$ − $X_{min}$ = （+0.066）mm − （+0.025）mm = 0.041mm

6. 解　极限过盈

$Y_{max}$ = EI − es = 0 − （+0.059）mm = −0.059mm

$Y_{min}=ES-ei=$（+0.025）mm－（+0.043）mm =－0.018mm

配合公差　$T_t=Y_{min}-Y_{max}=$（－0.018）mm－（－0.059）mm =0.041mm

7. 解　最大间隙和最大过盈

$X_{max}=ES-ei=$（+0.025）mm－（+0.002）mm =+0.023mm

$Y_{max}=EI-es=0-$（+0.018）mm =－0.018mm

配合公差　$T_t=X_{max}-Y_{max}=$（+0.023）mm－（－0.018）mm =0.041mm

8. 解　从表1-4㊀按t查得轴的基本偏差为下极限偏差 ei = +48μm。

从表1-1㊀查得轴的标准公差 IT6 =16μm，因此轴的另一极限偏差为

上极限偏差 es = ei + IT6 = +48μm +16μm = +64μm

9. 解　由表1-1㊀查得：IT6 =16μm，IT7 =25μm，

由表1-4㊀查得：r 的基本偏差 EI = +34μm，则

$\phi$45H7：ES = +25μm，EI =0

$\phi$45r6：　ei = +34μm，

es = ei + IT6 = +34μm +16μm = +50μm。

10. 解　由表1-1㊀查得：IT6 =16μm，IT7 =25μm，

由表1-4㊀查得：R 的基本偏差 EI = −25μm，则

$\phi$45R7：ES = −25μm，

EI = ES − IT7 =（−25）μm −25μm = −50μm

$\phi$45h6：es =0，ei = −16μm

11. 解　$d_1=mz_1=3\times19\text{mm}=57\text{mm}$

$d_2=mz_2=3\times41\text{mm}=123\text{mm}$

$d_{a1}=m(z_1+2)=3\times(19+2)\text{mm}=63\text{mm}$

$d_{a2}=m(z_2+2)=3\times(41+2)\text{mm}=129\text{mm}$

$d_{f1}=m(z_1-2.5)=3\times(19-2.5)\text{mm}=49.5\text{mm}$

$d_{f2}=m(z_2-2.5)=3\times(41-2.5)\text{mm}=115.5\text{mm}$

$s=p=\pi m/2=3.14\times3/2\text{mm}=4.71\text{mm}$

$a=(d_1+d_2)/2=(63+129)/2\text{mm}=90\text{mm}$

12. 解　$z_2=i_{12}\times z_1=3\times20=60$

$m=2a/(z_1+z_2)=2\times120/(20+60)\text{mm}=3\text{mm}$

$d_1=mz_1=3\times20\text{mm}=60\text{mm}$

$d_2=mz_2=3\times60\text{mm}=180\text{mm}$

$d_{a1}=m(z_1+2)=3\times(20+2)\text{mm}=66\text{mm}$

$d_{a2}=m(z_2+2)=3\times(60+2)\text{mm}=186\text{mm}$

---

㊀ 引自《机械基础（初级）》（ISBN：978-7-111-16186-8）

$d_{f1}=m\ (z_1-2.5)\ =3\times\ (20-2.5)\ \text{mm}=52.5\text{mm}$

$d_{f2}=m\ (z_2-2.5)\ =3\times\ (60-2.5)\ \text{mm}=172.5\text{mm}$

13. 解　$i_{12}=n_1/n_2=d_2/d_1=200\text{mm}/80\text{mm}=2.5$

$n_2=n_1/i_{12}=900/2.5\text{rpm}=360\text{rpm}$

14. 解　$s=nPh=500\times 2.5\text{mm}=1250\text{mm}$

$v=s/t=1.25/60\text{m/s}=0.021\text{m/s}$

15. 答　见答图 1-1

16. 答　见答图 1-2

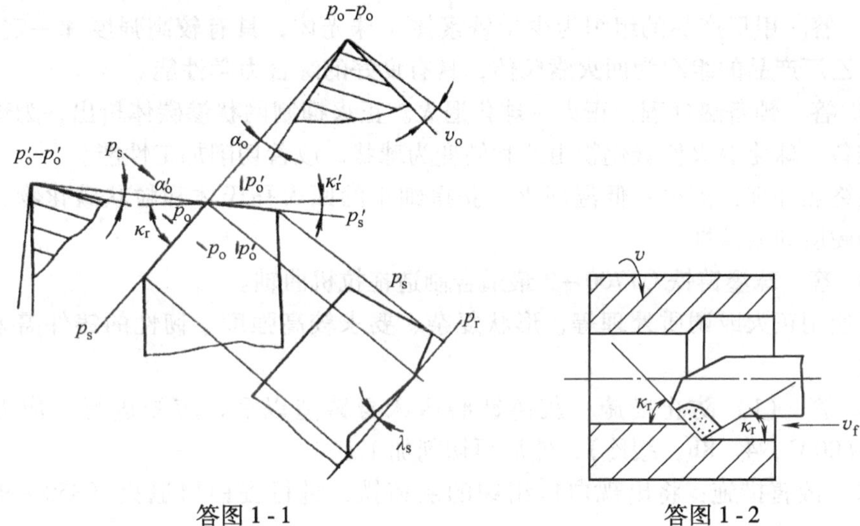


答图 1-1　　　　答图 1-2

17. 解　$v_c=\pi dn/1000=\pi\cdot 62\cdot 4/1000\text{m/s}=0.779\text{m/s}$

$f=v_f/n=2/4\text{mm/r}=0.5\text{mm/r}$

$\alpha_p=(d_w-d_m)/2=(62-56)/2\text{mm}=3\text{mm}$

$t=(l+l_1+l_2)/v_f=(110+3+0)/2\text{s}=56.5\text{s}$

18. 解　$v_c=\pi dn/1000=\pi\cdot 50\cdot 780/1000\text{m/min}=122.46\text{m/min}$

$v_f=fn=0.15\times 780\text{mm/min}=117\text{mm/min}$

$\alpha_p=(d_w-d_m)/2=(50-45)/2\text{mm}=2.5\text{mm}$

$t=(l+l_1+l_2)/v_f=(60+3+0)60/117\text{s}=32.31\text{s}$

19. 答　见答图 1-3

20. 答　（1）把 Q235A 钢当做 45 钢制造齿轮：含碳量较低，淬火后温回火难以达到要求的力学性能。

（2）把 30 钢当做 T13 钢制造锉刀：含碳量太低，淬火后低温回火难以达到高硬度与高耐磨性。

（3）把 20 钢当做 65 钢制造弹簧：含碳量太低，淬火后中温回火难以达到高弹性。

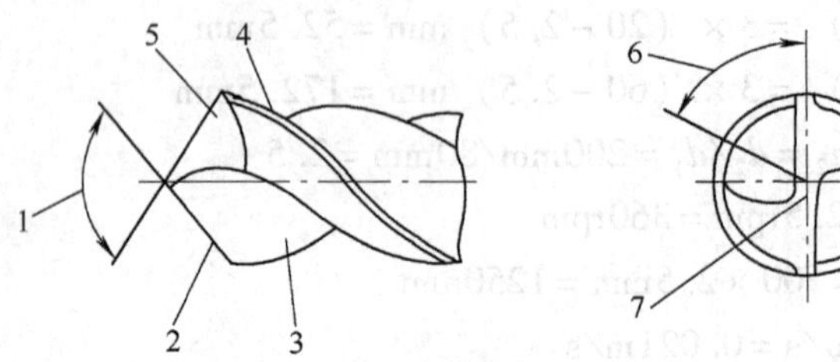


答图 1 - 3

1—顶角 2—主切削刃 3—前面 4—副后面 5—后面 6—横刃斜角（$\psi$） 7—横刃

21. 答 甲厂产品的组织为少量铁素体 + 珠光体，具有较高强度和一定塑性、韧性。乙厂产品的组织为回火索氏体，具有良好的综合力学性能。

22. 答 预备热处理：正火 + 球化退火。正火抑制网状渗碳体析出，为球化退火做准备。球化退火使碳化物由片状转变为球状，改善切削加工性能。

最终热处理：淬火 + 低温回火。获得细小的回火马氏体和粒状碳化物，具有很高的硬度和耐磨性。

23. 答 球墨铸铁 QT700 - 2 最适合制造拖拉机曲轴。

可使用正火或调质处理等，形状复杂、要求较高强度、韧性的铸件需采取等温淬火。

24. 答 （1）防止措施：灰铸铁磨床床身铸造以后，应先进行去应力退火（500 ~ 600℃，4 ~ 8h，缓冷），然后再切削加工。

（2）改善措施：将出现白口组织的灰铸铁，进行去白口退火（850 ~ 900℃，2 ~ 5h，缓冷）。

# 中级工知识要求试题答案

## 一、判断题

1. × 2. √ 3. × 4. × 5. × 6. √ 7. × 8. × 9. × 10. × 11. √ 12. √ 13. × 14. √ 15. √ 16. √ 17. × 18. × 19. × 20. √ 21. × 22. √ 23. √ 24. √ 25. × 26. √ 27. × 28. √ 29. × 30. × 31. × 32. √ 33. × 34. × 35. √ 36. √ 37. √ 38. √ 39. × 40. √ 41. √ 42. √ 43. × 44. × 45. √ 46. √ 47. × 48. √ 49. √ 50. √ 51. × 52. √ 53. √ 54. × 55. × 56. × 57. √ 58. × 59. × 60. √ 61. × 62. √ 63. √ 64. √ 65. × 66. √ 67. √ 68. × 69. × 70. √ 71. √

72. √ 73. √ 74. × 75. × 76. √ 77. × 78. √ 79. × 80. √ 81. √
82. √ 83. √ 84. × 85. √ 86. √ 87. √ 88. √ 89. √ 90. × 91. √
92. × 93. × 94. × 95. √ 96. √ 97. × 98. × 99. × 100. √ 101. ×
102. √ 103. × 104. × 105. × 106. √ 107. × 108. √ 109. × 110. ×
111. × 112. √ 113. × 114. × 115. × 116. √ 117. √ 118. × 119. √
120. √ 121. √ 122. √ 123. √ 124. √ 125. √ 126. √ 127. × 128. √
129. × 130. × 131. × 132. √ 133. × 134. × 135. √ 136. × 137. √
138. √ 139. × 140. √ 141. × 142. √ 143. × 144. × 145. × 146. ×
147. √ 148. √ 149. × 150. × 151. √ 152. × 153. √ 154. √ 155. ×
156. × 157. × 158. √ 159. × 160. × 161. √ 162. × 163. √ 164. ×
165. √ 166. × 167. × 168. × 169. √ 170. √ 171. × 172. √ 173. ×
174. × 175. √

## 二、选择题

1. C 2. C 3. B 4. C 5. C 6. B 7. B 8. B 9. A 10. B 11. A 12. C
13. A 14. B 15. A 16. B 17. A 18. C 19. A 20. B 21. A 22. A 23. C
24. A 25. B 26. D 27. C 28. C 29. D 30. A 31. A 32. C 33. B 34. A
35. D 36. D 37. C 38. C 39. A 40. C 41. C 42. A 43. A 44. B 45. C
46. B 47. A 48. B 49. D 50. A 51. D 52. A 53. D 54. B 55. B 56. B
57. A 58. A 59. D 60. D 61. C 62. C 63. A 64. C 65. A 66. A 67. A
68. C 69. C 70. C 71. A 72. B 73. A 74. A 75. B 76. B 77. D 78. A
79. C 80. B 81. B 82. A 83. B 84. D 85. D 86. C 87. D 88. C 89. B
90. A 91. D 92. A 93. C 94. C 95. D 96. A 97. B 98. B 99. B 100. C
101. B 102. B 103. A 104. A 105. B 106. B 107. A 108. C 109. C 110. A
111. A 112. D 113. B 114. C 115. C 116. A 117. C 118. C 119. B 120. A
121. B 122. A 123. C 124. C 125. D 126. A 127. B 128. C 129. B 130. C
131. C 132. C 133. D 134. D 135. A 136. B 137. C 138. D 139. C 140. D
141. A 142. D 143. D 144. A 145. B 146. D 147. D 148. A 149. A 150. C
151. B 152. C 153. D 154. B 155. D 156. C 157. C 158. A 159. D 160. C
161. C 162. B 163. A 164. C 165. B 166. D 167. C 168. C 169. C 170. C
171. A 172. A 173. D 174. C 175. A 176. C 177. C 178. C 179. B 180. D
181. D 182. C 183. B 184. D 185. C 186. B 187. D 188. A 189. C 190. A
191. B 192. A 193. B 194. A 195. A 196. A 197. D 198. C 199. C 200. A
201. B 202. A 203. A 204. B 205. C 206. D 207. A 208. A 209. B 210. B
211. B 212. B 213. D 214. B 215. C

## 三、简答题

1. 答　液压传动系统除工作介质液压油外，由动力元件、执行元件、控制调节元件和辅助元件四个主要部分组成。各部分的作用：动力元件是为液压系统提供压力油；执行元件是在压力油的推动下驱动工作部件输出力和速度（或转矩和转速）；控制调节元件是控制调节液压系统中液压油的压力、流量和方向；辅助元件分别起储油、输油、过滤、连接等辅助作用。

2. 答　液体在外力作用下流动时，液体内部各流层之间产生内摩擦阻力的性质，称为液体的粘性。

3. 答　液体粘性大小程度的物理量称为粘度。液压传动中常用的粘度有动力粘度、运动粘度和相对粘度。

4. 答　液体受压力作用而使其体积发生变化的性质，称为液体的可压缩性。

5. 答　选用液压油时，应首先考虑液压系统的工作压力、周围环境、运动速度，同时还应选用液压泵所规定许可采用的液压油。

6. 答　液体相对静止时，液体单位面积上所受的作用力称为压力。压力的单位为 Pa，称为帕斯卡，简称帕（Pa），$1Pa = 1N/m^2$。

7. 答　加在密闭容器中液体上的压力，能够等值地被液体向各个方向传递，这就是帕斯卡定律。

8. 答　液体在管道内作稳定流动时，根据质量守恒定律，在单位时间内管道中每一个通流截面上液体质量是相等的，这就是流动液体的连续性原理。

9. 答　在液压系统中，由于某种原因引起液体压力在某一瞬间突然急剧上升，而形成很高的压力峰值，这种现象称为液压冲击。减小液压冲击的措施：①延长阀门关闭和运动部件制动的时间，②限制管道内液体的流速和运动部件的速度，③适当加大管径或采用橡胶软管，④在液压冲击源附近设置蓄能器。

10. 答　在液压系统中，如果某处压力低于油液工作温度下的空气分离压时，溶于液压油中的空气就会分离出来而形成大量气泡，这种现象就称为空穴现象。为了防止空穴现象的产生一般采取下列措施：①减小阀孔前后的压力差，②液压泵的安装高度和吸油管的直径要合理，③提高零件抗气蚀能力。

11. 答　钨钴类硬质合金是由 WC 和 Co 组成的、其韧性、磨削性能和导热性好。适用于加工脆性材料（如铸铁）、非铁金属和非金属材料。钨钛钴类硬质合金是由 WC、TiC 和 Co 组成的，它在合金中加入了 TiC，使其耐磨性提高，但抗弯强度、磨削性能和热导率却有所下降，不耐冲击，适用于高速切削一般钢材。

12. 答　刀具在工作时，如果考虑合成运动和实际安装情况，实际起作用的角度与刃磨角度往往不同，这些角度称为工作角度。

13. 答　增大前角可减小切削变形和降低切削力，抑制积屑瘤和鳞刺的产生，从而提高加工表面质量。前角太大，楔角变小，使刃口和刀尖强度变弱，散热条件变差，使刀具寿命降低；前角太小，切削力和切削温度增高，也会使刀具寿命降低，同时也不利于切屑的断屑。

14. 答 后角的作用主要是减小后面与加工表面之间的摩擦，后角越大，切削刃越锋利，但切削刃和刀头强度同时减弱，散热体积也减小。对一些特殊刀具（如切断刀、切槽刀和锯片铣刀）的副后角，因受刀头强度的限制，只能取较小值。

15. 答 主偏角和副偏角的变化影响加工表面质量，减小主偏角和副偏角可以减小表面粗糙度值，其中副偏角影响较大。主偏角的变化，会改变各切削分力之间的比例。增大主偏角，背向力 $F_p$ 减小，而进给力 $F_f$ 增大；反之，则背向力 $F_p$ 增大，而进给力 $F_f$ 减小。同时也会影响断屑效果，增大主偏角，会使切削厚度增加，切削宽度减小，切屑容易折断。

16. 答 刃倾角对切削性能的影响有：①控制切屑的流出方向，选用正值时可使切屑流向待加工表面，防止划伤已加工表面。②增大刃倾角的绝对值，可使实际工作前角增大，切削刃变得锋利。③负刃倾角可使刀头强度增加，切削时刀尖可避免冲击，散热条件好，可提高刀具的寿命。

17. 答 积屑瘤又称刀瘤，当切削塑性的金属材料时，在切削速度选择中速条件下，常有一些从切屑和工件上带来的金属“冷焊”在前面上，在切削刃上形成一个楔块，这块金属的硬度较高能够代替切削刃切削，并在前面上形成新的前角，这个楔块就是积屑瘤。

18. 答 工序：一个或一组操作者，在一个工作地对同一个或同时对几个工件所连续完成的那一部分工艺过程。安装：工件（或装配单元）经一次装夹后所完成的那一部分工序成为安装。装夹：将工件在机床上或夹具中定位、夹紧的过程称为装夹。工位：工件一次装夹后与夹具或设备的可动部分一起相对刀具或设备的固定部分所占据的每一个位置。工步：在加工表面（或装配时的连接表面）和加工（或装配）工具不变的情况下，所连续完成的那一部分工序。行程：工作行程是指刀具以加工进给速度相对工件所完成一次进给运动的工步部分：空行程是指刀具以非加工进给速度相对工件完成一次进给运动的工步部分。

19. 答 生产类型的划分，可根据生产纲领和产品及零件的特征、复杂程度或工作地每月担负的工序数进行。目前机械制造业的生产分为大量生产、成批生产和单件生产三种类型。

20. 答 把工件从定位到夹紧的整个过程，称为装夹。常用的装夹方法有直接找正装夹、划线找正装夹和夹具装夹三种。

21. 答 定位基准分为粗基准、精基准和辅助基准等。只能用毛坯上未经加工的表面作定位基准的称为粗基准；由经过加工的表面作定位基准称为精基准，工件上缺乏合适的定位基面，需要在工件上另外增加出专供定位用的基面称为辅助基面。

22. 答 粗基准的选择原则是：若工件必须首先保证某重要表面余量均匀，则应选该表面为粗基准；若工件必须首先保证加工表面与不加工表面的位置要求，则应选不加工表面为粗基准，若有好几个不加工表面，则粗基准应选位置精度要求较高者。选为粗基准的表面应尽可能平整光洁，并有足够的面积，不能有铸造缺陷。粗基准面通常只能使用一次。

23. 答　精基准的选择原则是：要遵循基准重合原则、基准统一原则、自为基准原则、互为基准原则。

24. 答　采用基准统一原则选用精基准能用同一组基准加工大多数表面，有利于保证各表面的相互位置要求，避免基准转换带来的误差，提高加工精度，而且可以简化夹具的设计和制造，降低成本。

25. 答　在机床上加工工件时，为了在工件的某一部位加工出符合工艺规程要求的表面，加工前需要使工件在机床上占有正确的位置称为定位。

26. 答　重复限制工件自由度的情况称为过定位。当工件以过定位方式进行定位时，由于工件与定位元件都存在误差，无法使工件的定位表面同时与两个进行重复定位的定位元件相接触。如将工件强行夹紧，工件与定位元件将产生变形，甚至损坏。

27. 答　①夹紧力的方向应垂直于主要定位基准面。②夹紧力的方向应尽可能和切削力、工件重力同向。③夹紧力的方向应尽可能使工件变形最小。

28. 答　根据工件的加工要求并不需要完全定位，这种没有全部限制工件六个自由度的定位，称为不完全定位。

29. 答　工件定位的实际支承点数目少于理论上应予限制的自由度数，不能满足加工要求，称为欠定位。

30. 答　①灵活多变，为生产迅速提供夹具，缩短生产准备周期。②保证加工质量，提高生产效率。③节约人力、物力和财力。④减少夹具存放面积，改善管理工作。

31. 答　工作过程为：①编制加工程序，②加工程序的输入，③预调刀具和夹具，④数控装置对程序进行译码和运算处理，⑤加工过程的在线检测。

32. 答　数控机床由程序载体、人机交互装置、数控装置、伺服系统和机床主体组成。

33. 答　特点如下：①适应范围广，②生产准备周期短和工序高度集中，③生产效率和加工精度高，④能完成复杂型面的加工，⑤有利于生产管理的现代化。

34. 答　数控机床按工艺用途分为：切削类，成形类，电加工类，测量、绘图类。

35. 答　数控机床的发展趋势为：高速度与高精度化，高柔性，复合化，多功能化，智能化和造型宜人化。

36. 答　命名原则为：①刀具相对于静止工件而运动的原则，②标准笛卡儿直角坐标系，符合右手法则，③旋转坐标方向由右手螺旋法则确定，④增大工件和刀具之间距离的方向为坐标轴运动的正方向。

37. 答　检验方法包括：①以笔带刀，以坐标纸代替工件进行空运行画图来检验程序。②图形模拟，显示进给轨迹或模拟切削过程来检验程序。③首件试切，检验程序和加工精度是否符合要求。

38. 答　左刀补是指沿着刀具运动方向向前看（假设工件不动），刀具位于零件左侧的刀具半径补偿。右刀补是指沿着刀具运动方向向前看（假设工件不动），刀具位于零件右侧的刀具半径补偿。

39. 答　主要内容包括：分析零件图样、工艺处理、数学处理、编写程序、制作控制介质及程序检验。

40. 答　沿着不在圆弧平面内的坐标轴由正方向向负方向看去，顺时针方向为G02；逆时针方向为G03。

## 四、应用题

1. 答　见答图2-1

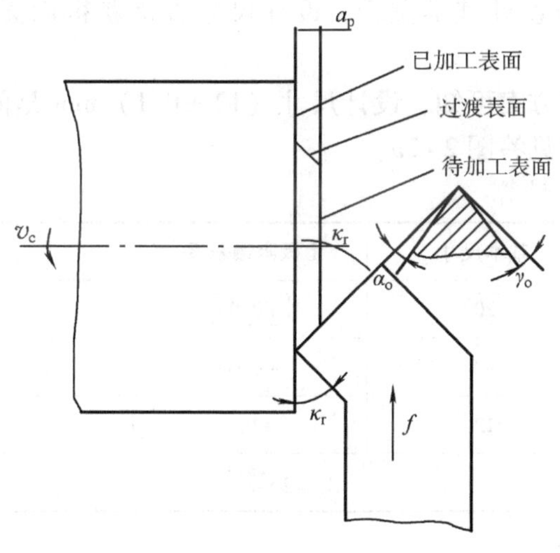


答图2-1

2. 答

（单位：mm）

| 工序名称 | 工序余量 | 经济精度 | 工序尺寸及其极限偏差 |
|---|---|---|---|
| 毛坯尺寸 | 4（总余量） | ±1 | $\phi34\pm1$ |
| 粗车 | 2.4 | 0.21（IT12） | $\phi31.6_{-0.21}^{0}$ |
| 半精车 | 1.1 | 0.084（IT10） | $\phi30.5_{-0.084}^{0}$ |
| 粗磨 | 0.4 | 0.033（IT8） | $\phi30.1_{-0.033}^{0}$ |
| 精磨 | 0.1 | 0.013（IT6） | $\phi30_{-0.013}^{0}$ |

3. 答

（单位：mm）

| 工序名称 | 工序余量 | 经济精度 | 工序尺寸及其极限偏差 |
|---|---|---|---|
| 毛坯尺寸 | 8（总余量） | ±1.2 | $\phi92\pm1.2$ |
| 粗镗 | 5 | 0.54（IT13） | $\phi97^{+0.54}_{0}$ |
| 半精镗 | 2.4 | 0.14（IT10） | $\phi99.4^{+0.14}_{0}$ |
| 精镗 | 0.5 | 0.054（IT8） | $\phi99.9^{+0.054}_{0}$ |
| 浮动镗 | 0.1 | 0.035（IT7） | $\phi100^{+0.035}_{0}$ |

4. 解　图 2-2a：增环为 $A_1A_3A_5$，减环为 $A_2A_4$；图 2-2b：增环为 $B_2B_4B_6$，减环为 $B_1B_3B_5$；图 2-2c：增环为 $C_1C_2C_4C_7C_9C_{10}C_{11}$，减环为 $C_3C_5C_6C_8$。

5. 解　方案一：因工序尺寸 $A_1$ 的定位基准与设计尺寸（12±0.1）mm 为同一基准，故定位基准与设计基准重合，设计尺寸直接获得而无需计算。因此 $A_1=(12\pm0.1)$ mm。

方案二：由定位方案可知，设计尺寸（12±0.1）mm 是间接获得的，故为封闭环。其工艺尺寸链见答图 2-2a。

（1）极值法竖式计算　　（单位：mm）

| 环 | 基本尺寸 | 上极限偏差 $B_S$ | 下极限偏差 $B_X$ |
|---|---|---|---|
| 增环$\overrightarrow{A}_2$ | 20 | +0.05 | −0.1 |
| 减环$\overleftarrow{A}_1$ | −8 | +0.05 | 0 |
| 封闭环 $A_\Sigma$ | 12 | +0.1 | −0.1 |
| $A_2=20^{+0.05}_{-0.10}$ | | | |

（2）用公式计算

$A_\Sigma=\overrightarrow{A}_2-\overleftarrow{A}_1$

$\overrightarrow{A}_2=A_\Sigma+\overleftarrow{A}_1=(12+8)\text{mm}=20\text{mm}$

$B_SA_\Sigma=B_S\overrightarrow{A}_2-B_X\overleftarrow{A}_1$

$B_S\overrightarrow{A}_2=[0.1+(-0.05)]\text{mm}=0.05\text{mm}$

$B_XA_\Sigma=B_X\overrightarrow{A}_2-B_S\overleftarrow{A}_1$

$B_X\overrightarrow{A}_2=[(-0.1)+0]\text{mm}=-0.1\text{mm}$

故：$A_2=20^{+0.05}_{-0.10}\text{mm}$

方案三：设计尺寸（12 ±0.1）mm 是间接保证的，故应是封闭环，其工艺尺寸链见答图 2-2b。用公式计算

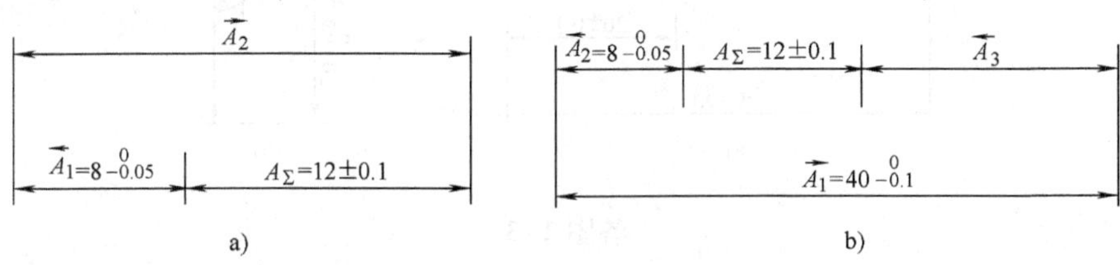


答图 2-2

$A_\Sigma=\overrightarrow{A}_1—\overleftarrow{A}_2—\overleftarrow{A}_3$

$\overrightarrow{A}_3=(40-12-8)\text{mm}=20\text{mm}$

$B_SA_\Sigma=B_S\overrightarrow{A}_1-B_X\overleftarrow{A}_2-B_X\overleftarrow{A}_3$

$B_X\overleftarrow{A}_3=[0-(-0.05)-0.1]\text{mm}=-0.05\text{mm}$

$B_XA_\Sigma=B_X\overrightarrow{A}_1-B_S\overleftarrow{A}_2-B_S\overleftarrow{A}_3$

$B_S\overleftarrow{A}_3=[(-0.1)-0+0.1]\text{mm}=0$

$A_3=20_{-0.05}^{0}\text{mm}$

用极值法竖式计算可以得出相同结论。

极值法竖式计算　　　　（单位：mm）

| 环 | 基本尺寸 | 上极限偏差 $B_S$ | 下极限偏差 $B_X$ |
|---|---|---|---|
| 增环$\overrightarrow{A}_1$ | 40 | 0 | -0.1 |
| 减环$\overleftarrow{A}_2$ | -8 | +0.05 | 0 |
| 减环$\overleftarrow{A}_3$ | -20 | +0.05 | 0 |
| 封闭环 $A_\Sigma$ | 12 | +0.10 | -0.10 |
| $A_3=20_{-0.05}^{0}$ | | | |

6. 解　由于设计尺寸（26 ±0.26）mm 和 $5_{-0.06}^{0}$mm 难以直接测量，试切和调整刀具时只好依靠正确掌握尺寸 $A$ 和 $H$ 来间接保证上述两尺寸。因此，可画出以（26 ±0.26）mm 为封闭环的轴向尺寸链图（答图 2-3a）和以 $5_{-0.06}^{0}$mm 为封闭环的径向尺寸链图（答图 2-3b）。

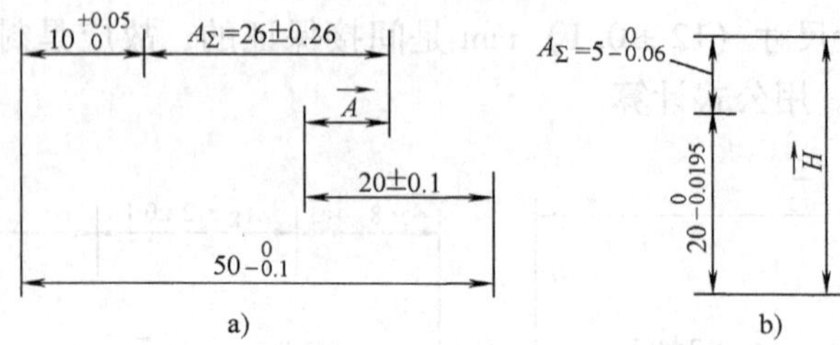


答图 2-3

(1) 用极值法竖式计算　　(单位：mm)

| 环 | 基本尺寸 | 上极限偏差 $B_S$ | 下极限偏差 $B_X$ |
|---|---|---|---|
| 增环 | 50 | 0 | -0.10 |
| 增环 $A$ | 6 | +0.16 | -0.01 |
| 减环 | -10 | 0 | -0.05 |
| 减环 | -20 | +0.10 | -0.10 |
| 封闭环 $A_\Sigma$ | 26 | +0.26 | -0.26 |
| $A=6^{+0.16}_{-0.01}$ | | | |

(2) 用公式计算 $A$

$\vec{A}=(-50+26+10+20)\text{ mm}=6\text{mm}$

$B_S\vec{A}=[0.26+(-0.1)+0-0]\text{mm}=0.16\text{mm}$

$B_X\vec{A}=[-0.26+0.05+0.1-(-0.1)]\text{mm}=-0.01\text{mm}$

$A=6^{+0.16}_{-0.01}\text{mm}$

同样，亦可用极值法竖式计算和公式计算求出 $H$ 的尺寸及偏差。用公式计算

$\vec{H}=A_\Sigma+20\text{mm}=(5+20)\text{mm}=25\text{mm}$

$0\text{mm}=B_S\vec{H}-(-0.0195)\text{mm}$

$B_S\vec{H}=-0.0195\text{mm}$

$-0.06\text{mm}=B_X\vec{H}-0\text{mm}$

$B_X\vec{H}=-0.06\text{mm}$

$H=25^{-0.0195}_{-0.06}\text{ mm}$

用极值法竖式计算 （单位：mm）

| 环 | 基本尺寸 | 上极限偏差 $B_S$ | 下极限偏差 $B_X$ |
|---|---|---|---|
| 增环 $H$ | 25 | -0.0195 | -0.06 |
| 减环 | -20 | +0.0195 | 0 |
| 封闭环 $A_\Sigma$ | 5 | 0 | -0.06 |
| $H=25_{-0.06}^{-0.0195}$ | | | |

7. 解　由于设计尺寸 $0.66_{-0.15}^{0}$mm 是间接保证的应为封闭环，按工艺过程可画出尺寸链图（答图2-4）。

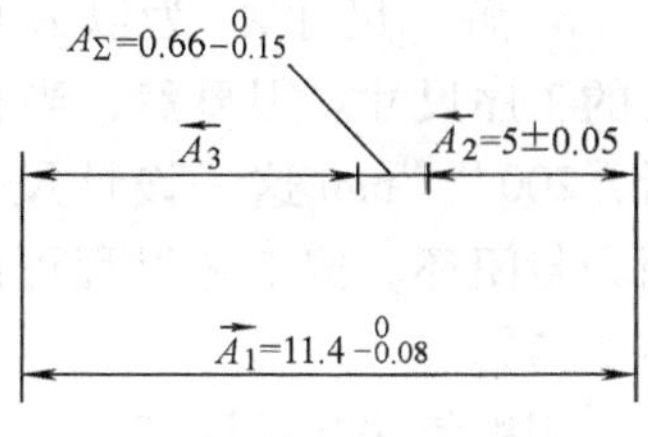

答图2-4

（1）由尺寸链图中可以看出，封闭环公差 $T_\Sigma=0.15$mm，而组成公差（不将 $A_3$ 计入）已为 $\sum T_i=(0.10+0.08)$ mm $=0.18$mm，显然 $\sum T_i>T_\Sigma$。因此，不能保证设计尺寸的要求。要满足设计尺寸 $0.66_{-0.15}^{0}$mm 必须压缩组成环的公差。

（2）用等公差法，按封闭环公差反计算法分配各组成环公差。组成环的平均公差

$$T_M=T_\Sigma/(n-1)\ =0.15\text{mm}/(4-1)\ =0.05\text{mm}$$

按加工情况调整分配各组成环公差如下：

$T_1=0.07$mm

$A_1=11.4_{-0.07}^{0}$mm

$T_2=0.04$mm

$A_2=(5\pm0.02)$ mm

用极值法竖式计算 （单位：mm）

| 环 | 基本尺寸 | 上极限偏差 $B_S$ | 下极限偏差 $B_X$ |
|---|---|---|---|
| 增环 $\overrightarrow{A_1}$ | 11.4 | 0 | -0.07 |
| 减环 $\overleftarrow{A_2}$ | -5 | +0.02 | -0.02 |
| $\overleftarrow{A_3}$ | -5.74 | -0.02 | -0.06 |
| 封闭环 $A_\Sigma$ | 0.66 | 0 | -0.15 |
| $A_3=5.74_{+0.02}^{+0.06}$ | | | |

用公式计算

$A_\Sigma=\overrightarrow{A_1}-\overleftarrow{A_2}-\overleftarrow{A_3}$

$\overleftarrow{A}_3 =(11.4-5-0.66)\ \text{mm}=5.74\text{mm}$

$B_S A_\Sigma = B_S \overrightarrow{A}_1 - B_X \overleftarrow{A}_2 - B_X \overleftarrow{A}_3$

$B_X \overleftarrow{A}_3 = [0-(-0.02)]\ \text{mm} - 0 = 0.02\text{mm}$

$B_X A_\Sigma = B_X \overrightarrow{A}_1 - B_S \overleftarrow{A}_2 - B_S \overleftarrow{A}_3$

$B_S \overleftarrow{A}_3 = [-0.07-0.02-(-0.15)]\ \text{mm} = 0.06\text{mm}$

$A_3 = 5.74^{+0.06}_{+0.02}\text{mm}$

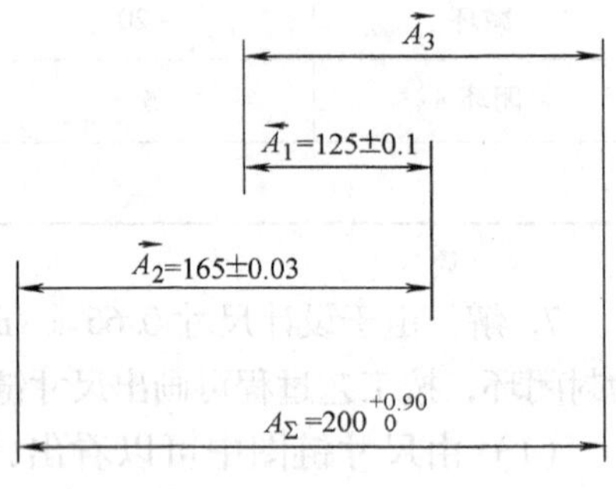

答图 2-5

8. 解　尺寸 $A_3$ 为以 $K$ 面定位加工 $\phi$16H7 孔的工序尺寸。很显然，当孔 $\phi$16H7 加工完毕后，$200^{+0.90}_{0}$ mm 这一设计尺寸可间接获得，因而为封闭环。按工艺过程可画出尺寸链图（答图 2-5）。

用极值法竖式计算　（单位：mm）

| 环 | 基本尺寸 | 上极限偏差 $B_S$ | 下极限偏差 $B_X$ |
|---|---|---|---|
| 增环 $\overrightarrow{A}_2$ | 165 | +0.30 | −0.30 |
| 增环 $\overrightarrow{A}_3$ | 160 | +0.50 | +0.40 |
| 减环 $\overleftarrow{A}_1$ | −125 | +0.10 | −0.10 |
| 封闭环 $A_\Sigma$ | 200 | +0.90 | 0 |
| $A_3 = 160^{+0.50}_{+0.40}$ | | | |

用公式计算

$A_\Sigma = \overrightarrow{A}_2 + \overrightarrow{A}_3 - \overleftarrow{A}_1$

$\overrightarrow{A}_3 = A_\Sigma + \overleftarrow{A}_1 - \overrightarrow{A}_2$

$\overrightarrow{A}_3 = (200+125-165)\ \text{mm} = 160\text{mm}$

$B_S A_\Sigma = B_S \overrightarrow{A}_2 + B_S \overrightarrow{A}_3 - B_X \overleftarrow{A}_1$

$B_S \overrightarrow{A}_3 = [0.90+(-0.10)-0.30]\ \text{mm} = 0.50\text{mm}$

$B_X A_\Sigma = B_X \overrightarrow{A}_2 + B_X \overrightarrow{A}_3 - B_S \overleftarrow{A}_1$

$B_X \overrightarrow{A}_3 = [0+0.10-(-0.30)]\ \text{mm} = 0.4\text{mm}$

$A_3 = 160^{+0.50}_{+0.40}\text{mm}$

9. 解　选 $N$ 面作测量基准。取 $N$、$K$ 面间的距离为被测量的尺寸。很显然，$K$ 面加工完毕后，间接获得的尺寸为 $86^{+0.15}_{0}$ mm。尺寸链图见答图 2-6。

由尺寸链图中可以看出：封闭环公差 $T_{\Sigma}=0.15\text{mm}$ 而组成环公差（不将 $A_2$ 计入）已为 $\sum T_i=0.3\text{mm}$，显然 $\sum T_i>T_{\Sigma}$。因此，不能保证设计尺寸的要求，必须压缩组成环的公差。

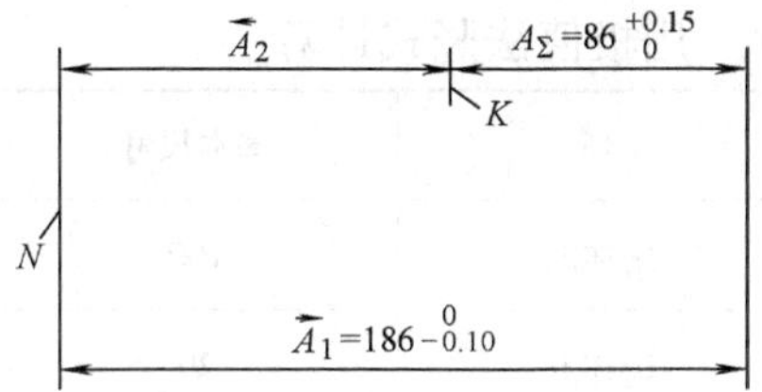


答图 2-6

用等公差法，按封闭环公差反计算法分配各组成环公差组成环的平均公差。

$$T_M=T_{\Sigma}/(n-1)=0.15\text{mm}/(3-1)\ \text{mm}=0.075\text{mm}$$

按加工情况调整分配各组成环公差如下：

$$T_1=0.1\text{mm}\quad T_2=0.05\text{mm}\quad A_1=186^{0}_{-0.10}\text{mm}$$

用极值法竖式计算（单位：mm）

| 环 | 基本尺寸 | 上极限偏差 $B_S$ | 下极限偏差 $B_X$ |
|---|---|---|---|
| 增环 $\overrightarrow{A_1}$ | 186 | 0 | −0.10 |
| 减环 $\overleftarrow{A_2}$ | −100 | +0.15 | +0.10 |
| 封闭环 $A_{\Sigma}$ | 86 | +0.15 | 0 |
| $A_2=100^{-0.10}_{-0.15}$ | | | |

用公式计算

$A_{\Sigma}=\overrightarrow{A_1}-\overleftarrow{A_2}$

$\overleftarrow{A_2}=\overrightarrow{A_1}-A_{\Sigma}=(186-86)\ \text{mm}=100\text{mm}$

$B_SA_{\Sigma}=B_S\overrightarrow{A_1}-B_X\overleftarrow{A_2}$

$B_X\overleftarrow{A_2}=B_S\overrightarrow{A_1}+B_SA_{\Sigma}=(0-0.15)\ \text{mm}=-0.15\text{mm}$

$B_XA_{\Sigma}=B_X\overrightarrow{A_1}-B_S\overleftarrow{A_2}$

$B_S\overleftarrow{A_2}=B_X\overrightarrow{A_1}-B_XA_{\Sigma}=(-0.10-0)\ \text{mm}=-0.10\text{mm}$

$A_2=100^{-0.10}_{-0.15}\text{mm}$

10. 解　选 $A$ 面为定位基准加工 $\phi25\text{H7}$ 孔的工序尺寸为 $A_3$，工艺尺寸链见答图 2-7。

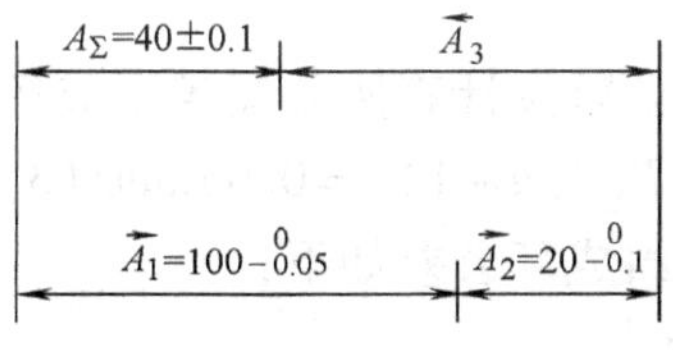


答图 2-7

用极值法竖式计算 （单位：mm）

| 环 | 基本尺寸 | 上极限偏差 $B_S$ | 下极限偏差 $B_X$ |
|---|---|---|---|
| 增环$\overrightarrow{A}_1$ | 100 | 0 | −0.05 |
| 增环$\overrightarrow{A}_2$ | 20 | 0 | −0.10 |
| 减环$\overleftarrow{A}_3$ | −80 | +0.10 | +0.05 |
| 封闭环 $A_\Sigma$ | 40 | +0.10 | −0.10 |
| | $A_3=80_{-0.10}^{-0.05}$ | | |

用公式计算

$A_\Sigma=\overrightarrow{A}_1+\overrightarrow{A}_2-\overleftarrow{A}_3$

$\overleftarrow{A}_3=\overrightarrow{A}_1+\overrightarrow{A}_2-A_\Sigma=(100+20-40)\text{mm}=80\text{mm}$

$B_SA_\Sigma=B_S\overrightarrow{A}_1+B_S\overrightarrow{A}_2-B_X\overleftarrow{A}_3$

$B_X\overleftarrow{A}_3=B_S\overrightarrow{A}_1+B_S\overrightarrow{A}_2-B_SA_\Sigma=(0+0-0.10)\text{mm}=-0.10\text{mm}$

$B_XA_\Sigma=B_X\overrightarrow{A}_1+B_X\overrightarrow{A}_2-B_S\overleftarrow{A}_3$

$B_S\overleftarrow{A}_3=B_X\overrightarrow{A}_1+B_X\overrightarrow{A}_2-B_XA_\Sigma$

$=[-0.05+(-0.1)-(-0.1)]\text{mm}=-0.05\text{mm}$

$A_3=80_{-0.10}^{-0.05}\text{mm}$

11. 解 选 $\phi25_{-0.10}^{0}$ mm 中心线为定位基准。左端面用自定心卡盘夹持，右端用顶尖支持，则封闭环为 $5_{0}^{+0.05}$ mm，为测量方便，选圆柱体的下素线为测量基准，画出尺寸链图见答图 2-8。$A_1$ 为 $\phi25$mm 的一半，$T_{A1}=(0.10/2)\text{mm}=0.05\text{mm}$，则 $A_1=12.5_{-0.05}^{0}$mm

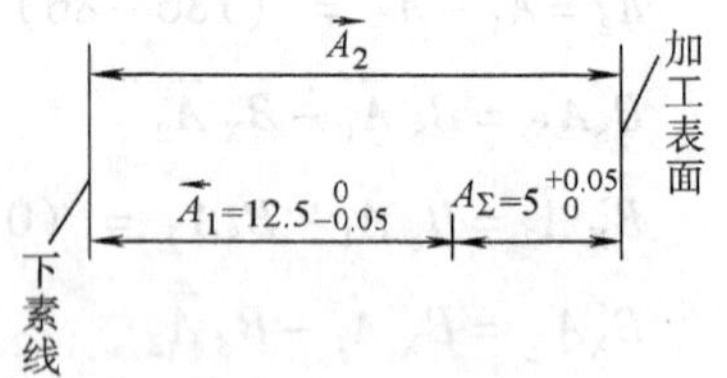


答图 2-8

由尺寸链图中可以看出，封闭环公差 $T_\Sigma=0.05$mm，而组成环公差（不将 $A_2$ 计入）已为 $\sum T_i=0.05$mm，显然 $\sum T_i>T_\Sigma$。因此，必须压缩组成环的公差。

用等公差法，按封闭环公差及计算法分配各组成环公差。

组成环平均公差 $T_M=T_\Sigma/(n-1)=0.05\text{mm}/(3-1)=0.025\text{mm}$

按加工情况调整分配各组成环公差如下：

$T_1=0.03\text{mm}$ $A_1=12.5_{-0.03}^{0}\text{mm}$

用极值法竖式计算（单位：mm）

| 环 | 基本尺寸 | 上极限偏差 $B_S$ | 下极限偏差 $B_X$ |
|---|---|---|---|
| 增环$\vec{A}_2$ | 17.5 | +0.02 | 0 |
| 减环$\overleftarrow{A}_1$ | -12.5 | +0.03 | 0 |
| 封闭环 $A_\Sigma$ | 5 | +0.05 | 0 |
| $A_2=17.5^{+0.02}_{0}$ | | | |

用公式计算

$A_\Sigma=\vec{A}_2-\overleftarrow{A}_1$

$\vec{A}_2=A_\Sigma+\overleftarrow{A}_1=(5+12.50)\text{ mm}=17.50\text{mm}$

$B_SA_\Sigma=B_S\vec{A}_2-B_X\overleftarrow{A}_1$

$B_S\vec{A}_2=B_SA_\Sigma+B_X\overleftarrow{A}_1=[0.05+(-0.03)]\text{ mm}=0.02\text{mm}$

$B_XA_\Sigma=B_X\vec{A}_2-B_S\overleftarrow{A}_1$

$B_X\vec{A}_2=B_S\overleftarrow{A}_1+B_XA_\Sigma=(0+0)\text{ mm}=0\text{mm}$

$A_2=17.5^{+0.02}_{0}\text{ mm}$

12. 解　按调整法加工，直接保证尺寸为 $A$ 和尺寸 $50^{0}_{-0.10}$mm，故尺寸 $40^{+0.20}_{0}$ mm 为封闭环。尺寸链图见答图 2-9。

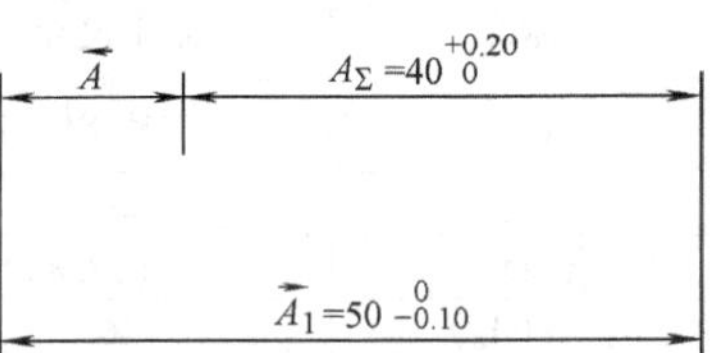

答图 2-9

用极值法竖式计算（单位：mm）

| 环 | 基本尺寸 | 上极限偏差 $B_S$ | 下极限偏差 $B_X$ |
|---|---|---|---|
| 增环$\vec{A}_1$ | 50 | 0 | -0.10 |
| 减环$\overleftarrow{A}$ | -10 | +0.20 | +0.10 |
| 封闭环 $A_\Sigma$ | 40 | +0.20 | 0 |
| $A=10^{-0.10}_{-0.20}$ | | | |

用公式计算

$A_\Sigma=\vec{A}_1-\overleftarrow{A}$

$\overleftarrow{A}=\vec{A}_1-A_\Sigma=(50-40)\text{ mm}=10\text{mm}$

$B_SA_\Sigma=B_S\vec{A}_1-B_X\overleftarrow{A}$

$B_X\overleftarrow{A}=B_S\vec{A}_1-B_SA_\Sigma=(0-0.20)\text{ mm}=-0.20\text{mm}$

$B_X A_\Sigma = B_X \overrightarrow{A}_1 - B_S \overleftarrow{A}$

$B_S \overleftarrow{A} = B_X \overrightarrow{A}_1 - B_X A_\Sigma =$ （$-0.10-0$）mm $= -0.10$mm

$A = 10^{-0.10}_{-0.20}$mm

13. 解 （1）画尺寸链简图

根据工艺过程可知，磨削内孔时保证 $A_3$ 尺寸的同时也间接保证了 $A_4$ 尺寸，且 $A_4$ 尺寸随其他尺寸变化而变化，所以 $A_4$ 是封闭环。从 $A_4$ 尺寸的两界面向前找出各有关加工尺寸，直至形成封闭形式，镗孔与磨孔尺寸之半在轴线上形成封闭，可作出尺寸链简图（答图 2-10）。

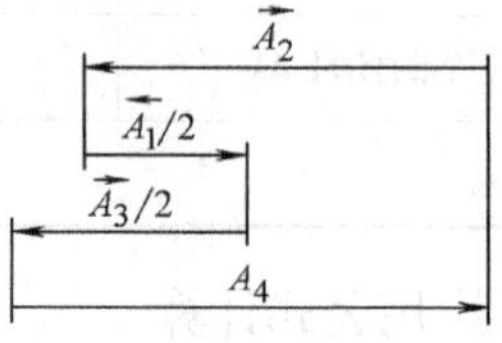


答图 2-10

（2）判别减增环

$A_4$——封闭环，$A_2$、$A_3/2$——增环，$A_1/2$——减环

（3）计算

1）用极值法竖式计算

（单位：mm）

| 环 | 基本尺寸 | 上极限偏差 | 下极限偏差 |
|---|---|---|---|
| $\overrightarrow{A}_2$ | 45.8 | +0.2875 | +0.05 |
| $\overrightarrow{A}_3/2$ | 20 | +0.0125 | 0 |
| $\overleftarrow{A}_1/2$ | -（19.8） | （0） | -（+0.05） |
| $A_4$ （$A_0$） | 46 | +0.3 | 0 |

则 $A_2 = 45.8^{+0.2875}_{+0.05}$ mm

2）用公式计算

$A_4 =$（$\overrightarrow{A}_2 + \overrightarrow{A}_3/2$） $- \overleftarrow{A}_1/2$

$46 =$（$\overrightarrow{A}_2 + 40/2$） $- 39.6/2$

$\overrightarrow{A}_2 =$（$46 + 19.8 - 20$）mm $= 45.8$mm

$B_S A_4 =$（$B_S \overrightarrow{A}_2 + B_S \overrightarrow{A}_3/2$） $- B_X \overleftarrow{A}_1/2$

$0.3 =$（$B_S \overrightarrow{A}_2 + 0.025/2$） $- 0/2$

$B_S \overrightarrow{A}_2 =$（$0.3 - 0.0125$）mm $= 0.2875$mm

$B_X A_4 =$（$B_X \overrightarrow{A}_2 + B_X \overrightarrow{A}_3/2$） $- B_S \overleftarrow{A}_1/2$

$0 =$（$B_X \overrightarrow{A}_2 + 0/2$） $- 0.10/2$

$B_X \overrightarrow{A}_2 =$（$0.10/2 - 0/2$）mm $= 0.05$mm

$A_2 = 45.8^{+0.2875}_{+0.05}$ mm。

14. 解 (1) 画尺寸链简图

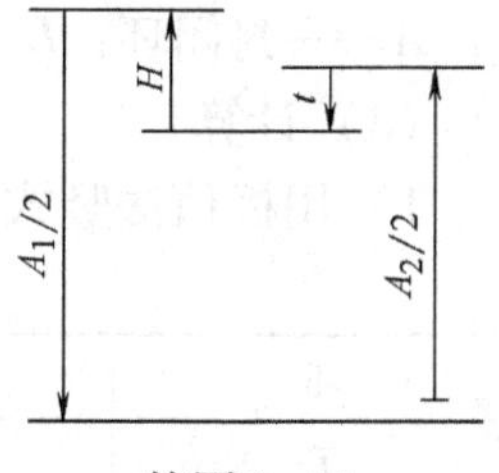

答图 2-11

由于键槽的深度 $t$ 是磨削后间接得到的，它是封闭环。同时车削与磨削存在同轴度误差，故还存在 $L=\pm0.02$ 环，尺寸链见答图 2-11。

(2) 判别增减环

$t$——封闭环；$H$、$A_2/2$、$L$——增环；$A_1/2$——减环。

(3) 计算

1) 用极值法竖式计算

(单位：mm)

| 环 | 基本尺寸 | 上极限偏差 | 下极限偏差 |
|---|---|---|---|
| $\vec{H}$ | 4.25 | +0.078 | +0.016 |
| $\vec{A}_2/2$ | 14 | +0.012 | +0.004 |
| $\vec{L}$ | 0 | +0.02 | -0.02 |
| $\overleftarrow{A}_1/2$ | -(14.25) | -(-0.05) | (0) |
| $t$ | 4 | +0.16 | 0 |

则 $H=4.25^{+0.078}_{+0.016}$mm。

2) 用公式计算

$t=(\vec{H}+\vec{A}_2/2+\vec{L})-\overleftarrow{A}_1/2$

$4=(\vec{H}+28/2+0)-28.5/2$

$\vec{H}=(4+14.25-14)\ \mathrm{mm}=4.25\mathrm{mm}$

$B_S t=(B_S\vec{H}+B_S\vec{A}_2/2+B_S\vec{L})-B_X\overleftarrow{A}_1/2$

$0.16=(B_S\vec{H}+0.024/2+0.02)-(-0.10/2)$

$B_S\vec{H}=(0.16-0.012-0.05-0.02)\ \mathrm{mm}=0.078\mathrm{mm}$

$B_X t=(B_X\vec{H}+B_X\vec{A}_2/2+B_X\vec{L})-B_S\overleftarrow{A}_1/2$

$0=[0.008/2+B_X\vec{H}+(-0.02)]-0/2$

$B_X\vec{H}=(0+0.02-0.004)\ \mathrm{mm}=0.016\mathrm{mm}$

$H=4.25^{+0.078}_{+0.016}$mm。

15. 解 (1) 画尺寸链简图

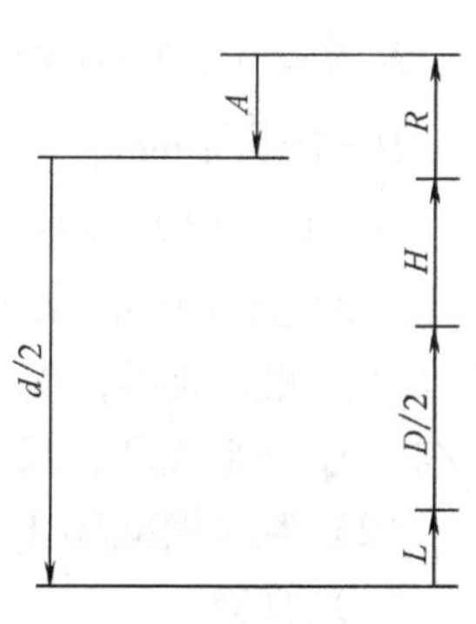

答图 2-12

$\phi20^{+0.05}_{0}$mm 与 $\phi50^{0}_{-0.10}$mm 有同轴度误差，所以存在 $L=0\pm0.01$mm 的环。因为 $R5^{+0.30}_{0}$mm 槽至外圆处 $A=0^{+0.80}_{+0.30}$mm 不能测量，所以选取 $H$ 测量来间接得到 $R5^{+0.30}_{0}$mm槽至外圆的尺寸，尺寸链见答图 2-12。

（2）判别增减环

$A$——封闭环；$L$、$D/2$、$H$、$R$——增环；$d/2$——减环。

（3）计算

1）用极值法竖式计算

（单位：mm）

| 环 | 基本尺寸 | 上极限偏差 | 下极限偏差 |
|---|---|---|---|
| $\vec{L}$ | 0 | +0.01 | −0.01 |
| $\vec{D}/2$ | 10 | +0.025 | 0 |
| $\vec{H}$ | 10 | +0.415 | +0.31 |
| $\vec{R}$ | 5 | +0.30 | 0 |
| $\overleftarrow{d}/2$ | −25 | +0.05 | 0 |
| $A$ | 0 | +0.80 | +0.30 |

则 $H=10^{+0.415}_{+0.31}$ mm。

2）用公式计算

$A=（\vec{L}+\vec{D}/2+\vec{H}+\vec{R}）-\overleftarrow{d}/2$

$0=（0+20/2+\vec{H}+5）-50/2$

$\vec{H}=\{50/2-（0+20/2+5）\}\text{mm}=10\text{mm}$

$B_SA=（B_S\vec{L}+B_S\vec{D}/2+B_S\vec{H}+B_S\vec{R}）-B_X\overleftarrow{d}/2$

$0.8=（0.01+0.05/2+B_S\vec{H}+0.3）-（-0.1/2）$

$B_S\vec{H}=（0.8-0.05-0.3-0.01-0.025）\text{mm}=0.415\text{mm}$

$B_XA=（B_X\vec{L}+B_X\vec{D}/2+B_X\vec{H}+B_X\vec{R}）-B_S\overleftarrow{d}/2$

$0.3=-0.01+0/2+B_X\vec{H}+0-0/2$

$B_X\vec{H}=（0.3+0.01-0-0-0）\text{mm}=0.31\text{mm}$

$H=10^{+0.415}_{+0.31}$ mm。

16. 解 （1）画尺寸链简图

先确定封闭环。从工艺过程看，在精磨后要保证 $A_1=\phi145^{+0.04}_{0}$ mm，该尺寸由测量获得，而渗氮层深度 $A_2$ 为间接获得，是封闭环，$A_1/2$、$A_3/2$、$A_4$ 是组成环，尺寸链见答图 2-13。

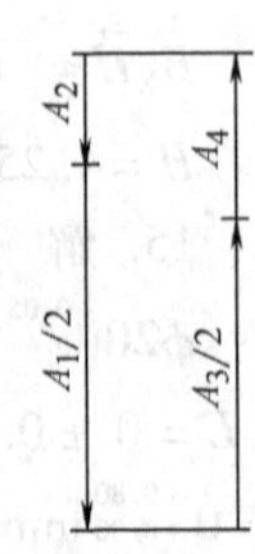

答图 2-13

（2）判别增减环 $A_2$——封闭环，$A_3/2$、$A_4$ 是增环，$A_1/2$ 是减环。

（3）计算

1）用极值法竖式计算

（单位：mm）

| 环 | 基本尺寸 | 上极限偏差 | 下极限偏差 |
|---|---|---|---|
| $\overrightarrow{A}_3/2$ | +72.38 | +0.02 | 0 |
| $\overrightarrow{A}_4$ | +0.42 | +0.18 | +0.02 |
| $\overleftarrow{A}_1/2$ | -（72.50） | （0） | -（+0.02） |
| $A_2$ （$A_0$） | +0.30 | +0.2 | 0 |

则 $A_4=0.42^{+0.18}_{+0.02}$mm。

2）用公式计算

$A_2=(\overrightarrow{A}_3/2+\overrightarrow{A}_4)-\overleftarrow{A}_1/2$

$0.3=(72.38+\overrightarrow{A}_4)-72.50$

$\overrightarrow{A}_4=(0.3+72.5-72.38)\text{ mm}=0.42\text{mm}$

$B_SA_2=(B_S\overrightarrow{A}_3/2+B_S\overrightarrow{A}_4)-B_X\overleftarrow{A}_1/2$

$0.2=(0.04/2+B_S\overrightarrow{A}_4)-0/2$

$B_S\overrightarrow{A}_4=(0.2+0-0.02)\text{ mm}=0.18\text{mm}$

$B_XA_2=(B_X\overrightarrow{A}_3/2+B_X\overrightarrow{A}_4)-B_S\overleftarrow{A}_1/2$

$0=(0/2+B_X\overrightarrow{A}_4)-0.04/2$

$B_X\overrightarrow{A}_4=(0+0.02-0)\text{ mm}=0.02\text{mm}$

$A_4=0.42^{+0.18}_{+0.02}$mm。

17. 解　此工序的工序基准为外圆下素线，而定位基准是外圆中心线，属基准不符，则定位误差为

$$\Delta_{定位}=(\delta_d)\times\left[\left(1/\sin\frac{\alpha}{2}\right)-1\right]$$

$$=(0.12/2)\times[(1/\sin45°)-1]\text{mm}=0.025\text{mm}$$

定位误差为0.025mm，而加工公差为0.25mm，故此工序能满足精度要求。

18. 解　（1）工件在水平放置的90°V形块中定位

1）工序基准为工件中心线，定位基准为工件中心线，两基准不重合距离为0所以基准不重合误差　$\Delta_B=0$

2）工件以圆柱表面在V形块中定位，所以基准位移误差

$$\Delta_Y=\frac{\delta_d}{2\sin\frac{\alpha}{2}}=\frac{0.14}{2\sin\frac{90°}{2}}=0.099\text{mm}$$

3）定位误差　$\Delta_D=\Delta_B\pm\Delta_Y$

因　$\Delta_B=0$

所以　$\Delta_D=\Delta_Y=0.099\text{mm}>T/2=0.1/2\text{mm}=0.05\text{mm}$

显然，该定位方案不可行。

（2）工件在侧放置的90°V形块中定位

1）工序基准为工件中心线，定位基准为工件中心线，两基准不重合距离为0

所以基准不重合误差　$\Delta_B=0$

2）当工件外圆直径有变化时，工件中心是沿V形块对称面水平方向移动，而加工尺寸垂直方向的位移为零。

所以基准位移误差　$\Delta_Y=0$。

3）定位误差　$\Delta_D=\Delta_B\pm\Delta_Y$

因　$\Delta_B=0$　$\Delta_Y=0$

则　$\Delta_D=0<T/2=0.1/2\text{mm}=0.05\text{mm}$

此定位方案可行。

19. 解　（1）工件在水平放置的90°V形块中定位

1）工序基准为工件左素线，定位基准为工件中心线，两基准不重合距离为0.2/2mm

所以基准不重合误差　$\Delta_B=\delta_d/2=0.2/2\text{mm}=0.1\text{mm}$

2）工件以圆柱表面在V形块中定位，所以在$20_{-0.1}^{\ 0}$mm尺寸方向基准位移误差

$\Delta_Y=0$

3）定位误差　$\Delta_D=\Delta_B\pm\Delta_Y$

因　$\Delta_Y=0$

所以　$\Delta_D=\Delta_B=0.1\text{mm}$

（2）工件以支承板定位

1）工序基准为工件左素线，定位基准也为工件左素线，两基准不重合距离为0

所以基准不重合误差　$\Delta_B=0$

2）因工件以支承板定位

所以基准位移误差　$\Delta_Y=0$。

3）定位误差　$\Delta_D=\Delta_B\pm\Delta_Y$

因　$\Delta_B=0$　$\Delta_Y=0$

所以　$\Delta_D=0$

20. 解　（1）工件在水平放置的心轴上定位

1）工序基准为工件下素线，定位基准为工件中心线，两基准不重合距离为0.025/2mm

所以基准不重合误差 $\Delta_B = \delta_d/2 = 0.025/2 = 0.0125$mm

2）基准位移误差

$\Delta_Y = (\delta_D + \delta_d)/2 = (0.02 + 0.02)/2\text{mm} = 0.02\text{mm}$

3）定位误差 $\Delta_D = \Delta_B \pm \Delta_Y$

因为工序基准不在工件定位面上

所以 $\Delta_D = \Delta_B + \Delta_Y = 0.0125 + 0.02\text{mm} = 0.0325\text{mm}$

（2）工件以自定心卡盘装夹

1）工序基准为工件下素线，定位基准为工件中心线，两基准不重合距离为0.025/2mm

所以基准不重合误差 $\Delta_B = \delta_d/2 = 0.025/2\text{mm} = 0.0125\text{mm}$

2）所以基准位移误差 $\Delta_Y = 0$。

3）定位误差 $\Delta_D = \Delta_B \pm \Delta_Y$

因 $\Delta_Y = 0$

则 $\Delta_D = \Delta_B = 0.0125$mm

21.

```
O0001;
T0101;
M04 S1200;
G00 X42. Z2. ;
G00 X-3.02 Z2. ;
G03 X21.02 Z-10. R12. F0.1;
G01 X21.02 Z-19. ;
G01 X27.99 Z-29. ;
G01 X27.99 Z-41. ;
G01 X31.314;
G02 X36. Z-48. R12. ;
G01 X36. Z-56. ;
G01 X42. ;
G00 X100. Z50. ;
M30;
```

22.

```
O0002;
T0101;
M04 S1200;
G00 X42. Z2. ;
G00 X0.02 Z2. ;
G03 X30.02 Z-13. R15. F0.1;
G01 X30.02 Z-28. ;
G01 X38. Z-48. ;
G01 X38. Z-56. ;
G02 X38. Z-70. R16. ;
G01 X38. Z-78. ;
G01 X42. ;
G00 X100. Z50. ;
M30;
```

23.

```
O0003;
T0101;
M04 S1000;
G01 X24. Z-28. ;
G01 X28. Z-28. ;
G01 X28. Z-38. ;
```

```
G00 X42. Z2. ;
G00 X0. 02 Z2. ;
G03 X16. 02 Z－6. R8. F0. 1 ;
G01 X16. 02 Z－16. ;
G01 X17. 6 Z－16. ;
G02 X36. Z－42. R4. ;
G01 X36. Z－60. ;
G01 X42. ;
G00 X100. Z50. ;
M30;
```

24.

```
O0004;
M04 S1000;
G00 X42. Z2. ;
G00 X14. Z2. ;
G01 X14. Z0. F0. 1;
G02 X24. Z－5. R5. ;
G01 X30. Z－40. ;
T0101;
G03 X35. Z－60. R18. ;
G01 X35. Z－65. ;
G01 X42. ;
G00 X100. Z50. ;
M30;
```

25.

```
O0005;
G54 G00 X100 Z50;
G97 M03 S800 T0101;
G00 X42. Z4. M08;
G00 X0 Z4. ;
G03 X32. Z－18. 75 R17. F0. 1;
G01 X30. Z－28. ;
X37. 987 Z－48. ;
Z－56. ;
G02 X37. 987 Z－70. R16. ;
G01 Z－78. ;
X42. ;
G00 X100. Z50. ;
M09;
M30;
```

26.

```
O0006;
G54;
M03 S800;
G00 X－24. 658 Y11. Z5. ;
G01 Z－3. F100;
G01 X－14. 612 Y33. 519;
G02 X0 Y43. R16. ;
G02 X－5. 613 Y－42. 632 R－43. ;
G02 X－18. 862 Y－31. 325 R16. ;
G01 X－25. 883 Y－7. 687;
G02 X－24. 658 Y11. R27. ;
G00 Z50. ;
M30;
```

27.

```
O0007;
G54;
M03 S1000;
G00 X0 Y0 Z5. ;
G01 X86. ;
Y64. ;
G03 X96. Y54. R10. ;
G01 Y26. ;
```

```
G01 Z-4. F50. ;
G41G01X8. Y5. D01 F100. ;
Y74. ;
X26. 576;
G02 X30. 146 Y72. 5 R5. ;
G03 X65. 854 Y72. 5 R25. ;
G02 X69. 424 Y74 R5. ;
```

28.

```
O0008;
G54;
M03 S1000;
G00 X-30. Y-50. Z5. ;
G01 Z-3. 025 F60. ;
G41X-16. 05Y-40. D01F80;
G01 Y5. ;
G01 Y-20. ;
G03 X-16. 05 Y-5. R18. ;
G01 Y40. ;
```

29.

```
O0009;
G55;
M03 S800;
G00 X-50. Y-40. Z5. ;
G01 Z-3. F60. ;
G41X-42. Y-10. D01F80. ;
Y0;
G02 X-32. 088 Y20. 904 R27. ;
G03X-28. 375Y24. 518R30. ;
G02 X28. 375 R37. 5;
G03 X32. 088 Y20. 904 R30. ;
G02 Y-20. 904 R27. ;
G03 X28. 375 Y-24. 518 R30. ;
G02 X-28. 375 R37. 5;
G03X-32. 088 Y-20. 904 R30. ;
G02 X-42. Y0 R27. ;
```

```
G03 X86. Y16. R10. ;
G01 Y6. ;
X46. ;
X8. Y10. 182;
G40 G01 X0 Y0;
G00 Z100. ;
M30;
```

```
G03 X-8. Y20. R18. ;
G01 Y29. ;
G02 X7. 649 Y31. 345 R8. ;
G03 X11. 99 Y26. 405 R8. ;
G02 X11. 99 Y-26. 405 R29. ;
G03 X7. 649 Y-31. 345 R8. ;
G02 X-8. Y-29. R8. ;
G40 X-30. Y50. ;
G00 Z100. ;
M30;
```

```
G01 Y40. ;
G40 X -60. ;
G00 Z50. ;
M00;
M30;
```

30.

```
O0010;
G56;
M03 S800;
G00 X -40. Y -40. Z5. ;
G01 Z -4. F80. ;
G41 X -35. Y -10. D01;
Y0;
G02 X -28. 783 Y19. 914 R35. ;
G02 X -23. 848 Y22. 5 R6. ;
G01 X23. 848;
G02 X28. 783 Y19. 914 R6. ;
G02 Y -19. 914 R35. ;
G02 X23. 848 Y -22. 5 R6. ;
G01 X -23. 848;
G02 X -28. 783 Y -19. 914 R6. ;
G02 X -35. Y0 R35. ;
G01 Y10. ;
G40 X -45. Y20. ;
G00 Z5. ;
M00;
G56;
M03 S800;
G00 X0 Y0 Z5. ;
G01 Z -4. F50. ;
G41 X15. Y19. 5 D02;
X -15. ;
G03 X -21. 360 Y8. 025 R7. 5;
G01 X -6. 360 Y -15. 975;
G03 X6. 360 R7. 5;
```

G01 X21.360 Y8.025;
G03 X15. Y19.5 R7.5;
G01 X-15.;
G40 X0 Y0;
G00 Z50.;
M30;

# 高级工知识要求试题答案

## 一、判断题

1. √ 2. √ 3. × 4. √ 5. × 6. √ 7. × 8. √ 9. × 10. × 11. √
12. × 13. √ 14. √ 15. √ 16. × 17. √ 18. √ 19. × 20. √ 21. ×
22. √ 23. √ 24. √ 25. × 26. √ 27. √ 28. √ 29. × 30. × 31. ×
32. × 33. × 34. × 35. × 36. × 37. × 38. √ 39. √ 40. × 41. √
42. √ 43. √ 44. × 45. √ 46. √ 47. × 48. × 49. × 50. × 51. √
52. √ 53. × 54. × 55. √ 56. × 57. √ 58. √ 59. × 60. × 61. √
62. × 63. × 64. × 65. √ 66. × 67. × 68. √ 69. × 70. × 71. √
72. × 73. × 74. × 75. √ 76. √ 77. √ 78. × 79. × 80. × 81. √
82. × 83. × 84. √ 85. × 86. √ 87. × 88. × 89. × 90. × 91. ×
92. × 93. × 94. √ 95. × 96. × 97. × 98. × 99. × 100. × 101. ×
102. √ 103. √ 104. × 105. √ 106. √ 107. √ 108. √ 109. × 110. √
111. √ 112. × 113. × 114. × 115. × 116. √ 117. × 118. × 119. √
120. × 121. √ 122. √ 123. × 124. √ 125. × 126. × 127. √ 128. √
129. √ 130. √ 131. √ 132. √ 133. × 134. √ 135. × 136. × 137. ×
138. × 139. √ 140. √ 141. √ 142. √ 143. × 144. √ 145. √ 146. √
147. × 148. √ 149. √ 150. √ 151. √ 152. × 153. √ 154. × 155. ×
156. × 157. √ 158. √ 159. × 160. × 161. × 162. √ 163. √ 164. ×
165. × 166. √ 167. × 168. × 169. √ 170. √ 171. × 172. × 173. ×
174. × 175. × 176. √ 177. √ 178. × 179. √ 180. × 181. × 182. ×
183. √ 184. × 185. √ 186. √ 187. √ 188. × 189. √ 190. √ 191. √
192. × 193. × 194. √ 195. √ 196. × 197. √ 198. × 199. √ 200. ×
201. √ 202. × 203. √ 204. × 205. √ 206. × 207. √ 208. × 209. √
210. × 211. √ 212. × 213. × 214. √ 215. × 216. × 217. × 218. √

219. √ 220. √ 221. × 222. × 223. √ 224. √ 225. √ 226. × 227. √
228. √ 229. √ 230. √ 231. √ 232. √ 233. × 234. × 235. √ 236. √
237. √ 238. × 239. × 240. √ 241. × 242. × 243. √ 244. × 245. √
246. √ 247. × 248. √ 249. √ 250. × 251. × 252. × 253. × 254. √
255. × 256. √ 257. × 258. × 259. √ 260. × 261. √ 262. × 263. √
264. × 265. √ 266. √ 267. × 268. √ 269. × 270. √ 271. × 272. √
273. × 274. √ 275. ×

## 二、选择题

1. C 2. B 3. A 4. C 5. D 6. C 7. A 8. C 9. C 10. A 11. B 12. B
13. C 14. B 15. C 16. A 17. A 18. C 19. B 20. B 21. A 22. C 23. C
24. B 25. B 26. C 27. B 28. A 29. C 30. C 31. B 32. A 33. C 34. C
35. A 36. B 37. A 38. A 39. C 40. A 41. C 42. B 43. C 44. C 45. A
46. B 47. C 48. A 49. A 50. C 51. C 52. B 53. A 54. A 55. A 56. A
57. B 58. B 59. B 60. A 61. B 62. B 63. B 64. C 65. B 66. C 67. B
68. C 69. D 70. B 71. C 72. D 73. D 74. C 75. B 76. B 77. A 78. B
79. C 80. C 81. D 82. C 83. B 84. C 85. A 86. D 87. B 88. C 89. C
90. B 91. C 92. B 93. A 94. D 95. A 96. C 97. B 98. C 99. A 100. B
101. D 102. C 103. C 104. A 105. C 106. C 107. C 108. C 109. A 110. D
111. A 112. C 113. A 114. D 115. B 116. D 117. B 118. C 119. B 120. A
121. C 122. B 123. B 124. C 125. D 126. B 127. B 128. C 129. D 130. B
131. D 132. A 133. B 134. A 135. C 136. B 137. D 138. A 139. B 140. B
141. C 142. C 143. C 144. B 145. C 146. B 147. A 148. C 149. C 150. A
151. A 152. A 153. D 154. A 155. A 156. A 157. C 158. A 159. C 160. C
161. C 162. A 163. B 164. A 165. A 166. B 167. B 168. A 169. C 170. C
171. A 172. B 173. B 174. C 175. A 176. B 177. A 178. C 179. A 180. C
181. A 182. B 183. A 184. C 185. B 186. C 187. A 188. C 189. C 190. C
191. C 192. B 193. C 194. C 195. A 196. A 197. A 198. B 199. A 200. B
201. A 202. A 203. A 204. C 205. C 206. C 207. A 208. B 209. B 210. A
211. B 212. A 213. B 214. D 215. C 216. B 217. D 218. B 219. B 220. A
221. D 222. B 223. D 224. D 225. C 226. D 227. A 228. B 229. C 230. D
231. D 232. D 233. D 234. D 235. D 236. B 237. D 238. B 239. B 240. B
241. D 242. B 243. D 244. B 245. D 246. B 247. B 248. D 249. D 250. B
251. B 252. D 253. B 254. D 255. D 256. A 257. B 258. D 259. C 260. B
261. A

## 三、简答题

1. 答　键联接主要用来联接轴和轴上的传动零件，实现周向固定和传递转矩；有的键也可以实现零件的轴向固定或轴向滑动。

2. 答　松键联接的特点是工作时靠键的两侧面传递转矩，装配时不需打紧，键的上表面与轮毂键槽底面之间留有间隙，因而定心良好、装拆方便。紧键联接的特点是在键的上表面具有一定的斜度，装配时需将键打入轴与轴上零件的键槽内联接成一个整体，从而传递转矩；紧键联接能够轴向固定零件，并能承受单向轴向力，但定心较差。

3. 答　普通平键由于结构简单、装拆方便、对中性好，因此被广泛应用于传递精度要求较高、高速或承受变载、冲击的场合。

4. 答　当轴上安装的零件需要沿轴向移动时，可采用导向平键或滑键联接。其中，导向平键联接适用于轴上零件轴向移动量不大的场合，如变速箱中的滑移齿轮等；滑键联接适用于轴上零件轴向移动量较大的场合，如车床中光杆与溜板箱中零件的联接等。

5. 答　花键联接是由带多个纵向凸齿的轴和带有相应齿槽的轮毂孔组成的，按其剖面形状不同，可分为矩形花键和渐开线花键两种类型。花键联接一般用于定心精度要求高、载荷大或需要经常滑移的重要联接，在机床、汽车、拖拉机等机器中得到广泛的应用。

6. 答　与平键联接相比，花键联接由于键齿较多、齿槽较浅，因此能传递较大的转矩，对轴的强度削弱较小，且使轴上零件与轴的对中性和沿轴移动的导向性都较好，但其加工复杂、制造成本高。

7. 答　销联接的主要用途有：1）用作定位零件；2）传递横向力或转矩；3）用作安全装置中的过载切断零件。

8. 答　圆柱销是靠微量过盈固定在销孔中的，故不宜经常装拆，否则会降低定位精度和联接的可靠性；而圆锥销有1∶50的锥度，易于安装，有可靠的自锁性能，定位精度高于圆柱销，且在同一销孔中经过多次装拆不会影响定位精度和联接的可靠性，所以应用广泛。圆柱销和圆锥销的销孔一般均需铰制。

9. 答　由于螺纹联接具有结构简单、联接可靠、装拆方便和成本低廉等优点，所以应用极为广泛。

10. 答　螺纹的主要参数有：大径（$d$、$D$）、小径（$d_1$、$D_1$）、中径（$d_2$、$D_2$）、螺距（$P$）、导程（$Ph$）、牙型角（$\alpha$）和螺纹升角（$\phi$）。

11. 答　细牙普通螺纹比同一公称直径的粗牙普通螺纹的螺距小、强度高、自锁性能好。细牙普通螺纹常用于薄壁零件或受变载、振动及冲击载荷的联接，也可用于微调装置中。

12. 答　因为梯形螺纹的牙型为等腰梯形，牙型角30°，它具有加工工艺性能好，牙根强度高，对中性好，采用剖分式螺母可以调整间隙等优点，所以是传动螺旋的主要螺纹形式。

13. 答　55°密封管螺纹的牙型角为55°，内、外螺纹的牙顶和牙底为圆角，它有圆锥内螺纹与圆锥外螺纹和圆柱内螺纹与圆锥外螺纹两种联接形式；圆锥内、外螺纹分布在1∶16的圆锥管壁上，螺纹副自身具有密封性。55°密封管螺纹主要用于高温、高压系统和润滑系统中的管接头、旋塞、阀门和其他螺纹管的联接。

14. 答　拧紧螺母可以使联接在承受工作载荷之前就受到了预紧力的作用，其目的是为了增强联接的刚性、可靠性和紧密性，防止受载后被连接件之间出现缝隙或发生相对位移。

15. 答　联接用的螺纹标准体都能满足自锁条件，在静载荷作用下，联接一般是不会自动松脱的。但是，在冲击、振动或变载荷作用下，或者当温度变化很大时，螺纹副中的自锁性能就会瞬时间减小或者消失，当这种现象多次重复出现时，将使联接逐渐松脱，甚至会造成重大事故。因此，必须考虑螺纹联接的防松措施。

16. 答　螺纹联接常用的防松方法主要有利用摩擦防松、利用机械防松和永久防松三种。其中，利用摩擦防松的方法有双螺母、弹簧垫圈和自锁螺母等；利用机械防松的方法有开口销与槽形螺母、止动垫片、圆螺母用带翅垫片和串联钢丝等；永久防松的方法有端铆、冲点和粘合等。

17. 答　死点位置的积极作用是：夹具利用其自锁性夹紧工件；死点位置的消极作用是：机构运动不能顺利通过死点位置。可增加从动件的惯性或采取联动结构，使其顺利通过死点位置。

18. 答　从动件的受力方向与运动方向之间所夹的锐角称为压力角。曲柄摇杆机构（曲柄为主动）的最大压力角是出现在曲柄与机架共线的位置上。

19. 答　主要特点：可使从动件实现任意给定的运动规律；结构简单、紧凑、工作可靠；凸轮与从动件之间的接触为点、线接触，易于磨损。适用于传力不大的控制机构和调节机构中。

20. 答　1）等速运动规律：传动中产生刚性冲击，用于低速轻载场合。

2）等加速等减速运动规律：传动中产生柔性冲击，用于中速轻载场合。

3）余弦加速度运动规律：传动中产生较轻的柔性冲击，用于中速中载场合。

4）正弦加速度运动规律：传动中无任何冲击，可用于高速中载场合。

21. 答　齿轮的齿距 $p$ 与无理数 $\pi$ 的比值称为模数；模数是齿轮尺寸计算中的一个基本参数，为标准值；模数越大，轮齿也越大，轮齿的抗弯能力越高。

22. 答　与直齿圆柱齿轮传动相比，斜齿圆柱齿轮传动的平稳性更好，实际啮合的轮齿对数较多，承载能力更强，适用于高速、重载的传动中。

23. 答　主要特点：结构紧凑、传动比大；传动平稳无噪声；传动效率低，可自锁；制造成本较高。适用于传动比大、传递功率较小、结构紧凑的传动机构中。

24. 答　轮系的主要作用有：可实现较远距离两轴之间的运动和动力的传递；可实现分路传动；可获得大传动比，实现变速传动；可实现运动的合成与分解。

25. 答　1）预紧力的影响：预紧力越大，传动能力就越大。

2）包角的影响：小带轮的包角越大，传动能力就越大。

3）摩擦因数的影响：摩擦因数越大，摩擦力就越大，传动能力就越大。

4）工作速度的影响：速度越快，离心力越大，传动能力就下降。

26. 答　链传动的主要失效形式为链条的失效，具体包括：链板的疲劳破坏；铰链磨损破坏；销轴和套筒的胶合破坏。

27. 答　轴类零件的主要技术要求：①标准公差等级为 IT5 ~ IT9。②形状和位置精度一般规定为 0.01 ~ 0.03mm，高精度轴为 0.001 ~ 0.005mm。表面粗糙度值为 $Ra2.5$ ~ 0.16μm。

28. 答　外圆表面光整加工的方法有：①高精度磨削，表面粗糙度值为 $Ra0.04$ ~ 0.02μm，能够修正上道工序留下的形状误差和位置误差，生产效率高。②超精加工，表面粗糙度值为 $Ra0.08$ ~ 0.01μm，这种加工方法不能纠正工件的形状误差与同轴度误差。超精加工切削速度低，工件表面变质层浅，没有烧伤等现象。③研磨，表面粗糙度值为 $Ra0.16$ ~ 0.01μm。研磨可提高表面形状精度与尺寸精度，但是一般不能提高表面位置精度，适用范围广。④珩磨，表面粗糙度值可达到 $Ra0.04$ ~ 0.01μm，不适用于带肩轴类零件和锥形表面，不能纠正上道工序留下的形状误差和位置误差。⑤滚压加工，表面粗糙度值可达 $Ra0.63$ ~ 0.16μm，生产效率高，常以滚压代替珩磨与研磨。滚压不能纠正上道工序留下的形状和位置误差，淬硬材料及局部有松软组织的材料（如铸铁）不适合滚压加工。

29. 答　套筒零件孔的加工方法有：钻孔、扩孔、镗孔、车孔、铰孔、磨孔、拉孔、珩孔、研磨孔及孔表面滚压加工。其中钻孔、扩孔、车孔与镗孔通过常作为粗加工与半精加工，而铰孔、磨孔、珩孔、研磨孔、拉孔及滚压加工则为孔的精加工方法。

30. 答　①精细镗孔，用于有色金属合金及铸铁套筒零件孔终加工或作珩磨和滚压前的预加工。②内孔珩磨，用于加工铸铁，淬硬或不淬硬钢件，但不宜加工韧性较大的金属。③内孔研磨，用于淬硬或不淬硬钢件，但不宜加工韧性较大的金属。④孔滚压，硬度不均，表面疏松，有气孔和砂眼等缺陷，不可采用滚压工艺而是选用研磨；对于淬硬套筒的孔精加工，也不宜采用滚压。

31. 答　箱体零件粗基准的选择：①在保证各加工表面有必要的加工余量的前提下，使主轴孔的加工余量均匀，孔壁厚度均匀。②保证箱体内壁与装入的零件之间有足够的空隙。箱体零件精基准的选择：①以装配基准面为精基准。②以箱体上的一面两孔定位。

32. 答　活塞一般选用止口作为精基准，这样使精基准具有基准统一，减少变形，使用方便等特点。

33. 答　加工过程可能出现的各种原始误差主要分成两部分：一是与工艺系统本身初始状态有关的主要原始误差，包括原理误差和工艺系统几何误差（刀具误差、夹具误差、调整误差、定位误差、机床误差等）；二是与切削过程有关的原始误差，包括工艺系统力效应引起的变形和工艺系统热效应引起的变形。

34. 答　允许存在原理误差。因为理论上完全正确的加工方法，有时却难以实现，正确的加工原理有时会使机床或夹具的结构极为复杂，造成制造上的困难；或者由于环节过多，增加了机构运动中的误差，反而得不到高的加工精度。在生产实际中经常采用近似的加工原理是因为只要误差值不超过允许范围，近似的加工原理往往还可以提高生产率和使工艺过程更为经济。

35. 答　机械加工时，机床、夹具、刀具和工件构成的一个完整的系统，称为工艺系统。

36. 答　由于毛坯加工余量和材料硬度的变化，引起切削力和工艺系统受力变形的变化，使毛坯的误差反映到加工后的工件表面，这种现象称为“误差复映”。

37. 答　机床误差包括主轴回转误差、导轨误差和传动链传动误差。

38. 答　主轴回转误差包括纯径向圆跳动、纯角度摆动、纯轴向窜动三种基本形式。不同形式的主轴回转误差对加工精度的影响不同，同一形式的回转误差在不同的加工方式中对加工精度的影响也不一样。如磨床砂轮主轴的径向圆跳动使砂轮产生振动，增大工件表面的粗糙度；车床主轴的轴向窜动使车削后的平面产生平面度误差，加工端面与内外圆中心线不垂直；镗床主轴纯角度摆动，使镗削加工的孔产生椭圆形等。

39. 答　用前后固定顶尖装夹轴类工件，机床主轴仅起带动作用，可以避免主轴误差对加工带来的不良影响。

40. 答　因为具有残余应力的工件处于不稳定状态，具有恢复到无应力状态的倾向，在常温下会缓慢地产生变形，丧失其原有的加工精度。此外，具有残余应力的毛坯及半成品，切去一层金属后，原有的平衡状态被破坏，内应力重新分布，使工件产生明显的变形。所以要消除或尽可能减小工件的残余应力。

41. 答　机械加工表面质量包括表面粗糙度和表面层力学性能，后者又包含三个方面：表面层冷作硬化、表面层残余应力及表面层金相组织变化。

42. 答　工件表面在加工过程中产生强烈的塑性变形后，其强度、硬度都得到提高并达到一定深度，这种现象称作冷作硬化。

43. 答　控制表面残余应力的方法有：①采用滚压、喷砂、喷丸等方法对零件表面进行处理。②采用高频感应加热淬火、渗碳、渗氮等热处理方法，可以获得表面残余应力。③采用人工时效的方法，消除表面残余应力。④采取精细车、精细磨、研磨、珩磨、超精加工等方法作为工件的最终加工。

44. 答　由于工件的刚度低，切削时容易产生弯曲变形和振动，为了减少因背向力使工件弯曲变形而产生加工误差，采用中心架或跟刀架以提高工件的刚度，还可以采用反向进给的切削方法。

45. 答　根据切削原理可知，影响表面粗糙度的因素有进给量、刀尖圆弧半径及刀具的主、副偏角。

46. 答　机械加工表面几何特征有表面粗糙度、表面波度、表面加工纹理和伤痕。

47. 答　液压泵按其结构不同可分为齿轮式、叶片式、柱塞式和螺杆式等类型。

48. 答　齿轮泵产生困油现象的原因是齿轮啮合的重合度 $\varepsilon>1$，同时有两对齿进行啮合。CB－B 型齿轮泵解决困油的措施是在齿轮两侧的前后盖板上铣出两个困油卸荷凹槽。卸荷槽的位置当困油腔由大变小时，能通过卸荷槽与压油腔相通；由小变大时，能与吸油腔相通，并保证吸、压油腔在任何时候都不能互通。

49. 答　单作用叶片泵即泵轴转一圈完成一次吸油、压油；双作用叶片泵即泵轴转一圈完成两次吸油、压油。

50. 答　液压缸按其结构不同可分为活塞式、柱塞式和摆动式三类型。

51. 答　单作用液压缸中液压力只能使活塞单方向运动，反方向运动必须靠外力实现；双作用液压缸可由液压力实现两个方向的运动。

52. 答　间隙密封是依靠相对运动零件配合间的微小间隙来实现密封的。适用于尺寸较小、压力较低、运动速度较高的缸体内孔与活塞的密封。

53. 答　液压控制阀按用途不同可分为：方向控制阀、压力控制阀、流量控制阀三大类。

54. 答　溢流阀的用途有：调压溢流、安全保护、使泵卸荷、形成背压等。

55. 答　蓄能器的功用有：短期内供应大量的油、维持系统的压力、吸收压力脉动和液压冲击。

56. 答　节流调速回路有：进油路节流调速、回油路节流调速、旁油路节流调速三种类型。

57. 答　断路器的优点是，外廓尺寸小、安装方便、操作安全、具有多种保护功能。它主要用于欠电压、失电压、过载或短路故障发生时自动分断。

58. 答　在电动机电路中熔断器的作用是起短路保护，而热继电器的作用是起过载保护。

59. 答　热继电器的主要结构是由热元件、触头、动作机构、复位机构和调整电流装置等部分组成。其动作原理是根据两种金属材料受热后，膨胀程度不同而形成的。

60. 答　电动机在断开联接的电源后，能迅速停转的控制称制动控制。制动的方法有机械制动和电力制动，在电力制动中有能耗制动和反接制动。

61. 答　按励磁方式来分，可分为他励、串励、并励和复励四种。

62. 答　因为照明灯是选用安全电压36V，所以采用线电压380V 经变压器供电。

63. 答　因为起动瞬间电枢的反电势为零，而电枢电阻又很小，会使起动电流很大，所以直流电动机要降压起动。

64. 答　在励磁电流和电枢电流中，改变某一电流的方向。

65. 答　调速方法有改变励磁电流的大小或改变电枢电流的大小。还有改变电枢回路的电压进行调速。

66. 答　其作用是限制电枢电流。

67. 答　刀位点是指刀具的定位基准点。立铣刀的刀位点是刀具中心线与刀具底面的交点；球头铣刀是球头的球心点；车刀是刀尖或刀尖圆弧中心；钻头是钻尖。

68. 答　一般对刀（或手动对刀）；机外对刀仪对刀；ATC 对刀；自动对刀。

69. 以一次安装、加工作为一道工序；以同一把刀具加工的内容划分工序；以加工部位划分工序；以粗、精加工划分工序。

70. 答　平面类零件；变斜角类零件；曲面类（或立体类）零件。

71. 答　在 *XY* 平面定位；快速移动到 *R* 平面；孔加工；孔底动作；返回 *R* 平面或起始点。

72. 答　所选的对刀点应使程序编制简单；对刀点应选择在容易找正、便于确定零件加工原点的位置；对刀点的位置应在加工时检查方便、可靠；有利于提高加工精度。

73. 答　1）Z5.

2）深孔排屑钻循环

3）X20. Y10.

4）20

5）10

74. 答　1）Z10.

2）深孔排屑钻循环

3）X50. Y40.

4）10

5）Z10.

75. 答

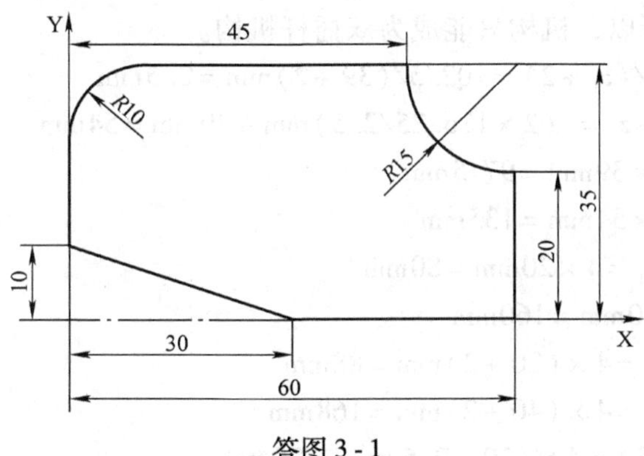


答图 3-1

76. 答

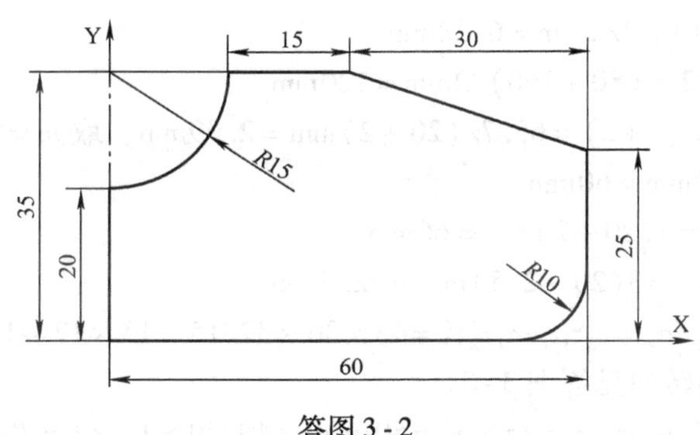


答图 3-2

## 四、应用题

1. 解　根据题意，机架长 40mm，两连架杆分别为曲柄和摇杆，曲柄长 18mm，是最短杆，摇杆长 45mm。

先设连杆长度 $l_{BC} > 45$mm，

则 $l_{BC} + 18 \leqslant 40 + 45$

因此 $l_{BC} \leqslant 67$mm

再设 $l_{BC} < 45$mm

则 $45 + 18 \leqslant l_{BC} + 40$

因此 $l_{BC} \geqslant 23$mm

所以当 $23\text{mm} \leqslant l_{BC} \leqslant 67\text{mm}$ 时，机构为曲柄摇杆机构。

2. 解　根据题意，机构最短杆为 $l_{AD} = 240$mm，最长杆 $l_{AB} = 600$mm，且 $240 + 600 < 500 + 400$

当 $l_{BC}$为机架时，因为机架为最短杆的对杆，所以机构为双摇杆机构；

当 $l_{AD}$为机架时，因为机架为最短杆，所以机构为双曲柄机构。

3. 解　根据题意，机构最短杆为 $l_{AB}=130$mm，最长杆 $l_{AD}=200$mm，且 130 + 200 > 150 + 175，所以，机构只能成为双摇杆机构。

4. 解　$m=d_{a1}/(z_1+2)=102.5/(39+2)\text{mm}=2.5\text{mm}$

$z_2=(2a/m)-z_1=(2\times116.25/2.5)\text{mm}-39\text{mm}=54\text{mm}$

$d_1=mz_1=2.5\times39\text{mm}=97.5\text{mm}$

$d_2=mz_2=2.5\times54\text{mm}=135\text{mm}$

5. 解　$d_1=mz_1=4\times20\text{mm}=80\text{mm}$

$d_2=mz_2=4\times40\text{mm}=160\text{mm}$

$d_{a1}=m(z_1+2)=4\times(20+2)\text{mm}=88\text{mm}$

$d_{a2}=m(z_2+2)=4\times(40+2)\text{mm}=168\text{mm}$

$d_{f1}=m(z_1-2.5)=4\times(20-2.5)\text{mm}=70\text{mm}$

$d_{f2}=m(z_2-2.5)=4\times(40-2.5)\text{mm}=150\text{mm}$

$s=\pi m/2=3.14\times4/2\text{mm}=6.28\text{mm}$

$a=(d_1+d_2)/2=(80+160)/2\text{mm}=120\text{mm}$

6. 解　$m=d_a/(z+2)=65.7/(20+2)\text{mm}=2.99\text{mm}$，取 $m=3$mm（标准模数）

$d=mz=3\times20\text{mm}=60\text{mm}$

$d_a=m(z+2)=3(20+2)\text{mm}=66\text{mm}$

$d_f=m(z-2.5)=3(20-2.5)\text{mm}=52.5\text{mm}$

7. 解　$i_{14}=n_1/n_4=z_2z_3z_4/z_1z_2'z_3'=45\times30\times37/15\times15\times17\approx13.06$

轮 1 和轮 4 的转向见答图 3-3。

8. 解　$i_{14}=n_1/n_4=z_2z_3z_4/z_1z_2'z_3'=50\times30\times40/20\times15\times1=200$

轮 1 和轮 4 的转向见答图 3-4。

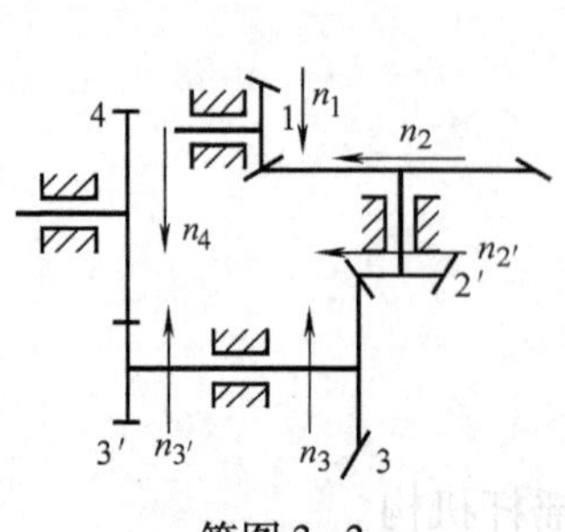


答图 3-3

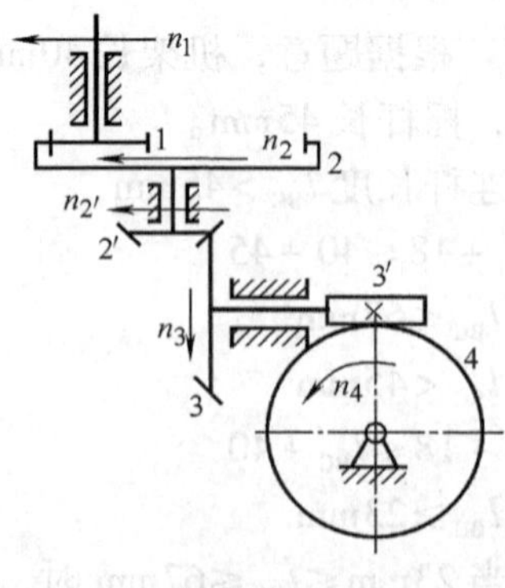


答图 3-4

9. 解　$i_{13}^{H}=(n_1-n_H)/(n_3-n_H)=-z_3z_2/z_2z_1=-z_3/z_1$

因为 $n_3=0$

所以 $n_H=n_1/(1+z_3/z_1)=2400/(1+130/105)\text{rpm}=1072.4\text{rpm}$

轮 1 和转臂 $H$ 的转向见答图 3 - 5。

10. 解　$i_{14}^{\mathrm{H}} = (n_1 - n_H)/(n_4 - n_{\mathrm{H}}) = -z_4 z_2/z_3 z_1 = -60 \times 25/20 \times 15 = -5$

$n_{\mathrm{H}} = (n_1 + 5n_4)/6 = (200 + 5 \times 50)/6\mathrm{rpm} = 75\mathrm{rpm}$

转臂 $H$ 的转向见答图 3 - 6。

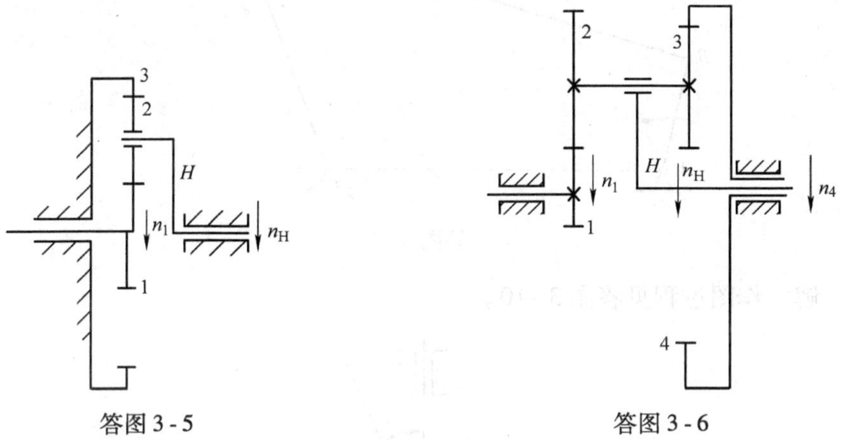


答图 3 - 5　　答图 3 - 6

11. 解　作图过程见答图 3 - 7，计算公式为 $K = (180° + \theta)/(180° - \theta)$

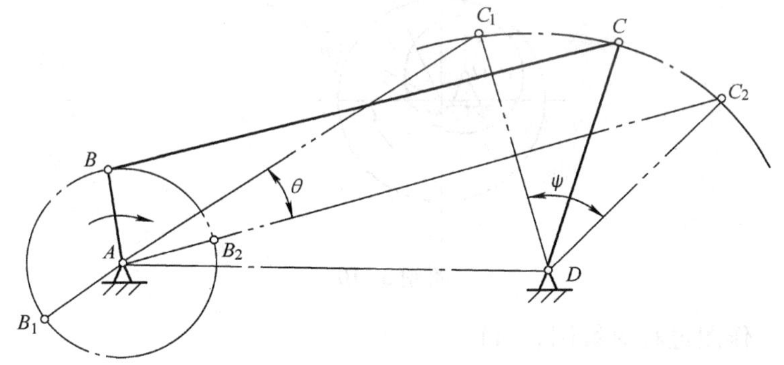


答图 3 - 7

12. 解　作图过程见答图 3 - 8，计算公式为 $K = (180° + \theta)/(180° - \theta)$

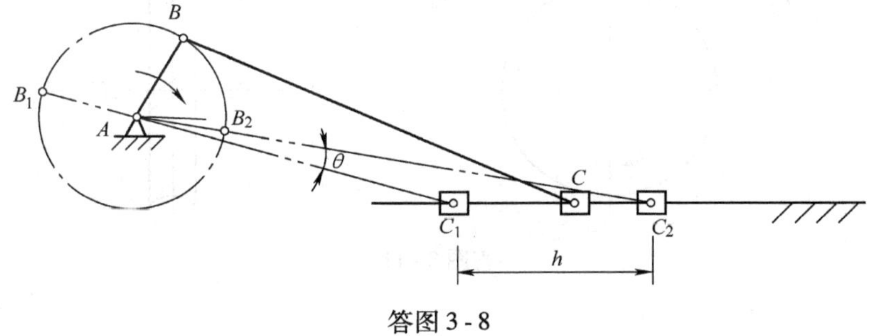


答图 3 - 8

13. 解　作图过程见答图 3 - 9。

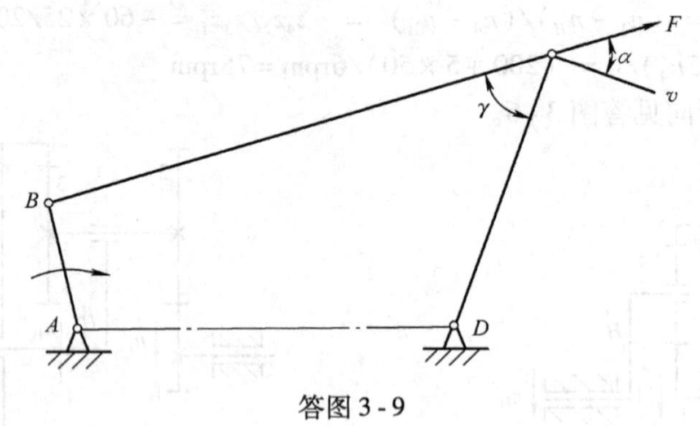


答图 3 - 9

14. 解　作图过程见答图 3 - 10。

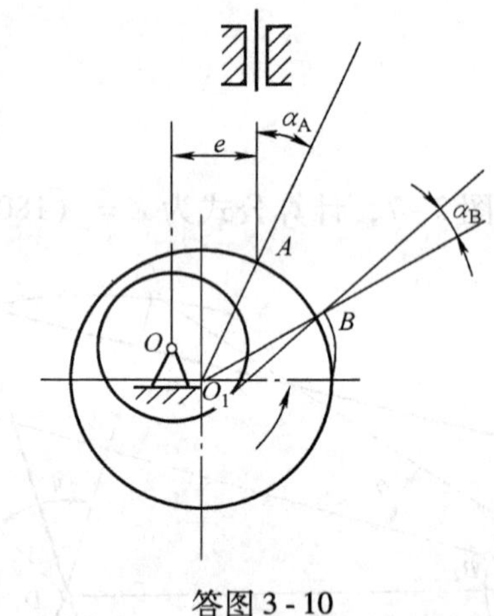


答图 3 - 10

15. 解　作图过程见答图 3 - 11。

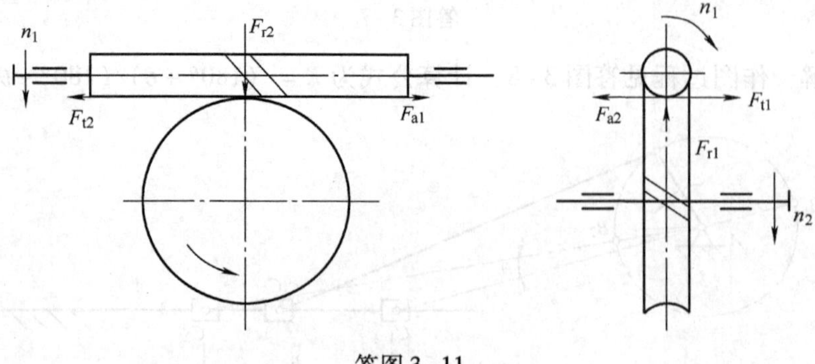


答图 3 - 11

16. 解　因为 $\varepsilon = \Delta_{工}/\Delta_{毛}$

所以 $\Delta_{工} = \varepsilon\Delta_{毛}$

第一次进给，工件形状精度为 $\Delta_{工} = 0.25 \times 0.45\text{mm} = 0.1125\text{mm}$

第二次进给，工件形状精度为 $\Delta_{工} = 0.25 \times 0.1125\text{mm} = 0.028125\text{mm}$

第三次进给，工件形状精度为 $\Delta_{工} = 0.25 \times 0.028125\text{mm} = 0.007\text{mm}$

答　至少进给三次才能使形状精度合格。

17. 解　因为 $\varepsilon = \Delta_{工}/\Delta_{毛}$

所以 $\Delta_{工} = \varepsilon\Delta_{毛}$

第一次进给，工件形状精度为 $\Delta_{工} = 0.20 \times 2\text{mm} = 0.4\text{mm}$

第二次进给，工件形状精度为 $\Delta_{工} = 0.20 \times 0.4\text{mm} = 0.08\text{mm}$

第三次进给，工件形状精度为 $\Delta_{工} = 0.20 \times 0.08\text{mm} = 0.016\text{mm}$

第四次进给，工件形状精度为 $\Delta_{工} = 0.20 \times 0.016\text{mm} = 0.0032\text{mm}$

答　第一次走刀后，加工表面的偏心误差是0.4mm，至少需要切四次才能使加工表面的偏心误差控制在0.01mm以内。

18. 答　产生*A*面圆柱度误差的原因有：①床身导轨在水平面内的直线度误差。②床身导轨与主轴回转轴线在水平面内不平行。③床身导轨的扭曲。④主轴回转轴线的纯角度摆动。产生*B*面对*A*面不垂直的原因有；①主轴回转轴线的轴向窜动。②刀架横溜板导轨与主轴回转轴线不垂直。

19. 答　a图：①工艺系统刚度低。②机床几何误差，导轨在水平面内直线度有误差且凸向工件；机床前后顶尖不等高。

b图：①工件刚性差。②机床几何误差，导轨在水平面内有直线度误差且中凹向工件。

c图：①机床几何误差，前后顶尖在水平面内产生偏移。②机床刚性差，尾座刚度比较低。③刀具热伸长。

20. 答　a图镗杆的悬伸为定值，其变形为定值，被加工的孔径减小为一定值，孔的直线度也好。

b图镗杆为双支承且支承长度不变，但镗刀在支承间的切削位置随工作台送进而变化，因而镗杆受力点的刚度是变化的，即镗刀靠近两端支承刚性较好，靠近中间刚性较差。因此，加工后孔圆柱度呈两端大，中间小。

21. 答　由于壁3处较薄，因而冷却较快；而壁1、2处厚，所以冷却较慢。冷却速度不一致使壁1、2与壁3处相互产生应力作用而达到平衡，壁3处受压应力而壁1、2处受拉应力。用直径为*D*的立铣刀铣断壁3后，毛坯中的内应力要重新分布，壁1、2处收缩，铣开后的宽度比*D*略小。

22. 答　①工件刚性差。②机床几何误差，导轨在水平面内直线度有误差；导轨在垂直平面内与主轴轴线不平行。③工件产生受热变形。

23. 答　由于工件为薄壁套筒，夹紧后工件产生变形（中间隆起），磨削卸下后工件恢复弹性变形，从而出现工件外圆呈鞍形（两端大，中间小）的现象。

24. 答　a 图镗杆支承长度不变，但镗刀在支承间的切削位置是变化的，因而镗杆受力点的刚度是变化的，即镗刀靠近两端支承刚性较好，靠近中间刚性较差。因此，加工后孔圆柱度呈两端大，中间小。

b 图镗杆的悬伸长度由小变大，刀尖处的挠度也不断增大，因此，加工后孔圆柱度呈左端大，右端小。

25. 答　由于左右两处的壁较薄，散热较易，因而冷却较快；而中间臂厚，所以冷却较慢。冷却速度的不一致使左右与中间处相互产生应力作用而达到平衡，中间壁受到拉应力而左右两处壁受到压应力。当左边用宽度为 $b$ 的铣刀铣开后，平衡破坏，铸件在中间壁和右边壁应力的作用下，产生弯曲变形，中间收缩，右边拉长，铣开后的宽度比 $b$ 略小。

26. 答　由于 $A$、$C$ 处为外壁，因而冷却较快；而 $B$ 处为内部，所以冷却较慢。冷却速度不一致使 $A$、$C$ 与 $B$ 处相互产生应力作用而达到平衡，$A$、$C$ 处受压应力而 $B$ 处受拉应力。当粗刨床面切去 $A$ 层后，毛坯中的内应力要重新分布，床面产生变形，$B$ 处收缩，$A$ 面呈中凹，$C$ 面呈中凸。

27. 答　工件加工时为两端支承，铣削时垂直切削分力指向工件，随着工作台进给工件受力点位置是变化的，因而工件受力点的刚度也是变化的，即工件靠近两端支承刚性较好，靠近中间刚性较差，因此，工件右端处的槽深大于中间的槽深。铣键槽前的对刀调整，工件不受切削力的作用而不会变形，所以铣削后键槽深度都比未铣键槽前调整的深度浅。

28. 答

| 工序号 | 工步号 | 内　容 | 设备名称 | 工艺装备 |
|---|---|---|---|---|
| | | 毛坯：铸件 | | |
| 一 | | 铸 | | |
| | | 两件合一，铸造成形 | | |
| 二 | | 清理 | | |
| | | 清除浇冒口、型砂、飞边等 | | |
| 三 | | 热处理 | | |
| | | 时效 | | |
| 四 | | 钳 | | |
| | | 基准：$\phi40$、$R35$、$\phi20$ 孔十字中心线 | | 平板、游标高度卡尺 |
| | 1 | 划 $\phi20$、$\phi50$ 孔十字中心线 | | |
| | 2 | 划各外表面加工线 | | |

（续）

| 工序号 | 工步号 | 内容 | 设备名称 | 工艺装备 |
|---|---|---|---|---|
| 五 | | 铣 | XA6132 | 游标卡尺 |
| | | 基准：端面及按线找正 | | |
| | | 粗、精铣各端面至图样要求 | | |
| 六 | | 钳 | | 平板、游标高度卡尺 |
| | | 基准：$\phi40$、$\phi20$ 外圆、$R35$，端面 | | |
| | | 划 $\phi50$、$\phi20$、$\phi10$、$\phi8$ 孔十字中心线 | | |
| 七 | | 镗 | T68 | 游标卡尺、内径指示表 |
| | | 基准：端面及找正 $\phi50$ 孔十字线 | | |
| | | 粗、精镗 $\phi50$ 孔至图样要求 | | |
| 八 | | 线切割 | | 游标卡尺 |
| | | 基准：$\phi50$ 孔及端面 | | |
| | 1 | 线切割 $R27$ 圆弧 | | |
| | 2 | 切开成单件 | | |
| 九 | | 钻 | Z51 | 钻模、$\phi20$ 塞规 |
| | | 基准：端面、$\phi50$ 孔、$\phi40$ 外圆 | | |
| | 1 | 钻、扩、铰 $\phi20$ 孔至图样要求 | | |
| | 2 | 孔口倒角至尺寸 | | |
| 十 | | 钻 | Z51 | 游标卡尺、$\phi8$ 塞规 |
| | | 基准：外圆、端面及找正孔十字线 | | |
| | 1 | 钻 $\phi10$ 孔至图样要求 | | |
| | 2 | 钻、铰 $\phi8$ 孔至图样要求 | | |
| | 3 | 孔口倒角至尺寸 | | |
| 十一 | | 钳 | | 锉刀 |
| | | 去各部飞边 | | |
| 十二 | | 检验 | | |
| | | 检查、上油入库 | | |

29. 答

| 工序号 | 工步号 | 内　容 | 设备名称 | 工艺装备 |
|---|---|---|---|---|
| | | 毛坯：45 热轧圆钢，外圆规格 $\phi30$ | | |
| 一 | | 备料 | 锯床 | 金属直尺 |
| | | 将原材料割至 $\phi30\times352$ | | |
| 二 | | 车 | CA6140 | 中心钻、游标卡尺 |
| | | 基准：外圆、中心孔 | | |
| | 1 | 车端面 | | |
| | 2 | 钻中心孔 | | |
| | 3 | 粗车 $\phi20$、$\phi18$、M16 大径，均留加工余量 3mm | | |
| | | 台阶长度车至尺寸 | | |
| | | 掉头，基准：外圆、中心孔 | | |
| | 1 | 车端面，取总长，留加工余量 3mm | | |
| | 2 | 钻中心孔 | | |
| | 3 | 粗车 Tr18 ×4 大径、$\phi13$，均留加工余量 3mm | | |
| | | 车台阶长度至尺寸 | | |
| 三 | | 热处理 | | |
| | | 调质 235HBW | | |
| 四 | | 车 | CA6140 | 游标卡尺、螺纹环规 |
| | | 基准：外圆、中心孔 | | |
| | 1 | 车端面，修中心孔 | | |
| | 2 | 半精车 $\phi28$、$\phi20$、$\phi18$，均留加工余量 0.4～0.5mm | | |
| | 3 | 车 M16 螺纹至尺寸 | | |
| | 4 | 沉割、倒角至尺寸 | | |
| | | 掉头，基准：外圆、中心孔 | | |
| | 1 | 车端面，取准总长 348，修中心孔 | | |
| | 2 | 半精车 Tr18 ×4 螺纹大径，留加工余量 0.4～0.5mm | | |
| | 3 | 车左端 $\phi13$ 外圆至图样要求 | | |
| | 4 | 沉割、倒角至尺寸 | | |

（续）

| 工序号 | 工步号 | 内　容 | 设备名称 | 工艺装备 |
| --- | --- | --- | --- | --- |
| 五 | | 磨 | M1432A | 外径千分尺 |
| | | 基准：两端中心孔 | | |
| | | 磨 Tr18×4 螺纹大径至图样要求 | | |
| 六 | | 车 | 精密车床 | |
| | | 基准：外圆、中心孔 | | |
| | | 粗车 Tr18×4 螺纹，螺旋面留精车量 0.25～0.35mm | | |
| | | 车螺纹小径至图样要求 | | |
| 七 | | 铣 | X62W | 游标卡尺、半圆键槽铣刀 $\phi19\times5$ |
| | | 基准：外圆 | | |
| | | 按图铣键槽至深度 | | |
| | | 基准：外圆、中心孔 | | |
| | | 铣去两端牙厚 1mm 的不完整螺纹 | | |
| 八 | | 研 | 车床 | |
| | | 修研两端中心孔 | | |
| 九 | | 磨 | S7520 | |
| | | 基准：两端中心孔 | | |
| | | 磨 Tr18×4 螺纹至图样要求 | | |
| 十 | | 磨 | M1432A | 外径千分尺 |
| | | 基准：两端中心孔 | | |
| | 1 | 磨 $\phi20$ 外圆至图样要求 | | |
| | 2 | 磨 $\phi18$ 外圆至图样要求 | | |
| 十一 | | 车 | CA6140 | |
| | | 基准：外圆、中心孔 | | |
| | | 车去 Tr18×4 螺纹齿形顶部尖角处飞边 | | |
| 十二 | | 检验 | | |
| | | 检查、上油入库 | | |

30. 答

| 工序号 | 工步号 | 内　容 | 设备名称 | 工艺装备 |
|---|---|---|---|---|
| | | 毛坯：铸件 | | |
| 一 | | 铸 | | |
| | | 铸造成型 | | |
| 二 | | 清理 | | |
| | | 清除浇冒口、型砂、飞边等 | | |
| 三 | | 热处理 | | |
| | | 时效 | | |
| 四 | | 涂装 | | |
| | | 内壁涂黄漆，非加工外表面涂底漆 | | |
| 五 | | 钳 | | 平板、游标高度卡尺 |
| | | 基准：2×$\phi$52 孔十字中心线 | | |
| | 1 | 划 2×$\phi$52 孔十字中心线 | | |
| | 2 | 划各外表面加工线 | | |
| 六 | | 铣 | XA6132 | |
| | | 基准：顶面按线找正 | | |
| | | 粗、精铣底面，表面粗糙度值 *Ra*1.6（工艺用） | | |
| 七 | | 铣 | XA6132 | 游标卡尺 |
| | | 基准：底面 | | |
| | | 粗、精铣顶面，保证尺寸 235，*Ra*12.5 | | |
| 八 | | 铣 | XA6132 | 游标卡尺 |
| | | 基准：底面及校正 | | |
| | | 铣底座四侧面（铣出即可，工艺用） | | |
| 九 | | 铣 | XA6132 | 游标卡尺 |
| | | 基准：底面及一侧面 | | |
| | | 粗铣四侧凸缘端面，各端面均留加工余量 0.5mm | | |
| 十 | | 镗 | T68 | 游标卡尺、内径千分尺 |
| | | 基准：底面及一侧面 | | |
| | | 粗、精镗 $\phi$52 两孔，并刮端面，保证尺寸 138、102 至图样要求 | | |

（续）

| 工序号 | 工步号 | 内　　容 | 设备名称 | 工艺装备 |
|---|---|---|---|---|
| 十一 | | 镗 | T68 | 游标卡尺、内径千分尺 |
| | | 基准：底面及一侧面 | | |
| | | 粗、精镗 $\phi52$ 两孔，并刮端面，保证尺寸196、158至图样要求 | | |
| 十二 | | 钻 | Z3040 | 游标卡尺、$\phi8$ 钻头 |
| | | 基准：顶面及按线找正 | | |
| | | 划、钻 $4\times\phi8$ 孔 | | |
| 十三 | | 钻 | Z3040 | 钻模板、游标卡尺、$\phi5$ 钻头 |
| | | 基准：$\phi52$ 孔、底面、侧面 | | |
| | | 钻各面M6小径孔 | | |
| 十四 | | 钳 | | M6丝锥、锉刀 |
| | 1 | 攻各面M6螺纹 | | |
| | 2 | 去飞边 | | |
| 十五 | | 涂装 | | |
| | | 非加工外表面涂规定色 | | |
| 十六 | | 检验 | | |
| | | 检查、上油入库 | | |

31. 解　(1) $P_{出} = pnV\eta_V \dfrac{10\times10^6\times1450\times10^{-6}\times0.95}{60} = \text{kW} = 22.96\text{kW}$

(2) $P_{电} = \dfrac{P_{出}}{\eta} = \dfrac{22.96}{0.9}\text{kW} = 25.5\text{kW}$

32. 解　(1) 不是。(2) 缸2速度快。(3) 缸1输出功率大。

33. 解　(1) $p_1 = \dfrac{p_2\times A_2+F_1}{A_1} = \dfrac{F_2/A_1\times A_2+F_1}{A_1} = \dfrac{F_2/2+F_1}{A_1}$；$p_2 = \dfrac{F_2}{A_1}$

(2) $v_1 = \dfrac{q}{A_1}$；$v_2 = \dfrac{v_1\times A_2}{A_1} = \dfrac{v_1}{2}$

34. 解　运动时：$A$ 点和 $B$ 点的压力都为零。

碰到止位钉后：$A$ 点的压力为溢流阀的调定压力5MPa。

$B$ 点的压力为减压阀的调定压力1.5MPa。

35. 解　a）调压溢流，b）安全保护，c）形成背压，d）使泵卸荷。

36. 解　a图用二位二通阀的卸荷回路，二位二通阀应通过泵的全流量，选用规格应与泵的额定流量相适应。

b图用先导式溢流阀和二位二通阀的卸荷回路，可便于远距离控制，同时二位二通阀可用小流量的规格，并比 a 图方式平稳。

37. 解　a 图采用节流阀调速，速度不稳定，会随外负载而变。

b 图采用调速阀调速，速度稳定，不会随外负载而变。b 图速度、刚度优于 a 图，但 b 图功率损失比 a 图要大些。

38. 解　(1) 常开

(2) $p = p_y$

(3) $v = \dfrac{q_L}{A_2} = \dfrac{10 \times 10^{-3}}{50 \times 10^{-4}}\text{m/min} = 2\text{m/min}$

(4) $v_{max} = \dfrac{q_B}{A_1} = \dfrac{30 \times 10^{-3}}{100 \times 10^{-4}}\text{m/min} = 3\text{m/min}$

39. 解　(1) 溢流

(2) $p_B = p_y$

(3) $v_1 = \dfrac{q_{L1}}{A_1} = \dfrac{60A_{L1}\sqrt{\Delta p}}{A_1} = \dfrac{60A_{L1}\sqrt{p_y - F/A_1}}{A_1} = \dfrac{60 \times 0.01 \times \sqrt{16}}{100 \times 10^{-2}}$

$= 2.4\text{dm/min} = 0.24\text{m/min}$

(4) 因 $q_{L2} = 60 \times 0.05 \times \sqrt{16}\text{L/min} = 12\text{L/min} > q_B = 10\text{L/min}$

故 $v_2 = v_{max} = \dfrac{q_B}{A_1} = \dfrac{10}{100 \times 10^{-2}} = 10\text{dm/min} = 1\text{m/min}$

40. 解

| 电磁铁 / 动作 | 1YA | 2YA | 3YA | 4YA |
|---|---|---|---|---|
| 快进 | + | − | + | − |
| 工进 | − | − | − | − |
| 快退 | − | + | − | − |
| 原位停止、液压泵卸荷 | − | − | − | + |

41. 解

| 电磁铁 / 动作 | 1YA | 2YA | 3YA | 4YA |
|---|---|---|---|---|
| 快进 | + | − | + | + |
| 工进 1 | + | − | − | + |
| 工进 2 | + | − | − | − |
| 快退 | − | + | + | + |
| 原位停止、液压泵卸荷 | − | − | − | − |

42. （1）解

| 动作＼电磁铁 | 1YA | 2YA | 3YA | 4YA | 5YA | DP |
|---|---|---|---|---|---|---|
| 快进 | + | − | + | − | − | − |
| 工进 1 | + | − | − | − | − | − |
| 工进 2 | + | − | − | + | − | − |
| 停留 | + | − | − | + | − | + |
| 快退 | − | + | + | − | − | − |
| 停止 | − | − | − | − | + | − |

（2）解

快进｛进油路 1→2→4（缸左腔）；回油路 5→3→6→9（油箱）｝

工进 1｛进油路 1→2→4（缸左腔）；回油路 5→3→6→7（油箱）｝

工进 2｛进油路 1→2→4（缸左腔）；回油路 5→3→6→8（油箱）｝

快退｛进油路 1→2→5（缸右腔）；回油路 4→3→6→9（油箱）｝

43. （1）解

| 动作＼电磁铁 | 1YA | 2YA | 3YA | 4YA | 5YA | DP |
|---|---|---|---|---|---|---|
| 快进 | + | − | + | − | − | − |
| 工进 1 | + | − | − | + | − | − |
| 工进 2 | + | − | − | − | − | − |
| 停留 | + | − | − | − | − | + |
| 快退 | − | + | − | − | − | − |
| 停止 | − | − | − | − | + | − |

（2）解

快进｛进油路：1→2→3→5（缸左腔）；回油路：6→5（缸左腔）｝

工进 1｛进油路：1→2→3→5（缸左腔）；回油路：6→7→9→10（油箱）｝

工进 2｛进油路：1→2→3→5（缸左腔）；回油路：6→7→8→10（油箱）｝

快退｛进油路：1→2→4→6（缸右腔）；回油路：5→3→11（油箱）｝

44. （1）解

| 动作＼电磁铁 | 1YA | 2YA | 3YA | 4YA | 5YA | DP |
|---|---|---|---|---|---|---|
| 快进 | + | − | − | − | − | − |
| 工进 1 | + | − | + | − | − | − |
| 工进 2 | + | − | + | + | − | − |
| 停留 | + | − | + | + | − | + |
| 快退 | − | + | − | − | − | − |
| 停止 | − | − | − | − | + | − |

（2）解

快进 $\begin{cases}\text{进油路：}1\to2\to4\text{（缸左腔）}\\\text{回油路：}5\to3\to6\to4\text{（缸左腔）}\end{cases}$　工进1 $\begin{cases}\text{进油路：}1\to2\to4\text{（缸左腔）}\\\text{回油路：}5\to3\to7\to8\to10\text{（油箱）}\end{cases}$

工进2 $\begin{cases}\text{进油路：}1\to2\to4\text{（缸左腔）}\\\text{回油路：}5\to3\to7\to9\to10\text{（油箱）}\end{cases}$　快退 $\begin{cases}\text{进油路：}1\to2\to5\text{（缸右腔）}\\\text{回油路：}4\to13\text{（阀右端回油箱）}\end{cases}$

45.（1）解

| 电磁铁 / 动作 | 1YA | 2YA | 3YA | 4YA | 5YA | DP |
|---|---|---|---|---|---|---|
| 快进 | + | − | + | − | − | − |
| 工进1 | + | − | − | + | − | − |
| 工进2 | + | − | − | − | − | − |
| 停留 | + | − | − | − | − | + |
| 快退 | − | + | − | − | − | − |
| 停止 | − | − | − | − | + | − |

（2）解

快进 $\begin{cases}\text{进油路：}1\to2\to3\to5\text{（缸左腔）}\\\text{回油路：}6\to7\to5\text{（缸左腔）}\end{cases}$　工进1 $\begin{cases}\text{进油路：}1\to2\to3\to5\text{（缸左腔）}\\\text{回油路：}6\to10\to11\text{（油箱）}\end{cases}$

工进2 $\begin{cases}\text{进油路：}1\to2\to3\to5\text{（缸左腔）}\\\text{回油路：}6\to10\to12\text{（油箱）}\end{cases}$　快退 $\begin{cases}\text{进油路：}1\to2\to3\to7\to6\text{（缸右腔）}\\\text{回油路：}5\to4\text{（油箱）}\end{cases}$

46. 答　选择原则是：首先要考虑主触头的额定电压必须大于或等于控制线路的额定电压，另外主触头的额定电流选择必须大于或等于所控制负载的额定电流，如果用于操作频繁的电路，主触头额定电流应适当增大。

47. 答　行程开关在数控机床中，常作为限位开关来使用。机床工作台面一旦超出有效行程范围，行程开关受压，常闭触头被分断，驱动电路失电。

48. 答　重新按起动按钮，仍不能起动，这是因为过载保护是热继电器起作用，而热继电器没有复位，所以无法重新起动。

49. 答　熔断器起电动机短路保护作用，而电动机在工作中常有过载的情况发生，热继电器起过载保护作用的优点是可以复位。在照明电路中，过载与短路均由熔断器保护，如发生过载现象并熔断熔丝分断，则必须减小负载。

50. 答　注意正向接触器和反向接触器不得同时工作。彻底解决这个问题的方法是采用按钮和接触器双重互锁。

51. 答　最大的可能是热继电器分断后（由于工作在手动复位状态）没有手动复位。

52. 答　主轴正反转是采用机械方法实现的。主电机采用直接起动方式。

53. 答　其工作原理如下：

合上电源⟶按下 SB4 ⟶KT ⟶KM4 ⟶M3 运转

（YV）

（摇臂松开）⟶常闭 SQ2（松开限位开关）⟶KM4 ⟶M3 停转

└⟶常开 SQ2 ⟶KM3 ⟶M2 反转⟶摇臂下降

⟶下降位置到⟶松开 SB4 ⟶[KT; KM3 ⟶M2 停转 $\xrightarrow{延时}$ 常闭 KT]

⟶KM5 ⟶M3 反转⟶摇臂夹紧⟶常闭 SQ3 ⟶YV；⟶KM5

⟶电磁阀失电复位

⟶M3 停转

54. 答　砂轮上升

按住 SB5 ⟶线圈 KM3 ⟶{主触头⟶M4 正转上升；辅助触头⟶（13 – 14）联锁分断}

55. 答　VC（正极）$\xrightarrow{31}$FU4 $\xrightarrow{33}$KM5 主触头$\xrightarrow{36}$插座 XS1 ⟶YH ⟶插座 XS1 $\xrightarrow{34}$KM5 主触头$\xrightarrow{32}$FU4 $\xrightarrow{30}$VC（负极）

56. 答　主磁通不变，而电枢电路断电后，电枢靠惯性切割磁力线运转，此时电动机成了发电机，于是在电枢电路中便产生一个与原电流方向相反的电流。这个电流使电枢受到一个与原转矩方向相反的制动转矩而迅速停止转动。

57. 答　步距角是指步进电动机每通一次电所转过的角度。反应式步进电动机三种通电方式包括单相轮流通电方式、双相轮流通电方式、单双相轮流通电方式。

58. 答　见答图 3 - 12。

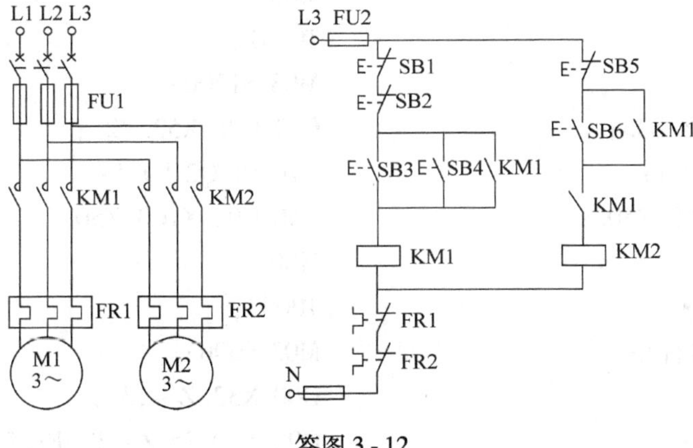


答图 3 - 12

59.（1）该电路为电动机正反转控制电路。

（2）FR：过载保护。FU：短路保护。KM1、KM2 常闭触点：电气互锁，防止电源短路。

60. FU：短路保护。FR：过载保护。SA：点动与连续运行转换。

KM1 常闭触点：电气互锁，防止电源短路。SQ3：行程保护。

61.

```
O0101（轴左）;
T0101;
M03S1000;
G00X52. Z2. ;
G71U1. 5R1. ;
G71P1Q2U0. 5W0. 1F0. 2;
N1G00X19. ;
G01X25. Z-1. ;
Z-18. ;
X27. 117;
G03X30. 912Z-19. 368R2. ;
G01X40. W-15. ;
W-3. ;
X46. ;
X48. W-1. ;
W-13. ;
N2X52. ;
G00X100. Z50. ;
M00;
T0101;
M03S1200;
G42G00X52. Z2. ;
G70P1Q2F0. 1;
G40G00X100. Z50. ;
M30;

O0102（轴右）;
T0101;
M03 S1000;
G00 X52. Z2. ;
G73 U23. W0 R24. ;
G73 P1 Q2 U0. 5 W0 F0. 2;
N1 G00 X-1. Z2. ;
G01 Z0;
X0;
G03 X19. 078 Z-6. 999 R10. ;
G01 X26. Z-18. ;
X29. 85 Z-20. ;
Z-34. ;
X26. Z-36. ;
Z-42. ;
X36. ;
G03 X40. Z-46. R5. ;
G01 Z-51. ;
X46. ;
N2 X52. Z-54. ;
G00X100. Z50. ;
M00;
T0101;
M03 S1200;
G42 G00 X52. Z2. ;
G70 P1 Q2 F0. 1;
G40 G00 X100. Z50. ;
M00;
T0003;
M03 S600;
G00 X32. Z-13. ;
G92 X29. 35 Z-37. F1. 5;
```

```
X28. 95;
X28. 65;
X28. 45;
X28. 35;
G00 X100. Z50. ;
M30;
```

62.

```
O0201 (轴左);
T0101;
M03 S1000;
G00 X52. Z2. ;
G71 U1. 5 R1. ;
G71 P1 Q2 U0. 5 W0. 1 F0. 2;
N1 G00 X24. ;
G01 X30. Z -1. ;
Z -23. ;
X46. ;
X48. Z -24. ;
Z -38. ;
N2 X52. ;
T0101;
M03 S1200;
G42 G00 X52. Z2. ;
G70 P1 Q2 F0. 1;
G40 G00 X100. Z50. ;
M30;

O0202 (轴右);
T0101;
M03 S1000;
G00 X52. Z2. ;
G73 U13. W0 R14. ;
G73 P1 Q2 U0. 5 W0 F0. 3;
N1 G00 X14. Z3. ;
G03 X26. Z -9. R15. ;
G01 Z -12. ;
X29. 85 Z -14. ;
Z -27. ;
X26. Z -29. ;
Z -35. ;
X28. 38;
G03 X32. 36 Z -36. 801 R2. ;
G01 X38. Z -65. ;
X46. ;
N2 X52. Z -68. ;
T0101;
M03 S1200;
G42 G00 X52. Z2. ;
G70 P1 Q2 F0. 1;
G40 G00 X100. Z50. ;
M00;
T0303;
M03 S600;
G00 X32. Z -8. ;
G92 X29. 35 Z -31. F1. 5;
X28. 95;
X28. 65;
X28. 45;
X28. 35;
G00 X100. Z50. ;
M30;
```

63.

```
O0301 (轴左);
T0101;
M03 S1000;
G00 Z52. Z2. ;
G71 U1. 5 R1. ;
G71 P1 Q2 U0. 5 W0. 1 F0. 3;
```

```
N1 G00 X19. ;
G01 X25. Z-1. ;
Z-18. ;
X27. 117;
G03 X30. 912 Z-19. 368 R2. ;
G01 X40. Z-33. ;
Z-36. ;
X46. ;
X48. Z-37. ;
Z-45. ;
N2 X52. ;
T0101;
M03 S1200;
G42 G00 X52. Z2. ;
G70 P1 Q2 F0. 1;
G40 G00 X100. Z50. ;
M30;

O0302 (轴右);
T0101;
M03 S1000;
G00 X52. Z2. ;
G73 U11. W0 R10. ;
G73 P1 Q2 U0. 5 W0 F0. 3;
N1 G00 X22. ;
G01 X29. 85 Z-2. F0. 1;
Z-16. ;
X26. Z-18. ;
Z-23. ;
X32. ;
G02 X40. Z-31. R10. ;
G01 Z-34. ;
X48. ;
Z-39. ;
G02 X39. 999 Z-55. R32. ;
G01 X46. ;
N2 X52. Z-58. ;
T0101;
M03 S1200;
G42 G00 X52. Z2. ;
G70 P1 Q2;
G40 G00 X100. Z50. ;
M00;
T0303;
M03 S600;
G00 X32. Z5. ;
G92 X29. 35 Z-19. F1. 5;
X28. 95;
X28. 65;
X28. 45;
X28. 35;
G00 X100. Z50. ;
M30;
```

64.

```
O0401 (轴左);
T0101;
M03 S1000;
G00 X52. Z2. ;
G71 U1. R1. ;
G71 P1 Q2 U0. 5 W0 F0. 2;
N1 G00 X19. ;
G01 X25. Z-1. ;
Z-17. ;
X36. ;
X38. Z-18. ;
Z-27. ;
X46. ;
X48. Z-28. ;
```

Z -38. ;
N2 X52. ;
T0101;
M03 S1200;
G42 G00 X52. Z2. ;
G70 P1 Q2 F0. 1;
G40 G00 X100. Z50. ;
M30;

O0402（轴右）;
T0101;
M03 S1000;
G00 X52. Z2. ;
G73 U11. W0 R12. ;
G73 P1 Q2 U0. 5 W0 F0. 2;
N1 G00 X22. Z2. ;
G01 X29. 85 Z -2. ;
Z -13. ;
X26. Z -15. ;
Z -18. ;
G02 X30. Z -20. R2. ;
G01 X32. ;
Z -31. 18;
G02 X36. Z -37. 18 R10. ;
G03 X38. 4 Z -53. 305 R15. ;
G02 X36. Z -58. 054 R10. ;
G01 Z -63. ;
X46. ;
N2 X52. Z -66. ;
T0101;
M03 S1500;
G42 G00 X52. Z2. ;
G70 P1 Q2 F0. 1;
G40 G00 X100. Z50. ;
M00;
T0303;
M03 S800;
G00 X32. Z2. ;
G21 X29. 35 Z -16. F1. 5;
X28. 95;
X28. 65;
X28. 45;
X28. 35;
G00 X100. Z50. ;
M30;

65.

O0501（轴左）;
T0101;
M03 S1000;
G00 X52. Z2. ;
G71 U1. 5 R1. ;
G71 P1 Q2 U0. 5 W0. 1 F0. 2;
N1 G00 X19. ;
G01 X25. Z -1. F0. 1;
Z -14. ;
X36. ;
X38. Z -15. ;
Z -29. ;
X46. ;
X48. Z -30. ;
Z -40. ;
N2 X52. ;
T0101;
M03 S1200;
G42 G00 X52. Z2. ;
G70 P1 Q2;
G40 G00 X100. Z50. ;
M30;

```
O0502（轴右）;
T0101;
M03 S1000;
G00 X52. Z2. ;
G73 U24. W0 R25;
G73 P1 Q2 U0.3 W0 F0.2;
N1 G00 X-2. Z2. ;
G01 Z0;
X0;
G03 X21.714 Z-3.408 R19. ;
G03 X26. Z-7.511 R5. ;
G01 Z-14. ;
X29.85 Z-16. ;
Z-32. ;
X26. Z-34. ;
Z-38. ;
X32. ;
Z-43. ;
G02 X28.007 Z-51.125 R15. ;
G02 X34.002 Z-54. R3. ;
G01 X46. ;
N2 X52. Z-57. ;
T0101;
M03 S1500;
G42 G00 X52. Z2. ;
G70 P1 Q2 F0.1;
G40 G00 X100. Z50. ;
M00;
T0303;
M03 S800;
G00 X32. Z-12. ;
G78 P010000 Q50 R0.1;
G78 X28.37 Z-35. P750 Q250 F1.5;
G00 X100. Z50. ;
M30;
```

66.

```
O0601;
G91 G28 Z0;
M06 T01;
G90 G54 G00 X0 Y0;
G43 G00 Z5. H11;
S100 M03;
G00 X65. Y45. ;
G01 Z-3. F10. ;
G41 G01 X55. Y35. D01;
G01 X18. ;
G03 X3. Y20. R15. ;
G01 Y-20. ;
G03 X18. Y-35. R15. ;
G01 X55. ;
G40 G01 X65. Y-45. ;
G00 Z5. ;
G00 X65. Y-15. ;
G01 Z-3. F10. ;
G42 G01 X46. Y-5. D02;
G01 Y0;
G03 X44.992 Y3.328 R6. ;
G01 X34.992 Y18.328;
G03 X25.008 Y18.328 R6. ;
G01 X15.008 Y3.328;
G03 X15.008 Y-3.328 R6. ;
G01 X25.008 Y-18.328;
G03 X34.992 R6. ;
G01 X44.992 Y-3.328;
G03 X46. Y0 R6. ;
G01 X55. Y10. ;
G40 G01 X65. Y15. ;
G00 Z5. ;
```

```
G00 X-65. Y45. ;
G01 Z-3. F10. ;
G42 G01 X-55. Y35. D01;
G01 X-18. ;
G02 X-3. Y20. R15. ;
G01 Y-20. ;
G02 X-18. Y-35. R15. ;
G01 X-55. ;
G40 G01 X-65. Y-45. ;
G00 Z5. ;
G00 X-65. Y-15. ;
G01 Z-3. F10. ;
G41 G01 X-46. Y-5. D02;
G01 Y0;
G02 X-44.992 Y3.328 R6. ;
G01 X-34.992 Y18.328;
G02 X-25.008 Y18.328 R6. ;
G01 X-15.008 Y3.328;
G02 X-15.008 Y-3.328 R6. ;
G01 X-25.008 Y-18.328;
G02 X-34.992 R6. ;
G01 X-44.992 Y-3.328;
G02 X-46. Y0 R6. ;
G01 X-55. Y10. ;
G40 G01 X-65. Y15. ;
G00 Z5. ;
G00 X30. Y-2.5;
G01 Z-4. F10. ;
G41 X38. Y0 D01;
G03 X30. Y-8. R-8. ;
G03 X30. Y8. R8. ;
G40 G01 X27.5 Y0;
G00 Z5. ;
G00 X-30. Y-2.5;
G01 Z-4. F10. ;
G41 X-22. Y0 D01;
G03 X-30. Y-8. R-8. ;
G03 X-30. Y8. R8. ;
G40 G01 X-32.5 Y0;
G00 Z100. ;
G49;
M05;
M00;
G91 G28 Z0;
M06 T02;
G90;
G54 G00 X0 Y0;
G43 G00 Z20. H12;
S100 M03;
G99 G82 X30. Y15. Z-4. R5. P1000 F10. ;
Y-15. ;
X-30. ;
Y15. ;
G80;
G00 Z100. ;
G49;
M05;
M00;
G91 G28 Z0;
M06 T03;
G90;
G54 G00 X0 Y0;
G43 G00 Z20. H13;
S100 M03;
G99 G83 X30. Y15. Z-24. R5. Q8. F10. ;
Y-15. ;
X-30. ;
Y15. ;
G80;
G00 Z100. ;
```

```
G49;
M05;
M00;
G91 G28 Z0;
M06 T04;
G90;
G54 G00 X0 Y0;
G43 G00 Z20. H14;
S100 M03;
G99 G85 X30. Y15. Z-24. R5. F10. ;
Y-15. ;
X-30. ;
Y15. ;
G80;
G00 Z100. ;
G49;
M05;
M30;
```

67.

```
O0701;
G91 G28 Z0;
M06 T01;
G90 G54 G00 X0 Y0;
G43 G00 Z5. H11;
S100 M03;
G00 X-15. Y-20. ;
G01 Z-4. F10. ;
G41 G01 X8. Y-5. D01;
G01 Y44. ;
G02 X23. 954 Y63. 586 R20. ;
G01 X72. 763 Y73. 669;
G02 X92. Y58. R16. ;
G01 Y8. ;
G01 X28. ;
G01 X0 Y24. 166;
G40 G01 X-20. Y15. ;
G00 Z5. ;
G00 X120. Y0. ;
G01 Z-2. F10. ;
G41 G01 X110. Y24. D02;
G01 X76. ;
G03 X70. Y18. R6. ;
G01 Y-20. ;
G40 G01 X80. Y-30. ;
G00 Z5. ;
G00 X45. Y28. ;
G01 Z-3. F10. ;
G41 G01 X59. 846 Y25. 856 D02;
G02 X71. 325 Y48. 597 R40. ;
G03 X57. 032 Y59. 185 R-9. ;
G02 X38. 623 Y41. 577 R40. ;
G03 X59. 846 Y25. 856 R-15. ;
G02 X71. 325 Y48. 597 R40. ;
G01;
G40 X65. Y54. ;
G00 Z100. ;
G49;
M05;
M00;
G91 G28 Z0;
M06 T02;
G90;
G54 G00 X0 Y0;
G43 G00 Z20. H12;
S100 M03;
G99 G82 X45. Y28. Z-7. R5. P1000 F10. ;
X65. Y55. ;
G80;
G00 Z100. ;
```

```
G49;
M05;
M00;
G91 G28 Z0;
M06 T03;
G90;
G54 G00 X0 Y0;
G43 G00 Z20. H13;
S100 M03;
G99 G83 X45. Y28. Z-24. R5. Q8. F10.;
X65. Y55.;
G80;
G00 Z100.;
G49;
```

68.

```
O0801;
G91 G28 Z0;
M06 T01;
G90 G54 G00 X0 Y0;
G43 G00 Z5. H11;
S100 M03;
G00 X-15. Y-50.;
G01 Z-2. F10.;
G41 G01 X5. Y-10. D01;
G01 Y0.;
G02 X30. Y25. R25.;
G01 X85.415 Y20.382;
G02 X90. Y15.399 R5.;
G01 Y-15.399;
G02 X85.415 Y-20.382 R5.;
G01 X30. Y-25.;
G02 X5. Y0 R25.;
G01 Y50.;
G40 G01 X-5. Y60.;
G00 Z5.;
```

```
M05;
M00;
G91 G28 Z0;
M06 T04;
G90;
G54 G00 X0 Y0;
G43 G00 Z20. H14;
S100 M03;
G99 G85 X45. Y28. Z-24. R5. F10.;
X65. Y55.;
G80;
G00 Z100.;
G49;
M30;
```

```
G00 X-20. Y60.;
G01 Z-4. F10.;
G41 G01 X-10. Y50. D01;
G01 X0 Y36.;
G03 X100. Y36. R300.;
G01 X110. Y50.;
G40 G01 X115. Y60.;
G00 Z5.;
G00 X-20. Y-60.;
G01 Z-4. F10.;
G42 G01 X-10. Y-50. D01;
G01 X0 Y-36.;
G02 X100. Y-36. R300.;
G01 X110. Y-50.;
G40 G01 X115. Y-60.;
G00 Z5.;
G00 X30. Y0;
G01 Z-4. F10.;
G41 G01 X60. Y-7.5 D02;
G03 X60. Y7.5 R7.5;
```

```
G01 X40. Y7.5;
G03 X40. Y-7.5 R-12.5;
G01 X60. Y-7.5;
G03 X60. Y7.5 R7.5;
G40 G01 X30. Y0;
G00 Z100.;
G49;
M05;
M00;
G91 G28 Z0;
M06 T02;
G90;
G54 G00 X0 Y0;
G43 G00 Z20. H12;
S100 M03;
G99 G82 X80. Y13. Z-7. R5. P1000 F10.;
Y-13.;
G80;
G00 Z100.;
G49;
M05;
M00;
G91 G28 Z0;
M06 T03;
G90;
G54 G00 X0 Y0;
G43 G00 Z20. H13;
S100 M03;
G99 G83 X80. Y13. Z-24. R5. Q8. F10.;
Y-13.;
G80;
G00 Z100.;
G49;
M05;
M00;
G91 G28 Z0;
M06 T04;
G90;
G54 G00 X0 Y0;
G43 G00 Z20. H14;
S100 M03;
G99 G85 X80. Y13. Z-24. R5. F10.;
Y-13.;
G80;
G00 Z100.;
G49;
M05;
M30;
```

69.

```
O0901;
G91 G28 Z0;
M06 T01;
G90 G54 G00 X0 Y0;
G43 G00 Z5. H11;
S100 M03;
G00 X-60. Y-50.;
G01 Z-4. F10.;
G41 G01 X-45. Y-40. D01;
G01 Y22.;
G02 X-26.732 Y27.625 R10.;
G03 X-21.771 Y25. R6.;
G01 X21.771;
G03 X26.732 Y27.625 R6.;
G02 X45. Y22. R10.;
G01 Y-22.;
G02 X26.732 Y-27.625 R10.;
G03 X21.771 Y-25. R6.;
G01 X-21.771;
G03 X-26.732 Y-27.625 R6.;
```

```
G02 X-45. Y-22. R10. ;
G01 Y50. ;
G40 G01 X-50. Y60;
G00 Z5. ;
G00 X-60. Y0;
G01 Z-2. F10. ;
G41 G01 X-52. Y-10. D02;
G01 X-37.5;
G03 X-37.5 Y10. R10. ;
G01 X-52. ;
G40 G01 X-60. Y0;
G00 Z5. ;
G00 X60. Y0;
G01 Z-2. F10. ;
G42 G01 X52. Y-10. D02;
G01 X37.5;
G02 X37.5 Y10. R10. ;
G01 X52. ;
G40 G01 X60. Y0;
G00 Z5. ;
G00 X0. Y0;
G01 Z-3. F10. ;
G42 G01 X20.981 Y5.207 D02;
G02 X20.981 Y-5.207 R6. ;
G01 X3.975 Y-14.943;
G02 X-3.975 Y-14.943 R8. ;
G01 X-20.981 Y-5.207;
G02 X-20.981 Y5.207 R6. ;
G01 X-3.975 Y14.943;
G02 X3.975 Y14.943 R8. ;
G01 X20.981 Y5.207;
G02 X20.981 Y-5.207 R6. ;
G40 G01 X0 Y0;
G00 Z100. ;
G49;
M05;
M00;
G91 G28 Z0;
M06 T02;
G90;
G54 G00 X0 Y0;
G43 G00 Z20. H12;
S100 M03;
G99 G82 X18. Y0 Z-7. R5. P1000 F10. ;
X-18. ;
G80;
G00 Z100. ;
G49;
M05;
M00;
G91 G28 Z0;
M06 T03;
G90;
G54 G00 X0 Y0;
G43 G00 Z20. H13;
S100 M03;
G99 G83 X18. Y0 Z-24. R5. Q8. F10. ;
X-18. ;
G80;
G00 Z100. ;
G49;
M05;
M00;
G91 G28 Z0;
M06 T04;
G90;
G54 G00 X0 Y0;
G43 G00 Z20. H14;
S100 M03;
G99 G85 X18. Y0 Z-24. R5. F10. ;
```

```
X-18. ;
G80;
G00 Z100. ;
70.
O1001;
G91 G28 Z0;
M06 T01;
G90 G54 G00 X0 Y0;
G43 G00 Z5. H11;
S100 M03;
G00 X-60. Y-50. ;
G01 Z-2. F10. ;
G41 G01 X-44. Y-40. D01;
G01 Y0;
G02 X-43.119 Y4.104 R10. ;
G01 X-34.119 Y24.104;
G02 X-25. Y30. R10. ;
G01 X25. ;
G02 X34.119 Y24.104 R10. ;
G01 X43.119 Y4.104;
G02 X43.119 Y-4.104 R10. ;
G01 X34.119 Y-24.104;
G02 X25. Y-30. R10. ;
G01 X-25. ;
G02 X-34.119 Y-24.104 R10. ;
G01 X-43.119 Y-4.104;
G02 X-44. Y0 R10. ;
G01 Y40. ;
G40 G01 X-50. Y60. ;
G00 Z5. ;
G00 X-60. Y-65. ;
G01 Z-4. F10. ;
G41 G01 X-50. Y-55. D02;
G03 X-50. Y-25. R15. ;
G03 X-50. Y-55. R15. ;
G49;
M05;
M30;
```

```
G00 X50. ;
G03 X50. Y-25. R15. ;
G03 X65. Y-40. R-15. ;
G00 Y40. ;
G03 X35. Y40. R15. ;
G03 X50. Y55. R-15. ;
G00 X-50. Y55. ;
G03 X-50. Y25. R15. ;
G03 X-50. Y55. R15. ;
G01 Y60. ;
G40 G01 X-60. Y65. ;
G00 Z5. ;
G00 X0 Y0;
G01 Z-3. F10. ;
G41 G01 X14.151 Y14.976 D02;
G03 X-14.151 Y14.976 R15. ;
G03X-14.151Y-14.976 R-15. ;
G03 X14.151 Y-14.976 R15. ;
G03 X14.151 Y14.976 R-15. ;
G03 X-14.151 Y14.976 R15. ;
G01 X0 Y0;
G40 G01 X5. Y-5. ;
G00 Z100. ;
G49;
M05;
M00;
G91 G28 Z0;
M06 T02;
G90;
G54 G00 X0 Y0;
G43 G00 Z20. H12;
```

```
S100 M03;
G99 G82 X25. Y20. Z -4. R5. P1000 F10. ;
X -25. ;
Y -20. ;
X25. ;
G80;
G00 Z100. ;
G49;
M05;
M00;
G91 G28 Z0;
M06 T03;
G90;
G54 G00 X0 Y0;
G43 G00 Z20. H13;
S100 M03;
G99 G83 X25. Y20. Z -24. R5. Q8. F10. ;
X -25. ;
Y -20. ;
X25. ;
G80;
G00 Z100. ;
G49;
M05;
M00;
G91 G28 Z0;
M06 T04;
G90;
G54 G00 X0 Y0;
G43 G00 Z20. H14;
S100 M03;
G99 G85 X25. Y20. Z -24. R5. F10. ;
X -25. ;
Y -20. ;
X25. ;
G80;
G00 Z100. ;
G49;
M05;
M30;
```

# 参考文献

［1］机械工业职业技能鉴定指导中心．机械基础技能鉴定考核试题库［M］．北京：机械工业出版社，1999.

［2］李培根．机械基础（初级）［M］．北京：机械工业出版社，2005.

［3］李培根．机械基础（中级）［M］．北京：机械工业出版社，2005.

［4］李培根．机械基础（高级）［M］．北京：机械工业出版社，2006.